©Editora Mundaréu, 2024 (esta edição e tradução)
© Il tempo migliore della nostra vita
© 2015 Antonio Scurati
Publicado mediante acordo com The Italian Literary Agency S.R.L.

TÍTULO ORIGINAL *Il tempo migliore della nostra vita*

COORDENAÇÃO EDITORIAL Michel Sapir Landa
PROJETO GRÁFICO DA COLEÇÃO Bloco Gráfico
ASSISTENTE DE DESIGN Lívia Takemura
PREPARAÇÃO Fábio Fujita
REVISÃO Vinicius Barbosa

IMAGEM DA CAPA População saúda a entrada de tropas norte-americanas em Nápoles no dia 29 de setembro de 1943. De Luan/Alamy/Fotoarena

Edição conforme o Acordo Ortográfico da Língua Portuguesa (1990)

Dados Internacionais de Catalogação na Publicação [CIP]
Aline Graziele Benitez CRB-1/3129

Scurati, Antonio
   A melhor época da nossa vida/Antonio Scurati;
   tradução Federico Carotti. São Paulo:
   Editora Mundaréu, 2024. 320 pp.

ISBN 978-65-87955-23-0
Título original: Il tempo migliore della nostra vita.

1. Ficção italiana I. Título.

24-209925   CDD 853

Índices para catálogo sistemático:
1. Ficção: Literatura italiana 853

2024; reimpressão fevereiro de 2025
Todos os direitos desta edição reservados à
EDITORA MUNDARÉU LTDA.
São Paulo – SP

Antonio Scurati

A melhor época da nossa vida

tradução de
Federico Carotti

A quem resiste. Agora e sempre.
E a Lucia, que está aprendendo a ler

9 A MELHOR ÉPOCA

241 UM FUTURO FÁCIL E ALEGRE

303 O LIVRO TERMINA

A MELHOR ÉPOCA

I

Em 8 de janeiro de 1934, Leone Ginzburg diz "não". Ainda não completou 25 anos, mas, dizendo "não", encaminha-se para o seu fim. Embora empunhe apenas uma caneta, dá aquele primeiro, extremo passo com a elegância vigorosa e resoluta de um esgrimista que posiciona o punho em terça, com a arma em linha:

"Ilustre professor, recebo a circular do Magnifico Reitor, na data de 3 de janeiro, que me convida a prestar juramento, no dia 9 do mês corrente às onze horas da manhã, com a fórmula estabelecida pelo Texto Único das leis sobre o Ensino Superior. Renunciei há algum tempo, como o senhor bem sabe, a seguir a carreira universitária e desejo que ao meu desinteressado ensino não se coloquem condições a não ser técnicas ou científicas. Não pretendo, portanto, prestar juramento".

O juveníssimo livre-docente de literatura russa empunha apenas uma caneta; provavelmente a utiliza sentado e, no entanto, se ergue contra os símbolos de morte, com a guarda alta, em contraposição constante. Ginzburg traça no papel poucas frases, sem nenhuma retumbância romântica, nenhuma encenação dramática, somente aquele gesto límpido no ar desimpedido que permanecerá sempre o ideal que lhe foi transmitido por mestres próximos e vivos, e, no entanto, o gabinete de onde dirige aquelas poucas palavras a Ferdinando Neri – diretor da faculdade de letras e seu orientador de tese – se enche de ecos de outros mestres, mestres distantes e perdidos, homens que selaram a sua existência cortando uma artéria com a lâmina de uma navalha. Enquanto Ginzburg escreve o seu "não" ao fascismo, no gabinete ressoam frases antigas, vindas até ali de mundos distantes. Não pretendo jurar. A honra é uma justificada recusa. A honra é obedecer sem se abaixar. A honra é sentir a beleza da vida.

De todo modo, com ou sem retumbância, quando Ginzburg pousa a caneta, está rompida a espada. Rompendo com essa recusa a sua carreira promissora e, de certo modo, a vida, Leone Ginzburg, ainda não tendo completado 25 anos, ingressa na restrita comunidade daqueles homens dos quais depende a sobrevivência de todos os outros.

No momento em que Leone Ginzburg diz não, faz dois anos e quatro meses que a obrigação para os professores universitários de jurar fidelidade ao fascismo está em vigor. Foi decretada em agosto de 1931, por sugestão do ministro da Educação nacional, o filósofo Balbino Giuliano, imposta pela primeira vez em outubro do mesmo ano e depois estendida também aos livres-docentes[1] no verão de 1933. Quem se recusasse a jurar perderia a cátedra.

1   O termo italiano *libero docente* corresponde mais propriamente à nossa atual figura de professor colaborador, isto é, que não é professor efetivo, não faz parte do corpo docente permanente da instituição, não é estatutário nem tem estabilidade na função. [N.T.]

Sem aposentadoria, nenhuma indenização, condenado ao isolamento. Eis a fórmula do juramento: "Juro ser fiel ao Rei, aos seus reais sucessores e ao Regime Fascista, observar lealmente o Estatuto e as outras leis do Estado, exercer o ofício de professor e cumprir todos os deveres acadêmicos com o propósito de formar cidadãos operosos, probos e devotados à Pátria e ao Regime Fascista".

Nos 28 meses que separam a promulgação da lei fascista e a recusa de Ginzburg em se submeter, somente treze catedráticos de universidades estatais se recusam abertamente a jurar, perdendo cátedra, aposentadoria e salário. Treze em quase 1.300. Cabe lembrar os seus nomes.

Chamam-se Ernesto Buonaiuti, Mario Carrara, Gaetano De Sanctis, Giorgio Errera, Giorgio Levi Della Vida, Fabio Luzzatto, Piero Martinetti, Bartolo Nigrisoli, Enrico Presutti, Francesco e Edoardo Ruffini, pai e filho, Lionello Venturi e Vito Volterra. Três deles são judeus, quatro lecionam em Turim, quatro em Roma, um em Nápoles, somente um na Universidade de Milão, Piero Martinetti, ele também piemontês. Entre eles não há um único docente de história moderna nem um professor de literatura. São todos catedráticos insignes, homens maduros ou idosos, salvo Edoardo Ruffini, de longe o mais jovem, mal chegado aos trinta anos. Serão todos expulsos em poucos meses.

À exceção desses treze, todos os demais juram. Até os antifascistas professores. Alguns o fazem para não privar a universidade do seu magistério de livres-pensadores, para permanecer no seu "posto de combate". Abaixam a cabeça, mas cerram os punhos. Seguem a linha do Partido

Comunista e o conselho de Benedetto Croce, o grande filósofo liberal, bandeira da resistência intelectual ao regime, o único italiano a quem o fascismo permite uma dissidência explícita: não deixem a universidade nas mãos dos fascistas, sugerira ele.

    Mas são poucos os que se dobram para continuar a combater. A maioria esmagadora, cabe dizer, se deixa levar por motivações em geral modestamente ignóbeis. Abaixam a cabeça e só. Juram, assinam, alinham-se. Pagam a permanência na classe culta com um batismo de torpeza. Homologados na lista, encastelados nas suas cátedras, os letrados traem. Vale para quase todos aquilo que Gioele Solari, ilustre filósofo do direito, venerado mestre de numerosos antifascistas, dirá de si mesmo, terminada a guerra, em 1949: "Não tive a coragem nem do exemplo, nem do sacrifício".

Por outro lado, enquanto Leone Ginzburg, entre as paredes do seu gabinete, sem retumbâncias românticas e permanecendo sentado, diz "não" ao fascismo, no lado de fora, nos corredores da universidade e do mundo, o estrondo destruidor se desencadeia triunfante.

    Naquele mesmo 1934, a cerimônia de inauguração do ano acadêmico é modificada. Suprimido o tradicional discurso inaugural, o rito se concentra numa novidade espetacular: a parada militar dos jovens universitários enquadrados nas organizações fascistas. Enquanto Ginzburg diz "não" no seu gabinete, poucos metros mais adiante, nos pátios da universidade, os Jovens Universitários Fascistas desfilam de camisa negra sob a insígnia da dupla "livro e mosquete". O reitor Silvio Pivano aproveita a ocasião para desvelar na aula magna uma lápide dedicada aos "Mártires da Revolução Fascista". Talhadas na pedra, as palavras auspiciosas encadeiam a glória passada à presente, e esta ao futuro: reevoca-se o "caráter pelos séculos romanamente forjado", pressagia-se o desabrochar de "uma Era lançada aos séculos futuros, a Era Fascista". No horizonte do mundo, em todas as três estases do tempo, nada senão o fascismo.

 O texto foi sugerido por Cesare Maria De Vecchi, quadrúnviro da marcha sobre Roma, primeiro comandante da Milícia fascista, governador e último colonizador da dita Somália italiana, a quem a faculdade de letras acaba de conceder a livre-docência em história do Risorgimento. Um homem que, tornando-se ministro da Educação nacional, logo guiará aquilo que ele mesmo, com a delicadeza de um comandante de bombardeiros, definirá como "saneamento fascista da cultura nacional". Fará isso implementando uma visão que o havia inspirado em 1933, quando, em visita aos imensos canteiros de obras no centro de Roma devastado pela "regeneração" desejada pelo regime, anotara em relação ao mundo universitário: "Golpes de picareta são necessários [...] para reabrir canais na terra novamente rasgada, de forma que todas as águas confluam para o grande rio". De Vecchi rasgará e saneará a universidade obedecendo a Mussolini, que vira na universidade "o último reduto dos inimigos do Estado" e ordenara: "Fascistizar ainda mais os ângulos mortos da vida nacional!".

E assim, num daqueles ângulos mortos, enquanto Cesare Maria De Vecchi compara a universidade a um veio de água pútrida e toma da picareta, Leone Ginzburg toma da caneta e lhe responde com um não. No mesmo instante, abandona aquele pequeno mundo povoado por cultores de relíquias e memorabilia, de cátedras de sânscrito preferidas às de inglês, que se ilude pensando poder sobreviver cavando para si um fosso, acocorando-se dentro dele e cuidando da sua própria vida, aquele pequeno mundo servil, mesquinho, mas arrogante, iludido, pensando que se possa sobreviver sem dignidade. Um mundo cujo cheiro de morte talvez ele mesmo tenha sentido.

Por outro lado, naquele ano de 1934, o fedor de morte paira por toda a Europa. Na França, os fascistas da Action Française tentam o golpe de "6 de fevereiro", mas se detêm diante do palácio do governo que queriam tomar de assalto (dezesseis mortos); na Espanha, as revoltas catalãs e bascas pela Lei Agrária, as greves gerais de Madri, de Barcelona e das Astúrias, com numerosos mortos em todos os casos, anunciam a futura guerra civil, que, por sua vez, anunciará a guerra mundial; na Áustria, também em fevereiro, o chanceler Dollfuss reprime a insurreição social-democrata, assim acelera a sua própria ruína (em julho ele será assassinado pelos nazistas, que preparam a anexação à Alemanha); na Alemanha, com a morte de Hindenburg, Hitler, mesmo mantido como chefe do governo, se torna chefe de Estado. Agora é o Führer.

Na Itália, onde foi inventado o fascismo, enquanto a sua ameaça se estende a toda a Europa, a ditadura, há dezesseis anos no poder, se glorifica e se consolida, preparando o seu plebiscito com as eleições de março. O consenso em relação a Mussolini assim se encaminha para alcançar o auge. Mussolini sabe disso: "O antifascismo", declara ele, "acabou. As suas tentativas são individuais e cada vez mais esporádicas". Mussolini tem razão ("Mussolini sempre tem razão"). Tem razão e, ao mesmo tempo, está enganado. Enquanto profere essa frase, Leone Ginzburg, no seu gabinete de livre-docente não mais livre e, portanto, não mais docente, empreende uma dessas tentativas: "Desejo que ao meu desinteressado ensino não se coloquem condições a não ser técnicas ou científicas. Não pretendo, portanto, prestar juramento".

Mussolini tem razão porque, provavelmente, Ginzburg será o último dos livres-docentes a serem expurgados por se negar ao juramento. O *duce* dos italianos, porém, se engana porque Leone, o último a dizer não, é também o primeiro. Primeiro de uma nova geração. Outros, como vimos, se recusaram antes dele, mas, à exceção de Edoardo Ruffini, são homens maduros ou idosos. Homens de grande valor, porém prematuramente envelhecidos junto com aquele velho mundo liberal que se iludira pensando que seria possível exorcizar o fascismo sentando-se à mesa com ele. Soldados moribundos que chegam a realizar o belo gesto no solo, já tombados. Combatentes que caem numa batalha já perdida.

Leone Ginzburg, não. Ele é jovem. Nascido em 1909, ainda era rapazinho quando, ao lado de Benito Mussolini, Cesare Maria De Vecchi, o saneador, o homem da picareta, marchava sobre Roma preparando-se para estripá-la. Como escreveu Giorgio Boatti, recusando-se a jurar, Leone desfaz uma promessa e firma outra. O seu "não" não comemora: inaugura, dirige-se ao futuro. Concisa e peremptória, a sua recusa não é mais a peroração de um derrotado.

    Sem dúvida, do ponto em que nesse momento de 1934 se encontra Leone Ginzburg – judeu, antifascista, apátrida numa Europa subvertida pela marcha triunfal dos fascistas, dos antissemitas, dos nacionalistas de todas as bandeiras –, daquele ponto de observação no seu gabinete realmente não se entrevê nenhum futuro. Apesar disso, Leone Ginzburg, mesmo sem ter à vista nenhum futuro, diz "não" aos dias do presente, como sempre nos convidou a fazer Aleksandr Blok, um grande poeta russo daqueles anos que me agrada imaginar que Ginzburg tivesse lido e amado, embora de nome nunca mencionado nos seus inúmeros escritos dedicados à literatura russa. Um poeta morto de fome aos quarenta anos durante a carestia de 1921, depois de ter sido desprezado e marginalizado por aqueles mesmos soldados bolcheviques cuja marcha revolucionária na neve numa noite de São Petersburgo ele exaltara.

Diz-se que resistir traz alegria. Homens que, no momento da prova, resistiram, disso deixaram testemunho a todos nós que nunca a enfrentamos e provavelmente nunca a enfrentaremos. Esses homens escreveram sobre os dias em que se desvanece qualquer esperança terrena, quando a dor física parece oprimir, e a vida, se dissolver na dor.

Os dias em que os amigos estão longe, tendo-os talvez esquecido, talvez traído. E esses homens nos testemunharam que mesmo naqueles dias, precisamente naqueles dias, a resistência oposta ao mal, à dor, lhes trazia "uma alegria íntima, violenta, turbilhonante".

Quem sabe se Ginzburg, escrevendo aquela carta de resistência, terá se alegrado? Renunciando a uma brilhante carreira, quebrando a jovem promessa, terá Leone se alegrado?

Não me entregarei à especulação, não me permitirei nenhuma introspecção, nenhuma conjectura sobre o seu estado de espírito. Nós, que tivemos a sorte de nascer num cantinho de mundo abastado e protegido, não sabemos e provavelmente nunca saberemos, o que se sente nesses momentos. Também nunca saberemos para onde a carreira acadêmica ou mesmo a vida de Leone Ginzburg o teria levado, se ele não tivesse renunciado naquela manhã, se naquela manhã não a tivesse entregado como penhor a um destino.

Quanto à vida acadêmica de Ginzburg, estrangulada no berço por aquele seu "não" inaugural, sabemos que ele dedicou a Púchkin o curso universitário de março de 1933, o seu primeiro, e que dedicaria a Herzen o curso do ano seguinte. Púchkin, o maior poeta russo de todos os tempos, morto por um janota num duelo, morto por causa de uma maledicência, um boato de corneação amorosa, que vivera em eterno conflito com o czar de todas as Rússias que, no entanto, o amava e era correspondido. Púchkin, o poeta, o aventureiro, o duelista que, fiel à alma russa, se prolonga na história, mas não na vida. E depois Herzen, o aristocrático filho de latifundiários, nascido em Moscou na residência da família em 6 de abril de 1812, poucos dias antes que Napoleão ocupasse a cidade, e que, tornando--se adulto, renegando o pai, abdicando do seu privilégio e da sua terra, perambula em exílio voluntário pela Europa durante toda uma existência pregando a anarquia e a liberdade do povo, financiando párias, desajustados, revolucionários despossuídos com o dinheiro arrancado pelos seus antepassados aos servos da gleba, Herzen que, chegando ao fim, depois de uma odisseia de derrotas e amarguras, encontra forças, no último alento, para dedicar ao filho e ao futuro o seu livro testamentário: "Sacha, meu amigo, dedico-lhe este livro porque provavelmente é o melhor que escrevi e provavelmente nunca escreverei outros tão belos. Não construímos, não demolimos, não anunciamos uma nova revelação, e sim dissolvemos a velha mentira. O homem contemporâneo, triste *pontifex maximus*, se limita a lançar uma ponte; será um outro a atravessá-la, um desconhecido, o homem do futuro. Talvez você o veja... Não se detenha na *velha margem*".

Não sabemos o que Ginzburg ensinaria sobre Herzen no curso que nunca ministrará, se comentaria essas palavras dirigidas ao filho. Por uma carta à sua mãe, ficamos sabendo que ele pretendia tratar das relações entre o revolucionário russo e os homens do Risorgimento italiano. Dos seus escritos sobre Garibaldi e Herzen, depreendemos que o que ele mais apreciava no exilado russo, desiludido durante meio século por revoluções traídas, era a amargura. Nenhuma outra suposição nos restituirá o que poderia ter sido e não foi. O que sabemos com certeza é que, para os estudantes da Universidade de Turim, Ginzburg falou sobre Púchkin, mas não pôde falar sobre Herzen. Conhecemos apenas essa ação realizada e aquela omissão forçada. Mais não nos é dado saber. Contudo, sabemos também que Ginzburg, como Púchkin, se prolongaria na história, mas não na vida, e, como Herzen, lançaria uma ponte em nossa direção e ele próprio permaneceria na velha margem.

OS SCURATI
Milão, 1934

Na manhã em que Leone Ginzburg em Turim declara o seu "não" ao fascismo, pouco antes Luigi Scurati viera ao mundo. Nasceu temporão.

No momento do seu nascimento, em 19 de julho de 1933, os seus pais, Antonio e Angela, ambos filhos do século, já tinham completado 33 anos, a idade de Cristo, e ainda aguardavam aquele primeiro filho. Casados em 1926, já o esperavam fazia sete anos. Sete longuíssimos anos para um casal sem filhos no país em que o *duce*, Benito Mussolini, poucos meses depois do casamento deles, com o célebre "discurso da Ascensão", proferido na Câmara dos Deputados em 26 de maio de 1927, desencadeou a campanha pró-natalidade ameaçando, depois da campanha sobre os solteiros criada no ano anterior, impor também uma taxa sobre os matrimônios infecundos. Não ter filhos, na Itália fascista, é uma infração social de gravidade próxima à de um crime.

Em 1934, a Itália tem uma população de 40 milhões de indivíduos, muitos dos quais vivem em condições miseráveis, mas Mussolini proclama que "somos poucos". A Itália, na sua visão, é um animal reprodutor, e ele se prepara para lhe desferir uma "chicotada demográfica". O motivo é simples, tosco, básico: "A potência das nações depende da potência demográfica", declara o *duce* priápico. E a potência é o único antídoto contra a decadência: "Todas as nações, todos os impérios, sentiram a mordida da sua decadência quando viram diminuir o número dos seus nascimentos". Quando não se cresce, decai-se; quando não se prospera, empobrece-se; se não se é potente, é-se impotente. Daí a conclusão obrigatória, a apóstrofe direta, a chicotada nos testículos dos italianos: "Senhores", brada o *duce* à Câmara dos Deputados e aos quartos dos casais infecundos, "a Itália, para ter alguma importância, precisa chegar ao limiar da segunda metade deste século com uma população não inferior a 60 milhões de habitantes!". Vinte milhões de indivíduos em vinte anos. Nada menos do que isso é o que o Estado fascista quer espremer dos aparelhos genitais dos seus súditos.

A espora do *duce* se converte em libelo acusatório no caso de Milão. "Todas as cidades são estéreis", já sentenciara Giovanni Papini. "Nascem proporcionalmente poucos filhos e quase nunca um gênio. Nas cidades goza-se, mas não se procria; ama-se, mas não se gera." Milão é, então, a mais estéril entre as cidades estéreis. Compartilha com Estocolmo e Berlim o mais baixo índice de natalidade da Europa. Milão, berço do fascismo, tem os berços vazios. O *duce* chicoteia sem piedade: "O orgulhoso e nobre senso cívico dos ambrosianos então se resignou a esse primado de decadência e de morte?".

Passados oitenta anos, ao reevocar as circunstâncias do seu nascimento temporão que deve ter causado não pouco embaraço ao seu pai, Antonio, e à sua mãe, Angela, casal por sete anos infecundo, Luigi Scurati, depois de alguns rodeios, liquida a questão com um dar de ombros: "Em suma, demorei para chegar".

Em todo caso, por fim chegara. E chegara justamente às portas da estéril Milão. Com efeito, Luigi nasce em Cusano Milanino, um pequeno centro padano a poucos quilômetros ao norte da capital ambrosiana, num condado arrancado aos gauleses ínsubres pelas legiões romanas em 222 a.C. Quando ali nasce ele, a comuna pode se orgulhar da primazia em abrigar no seu território a primeira cidade-jardim da Itália – o "Milanino" –, edificada no começo do século, seguindo o modelo inglês, por Luigi Buffoli, que já em 1879 promovia a primeira cooperativa de consumo da Itália e uma das primeiras do mundo.

É aqui que, depois de longa espera, finalmente chega Luigi Scurati. Nasce em 19 de julho de 1933, uma terça-feira. Na sexta-feira anterior, a Alemanha fora oficialmente declarada uma nação de partido único. O Partido Nazista.

II

É provável que Leone Ginzburg não fosse filho do seu pai. A sua família era a firma Ginzburg de Odessa, já no início do século famosa do mar Negro ao Báltico, das Comores a Hull. Fora fundada por Teodoro Ginzburg, mas Teodoro, aliás, não era o seu nome verdadeiro.

"A Tanchun Notkovich Ginzburg, indicado no presente documento por deliberação da Câmara de Recursos de São Petersburgo, na data de 17 de março de 1905, é concedido o direito de nomear-se Fiódor Nikolaevich Ginzburg, comerciante de primeira classe de São Petersburgo, residente em Odessa, rua Jukovskaia, casa Elisavetskaia."

No mesmo momento em que a frota russa era destruída pelos japoneses em Tsushima e os marinheiros do encouraçado *Potemkin* se amotinavam no porto de Odessa, com essa deliberação os magistrados do czar haviam concedido a Tanchun Ginzburg, cujo pedido se dera por razões profissionais, a mudança do seu nome iídiche para Fiódor (Teodoro em italiano).

Teodoro nascera Tanchun em Sventzianj, na província de Vilno – a atual Vilnius, na Lituânia –, uma cidadezinha situada na estrada para Moscou onde Napoleão, regressando da capital conquistada, pernoitara cem anos antes. O pai de Teodoro, avô paterno de Leone, trabalhara por muito tempo na fortaleza de Brest-Litovsk, na atual Bielorrússia, onde, mais tarde, em 1918, Lênin iria assinar a paz com os impérios centrais. A mãe de Leone, mãe verdadeira como sempre e só as mães são, se chamava, não por acaso, Vera. Vera Griliches. Mas, também no seu caso, não se tratava do seu nome original. De fato, quando nascera em São Petersburgo em 1873, lá recebera o nome iídiche de Khava Golda, e lá, naquela grandiosa cidade, vivera até o dia do seu casamento com Teodoro. Vera fora criada desde a infância pelos tios maternos, a família Goldarbeiter, pequenos industriais proprietários de uma fábrica de tecidos. Com efeito, ficara órfã de mãe desde muito cedo, e o pai, pouco tempo depois, partira para os Estados Unidos e nunca mais voltara.

 Depois do casamento, celebrado em 1894, Teodoro e Vera se mudaram para Odessa – no número 23 da rua Jukovskaia –, a cidade ao longo das costas do mar Negro refundada no local onde surgia um vilarejo turco quando Catarina, a Grande, navegando ao longo do rio Dnieper em 1787 para conhecer as regiões meridionais adquiridas no seu império, pôde admirar encantadores vilarejos constelados de casas graciosas constituídas apenas de fachadas: o príncipe Potemkin mandara erguê-las às pressas especialmente para ela.
 Quando lá chegam os Ginzburg no início do século XX, Odessa é uma cidade rica, vicejante, cosmopolita, onde, como em todas as cidades portuárias e de fronteira, se desprende uma poderosa mescla de empreendedorismo, licenciosidade e violência. Todas as ruas são margeadas por duas filas de acácias e arbustos de lilases, uma grande

escadaria desce até o porto, um público elegante lota as salas do teatro lírico, réplica exata do Burgtheater de Viena, famoso principalmente pelos espetáculos de ópera italiana relembrados por Púchkin no poema *Eugênio Onêguin*. A comunidade judaica, à qual pertencem os Ginzburg, influenciada por tendências iluministas, embora periodicamente atingida por pogroms, é bem integrada. Não existe um gueto propriamente dito. O judaísmo, ao longo das avenidas e embarcadouros de Odessa, deixa de ser uma civilização distinta, com um destino especial, e começa a se transformar numa religião como as outras.

Os Ginzburg formam um casal muito unido. Vera tem lindos olhos negros de gato, e Teodoro, que se encontra com frequência em São Petersburgo ou no exterior para acompanhar os seus negócios, lhe escreve cartas amorosas em que a trata como *Mein alles*, "Meu tudo". Teodoro, que quando jovem passou dez anos na Alemanha, lhe escreve em alemão, e Vera lhe responde em russo. Do matrimônio nascem quase imediatamente dois filhos, Marussia, em 1896, e Nicola, em 1899. Crescem num clima afetuoso e recebem uma educação moderna.

Na violenta desorganização política da Rússia daqueles anos, Teodoro apoia o partido dos cadetes (liberal), e Vera, um partido favorável à expropriação dos grandes latifúndios para distribuí-los aos camponeses. Nicola será social-democrata, e Marussia, social-revolucionária. Vera, inspirando-se no método Montessori, organiza uma creche para as crianças judias pobres de Odessa, e Marussia frequentará a universidade em São Petersburgo. As mulheres não são discriminadas na casa Ginzburg. A Itália logo entrará naquela casa feliz, a Itália e a revolução. A revolução entra sob a forma do lendário encouraçado *Potemkin*, que, sob o controle dos marinheiros amotinados por causa das rações estragadas, lança as âncoras no porto de Odessa em 26 de junho de 1905, e a Itália entra na pessoa de Maria Segrè, nascida em Viareggio, preceptora de Marussia e Nicola que vive na rua Jukovskaia desde 1902. Revelam-se ambas cruciais.

Seduzida pelos relatos de Maria, Vera de fato passa o verão de 1908 com os filhos em Viareggio, na época um dos balneários mais renomados da Europa. Ali conhece Renzo Segrè, irmão de Maria. Em 4 de abril do ano seguinte, de volta a Odessa, Vera dará à luz Leone. Teodoro, o seu amado marido, quem quer que fosse o pai biológico, o acolherá, e o menino crescerá na sua casa como terceiro filho seu.

Leone, porém, viverá poucos anos naquela casa. Em agosto de 1914, Vera se encontra novamente em Viareggio com os filhos. O verão passou e prepara-se o regresso à Rússia. Mas, em 28 de junho, em Sarajevo, o estudante nacionalista Gavrilo Princip assassinou o arquiduque Francisco Ferdinando de Habsburgo-Este; um mês depois, em 28 de julho, a Áustria declarou guerra à Sérvia, e a Rússia se mobilizou em apoio ao aliado balcânico. É a Primeira Guerra Mundial.

Diante dela, Vera vacila. Vacilam os impérios, que dirá uma mãe com três filhos. A mulher decide se separar do filho menor para pô-lo a salvo. A viagem de retorno à Europa em guerra é perigosa e cansativa demais para uma criança de cinco anos. Leone ficará em Viareggio, onde talvez tivesse sido concebido. É assim que começa, com uma guerra mundial, a sua história de menino-prodígio e abandonado.

No outono, Leone, confiado aos cuidados de Maria Segrè, vai com ela a Roma. Ali, na capital, o menino passa os seus dois primeiros invernos da guerra. Acompanha os grandes inválidos de guerra cegos, hóspedes da villa Aldrovandini. Leva-os pela mão. Acaba de completar seis anos. Ele também sofrerá uma insuficiência do olhar: só voltará a ver a mãe depois de completar dez anos.

Em 1916, Maria Segrè regressa a Viareggio. Leone está matriculado na escola primária local, onde já elabora um jornalzinho intitulado *Lembranças de um Jornalista na Grama*. A precocíssima proficiência da escrita, mais do que talento, é genialidade, algo que beira a necessidade da natureza: Leone é um menino, a mãe está longe, a relação entre eles é necessariamente epistolar. Se quer a mãe, deve escrever a ela.

"Caríssimo Lolino, hoje chegou a sua querida carta em letra corrida. Vejo, querido, que faz progressos, mas você ainda não me escreveu contando quem é a sua professora tão boa que o ensina tão bem a escrever as queridas e belas cartas para mamãe", escreve-lhe Vera em 16 de fevereiro de 1916, no seu italiano um pouco estropiado, e depois conclui, talvez dedicando um pensamento ao seu pai biológico: "você continua tão moreno como sempre, ou agora, estará talvez mais loiro? Dessa vez mando-lhe só mil beijos e lhe quero bem, Mimmo querido".

Uma outra carta é de 18 de abril do ano seguinte: "Assim sei que você tem um professor três vezes por semana, que faz frio e que pensa muito na mamãe. Eu também, meu tesouro, penso muito em você e olho muitas vezes as suas fotos, todas, todas".

Mas a guerra não é suficiente. Em meio à mãe desolada e ao seu menino distante, interpõe-se também a revolução. "Querido Lolino, meu tesouro, onde você está, meu Mimmo? Faz tempo que não sei de nada. Parece-me impossível que todos os belos cartões-postais, que eu lhe mandei com tanto amor, tenham se perdido, Lolino querido. Hoje lhe mando essa pequena coisinha, titia vai lhe contar quem era esse famoso Tolstói que também se chamava Leone."

Vera escreve de Odessa em junho de 1917. Estamos às vésperas da Revolução de Outubro. A mãe envia ao filho um livro do grande escritor russo de quem traz o nome. Nesse meio-tempo, em fevereiro o regime czarista caiu, e Lênin e Trótski preparam a insurreição para assumir todo o poder nos sovietes em nome dos operários e camponeses. "Mimmo querido, meu tesouro Lolino, estou muito triste pelos acontecimentos russos e sinto muito, meu tesouro, que tenhamos perdido, mas não receie por nós, certamente venceremos. Agora de novo é um pouco longa a nossa estrada para expulsar os alemães, mas vamos expulsá-los, você vai ver, Mimmo querido! Muitos beijos e beijões na sua cabecinha querida, meu tesouro. Mamãe." A carta é enviada de Odessa e datada de 26 de outubro de 1917, data do calendário juliano. Vera ainda lamenta a derrota russa na Primeira Guerra Mundial por obra dos alemães. Para ela, ainda é essa a notícia do dia. Certamente não tem como saber que, às duas da manhã daquele mesmo dia, lá em São Petersburgo, os bolcheviques atacaram e conquistaram o Palácio de Inverno.

Vera, com toda a sua família, logo descobrirá. A família Ginzburg esteve na linha de frente no começo da luta revolucionária. Em agosto socorreram um amigo, o engenheiro Bernfeld, membro do conselho municipal e expoente do Partido Socialista Revolucionário, mortalmente ferido pelos oficiais leais ao czar. Marussia, que se encontrava em São Petersburgo em fevereiro de 1917, distribuía sopa aos soldados insurretos que defendiam os quartéis às margens da avenida Névski.

Depois, porém, com a chegada dos bolcheviques ao poder, tudo vem abaixo, inclusive o mundo dos Ginzburg. Em 24 de dezembro de 1919, a família Ginzburg embarca num navio do Lloyd Triestino, o último a zarpar de um porto da Rússia leninista: "Deixamos tudo", contará Marussia muitos anos depois, "a nossa casa e naturalmente tudo o que havia dentro dela. Levamos conosco poucas coisas. Na casa ficou um tio que cuidou dela por algum tempo". Nenhum deles voltará a pôr os pés na Rússia. Voltam a pô-los na Itália. A família Ginzburg se reúne em Turim onde Nicola, o irmão mais velho de Leone, estava matriculado no Politécnico. Também em Turim os Ginzburg reunidos permanecem por apenas poucos meses. O destino deles, agora, é a errância.

Em março de 1921, mudam-se todos para Berlim, onde Teodoro retomou a atividade comercial. Lá encontram um país à mercê de contínuos estremecimentos pré-revolucionários, de direita e de esquerda, um país de violentíssimos conflitos internos, onde se organizavam golpes de Estado nas cervejarias, enquanto os operários saxões formavam espontaneamente "exércitos vermelhos" de 50 mil efetivos, e os *Freikorps* ultranacionalistas reprimiam junto com o Exército as suas insurreições sem nenhuma ordem por parte do governo legítimo. Um país no qual, justamente nos meses em que os Ginzburg lá procuravam refúgio, Adolf Hitler se torna secretário do Partido Nacional-Socialista e cria os Esquadrões de Ação que servirão como exército pessoal seu na luta pelo poder.

Nessa Alemanha, Leone frequenta por dois anos o ginásio na escola secundária russa de Berlim, lê todos os dias o *Corriere della Sera* para se manter informado sobre a situação italiana, funda junto com os amigos um jornalzinho chamado *Ciò Che Pensiamo* [O Que Pensamos], que envia aos seus ex-colegas de escola de Turim, escreve novelas, artigos para a comemoração do sexto centenário da morte de Dante, e faz uma palestra pública sobre Giuseppe Mazzini, "apóstolo da liberdade". Leone está com doze anos.

Trinta meses depois, os Ginzburg se mudam novamente. Voltam para Turim, exceto o pai, que fica na Alemanha para cuidar dos negócios. Mas a Itália que reencontram no outono de 1923 não é a que deixaram na primavera de 1921. No fim de semana de 28 a 30 de outubro, com a presença de Benito Mussolini, comemora-se o primeiro aniversário da marcha sobre Roma. A moeda cunhada para a ocasião representa o rei de um lado e o feixe litório do outro. Como que sinalizando que esses são os dois fundamentos do Estado e que na Itália já não há lugar para outra coisa. O júbilo das manifestações triunfalistas parece demonstrá-lo. Na matéria do seu correspondente, o *The New York Times* fala de uma Roma tomada por uma *fever of delight*, um deleite febril. É a terceira revolução em poucos anos, depois das de 1905 e 1917, que os Ginzburg têm o privilégio – ao qual, se pudessem, talvez tivessem renunciado – de vivenciar na própria pele, e dessa vez é uma revolução fascista.

No verão de 1924, Leone presta os exames de admissão ao liceu Massimo d'Azeglio de Turim. É aprovado. É o verão em que Giacomo Matteotti, secretário do Partido Socialista Unitário, depois de ter contestado num discurso na Câmara dos Deputados os resultados das eleições de abril em que o Partido Fascista obteve maioria – "O meu discurso eu fiz. Agora vocês preparem o discurso fúnebre para mim", dirá aos companheiros de partido ao sair da assembleia –, será sequestrado e morto a facadas por sicários de Mussolini. Leone, junto com as mulheres e os homens da sua geração, chega à idade adulta ocupando-se não de esportes, filmes ou amores de verão, mas, sim, dos apaixonantes desenvolvimentos de uma tragédia política.

"Um homem que parecia vindo de um outro mundo."
É como Leone, aos quinze anos, se afigura aos colegas de classe da seção A do prestigioso liceu Massimo d'Azeglio de Turim. Quando se põe de pé, embora ainda

não tenha completado dezesseis anos, não é mais um garoto: "Cabelos pretos, duros, cortados à escovinha, barba feita já densa cobrindo todo o rosto, olhos castanhos e fundos, ainda mais profundos sob as sobrancelhas densíssimas, olhar calmo, seguro, que intimidava e impunha respeito; traços marcados, rosto pálido, escuro, quase tenebroso, cabeça grande em relação ao tronco, frágil, as pernas levemente arqueadas, como se tivessem de sustentar um peso excessivo". Alto, de cabelo crespo, escuro, piloso, de óculos, com as mãos vermelhas, o tórax estreito e as pernas tortas, certamente não se pode dizer que Leone seja bonito, mas, embora fale devagar para vencer a gagueira, fala como um livro impresso, e quando Umberto Cosmo, professor famoso, intelectual renomado e notório antifascista, dirige uma pergunta à classe, é sempre Leone que livra os colegas do embaraço respondendo por todos. E entre esses todos, percorrendo hoje o registro escolar, encontra-se uma boa dúzia dos mais importantes escritores, filósofos, juristas, empresários, líderes políticos, chefes da resistência e pais da Pátria da Itália do pós-guerra. Leone é colega de classe deles e por todos eles prontamente reconhecido como o melhor. Atravessa os anos do liceu cercado pelo satisfeito consenso dos seus professores, pelo admirado espanto dos colegas, pela natural inveja deles. "Eu era mais velho, mas um pouco tímido em relação a ele, aliás, como muitos eram", lembrará Franco Antonicelli que, muito jovem, fora professor seu no D'Azeglio e depois será editor de Kafka e Primo Levi, líder da Resistência e senador da república. E acrescenta: "Na escola, ele impressionava colegas e professores: despertava uma ponta de inveja, até de irritação momentânea".

Mesmo sendo ainda um rapazote, Leone é, antes de mais nada, um homem de caráter, um rigorista, alguém que aos quinze anos já leva a vida tremendamente a sério, alguém que, lembrará Norberto Bobbio, "considera qualquer distração, qualquer relaxamento, uma perda a ser recuperada com renovado vigor", um inquisidor infalível que capta ao primeiro olhar as fraquezas, as mesquinharias, os acomodamentos de colegas e professores. Mas Leone é também um bom amigo, que sabe perdoar e se fazer perdoar. Alguém que designa a tarefa e oferece junto a recompensa.

Quanto à vida erótica do jovem Ginzburg, os testemunhos são controversos. Há quem o descreva como "de maneira nenhuma insensível aos apelos das senhoritas" que lotavam o curso B no D'Azeglio, pronto como sempre a doutrinar com os livros de Benedetto Croce tanto os amigos prediletos quanto as garotas que amava; e há quem, pelo contrário, como Massimo Mila, este também colega de escola, depois combatente da Resistência e grande musicólogo, o lembre como rigorista ascético mesmo em matéria de sexo: "Pensava em ir consultar Leone Ginzburg, que era a melhor cabeça do nosso grupo e morava perto de mim, na casa com esculturas de cabeças de boi na via Vico, mas com a janela do seu quarto bem de frente para o bordel da via Massena, eterno motivo de gritarias e gracejos nossos com o castíssimo amigo".

Escrevendo naqueles anos para outro amigo durante as férias em Viareggio, onde cultivava o seu gosto mundano pela literatura, Leone nos oferece um velado indício autobiográfico: "Quanto a mim, posso dizer que levo a minha habitual vida balneária – um tanto mundana, mas não demais – de todos os anos". A resposta do amigo é mais explícita, mais concreta: "Conte-me também indiscrições sobre Achille Campanile, porque aqui é uma mercadoria de muita saída: o que faz, o que diz, se toma banho, se é espirituoso, se trepa, se fuma, se lê os seus manuscritos e assim por diante". O amigo dessa correspondência balneária é Cesare Pavese, o melancólico romancista que, nos anos entre a guerra e a paz, entre a destruição e a reconstrução, será, talvez, o escritor mais influente da sua geração.

De fato, é nas carteiras do D'Azeglio que nasce a amizade entre Leone e "Cesarito". O que os une, fundamentalmente, é a paixão pela literatura. Leem e discutem juntos os mais variados livros. Cesare, porém, escreve poemas, enquanto Leone escreve de tudo – novelas, romances, ensaios, artigos –, mas nunca um único poema. Somam-se aos outros amigos da turma no Café Rattazzi em Porta Nuova, no estúdio do pintor Sturani na via dei Mille, sob os telhados, ou na casa de Pavese na colina de Reaglie. Mas, acima de tudo, tendem a se entregar a intermináveis passeios a dois pelas ruas de Turim, onde, no extremo das periferias, entre as últimas fábricas e os canteiros das últimas casas, as oficinas da Fiat se erguem como "catedrais que concluíram a busca do divino num momento da história". De manhã, sob os seus muros ciclópicos e cavos, os operários aguardam em silêncio o começo do turno.

Mas, para os passeios solitários a dois, Ginzburg e Pavese preferem à Turim industrial e operária, às arquiteturas da civilização dos produtores, os remoinhos do Pó na confluência com o Sangone, mais adequados às suas inquietações juvenis. Pavese, que já começou a cultivar o seu tormento pessoal, que já corteja as mulheres como se corteja a morte e vice-versa, encantado igualmente por ambas, inclinando-se na borda do barco e mergulhando o braço até o ombro para pescar no fundo da água, suspira e comenta: "Aqui todos os anos alguém se afoga". É o último ano do liceu para Leone e Cesare.

Por outro lado, naquele ano de 1926, a morte desce à rua. Em 31 de outubro, em Bolonha, Mussolini é, pela quarta vez num ano, alvo de um atentado. Disparam-lhe um ineficaz tiro de revólver enquanto segue de carro para a estação Central. Sai totalmente ileso. O autor do atentado é identificado como Anteo Zamboni, filho do anarquista Mammolo Zamboni, que tem o apelido de "O Batata" devido à sua inteligência não propriamente muito aguçada. Anteo está sozinho e tem quinze anos. Os homens do esquadrão o apunhalam até a morte no local, e a multidão enfurecida trucida o seu cadáver. Dois meses depois, é instituído o tribunal especial para a defesa do Estado. Não valerá para os fascistas, que continuarão espancando os adversários até a morte, atacando-os durante o sono, nas suas casas, nas suas camas, sob os olhos de esposas e filhos, como ocorrera em Florença com Gaetano Pilati. Já é 1927. Leone e Cesarito se matriculam na universidade.

A universidade em que Leone se matricula ainda não é totalmente fascista. Leone, por sua vez, já é resolutamente antifascista.

Em 1927, de fato, o corpo docente ainda se ilude que seria possível se eximir da luta, se exilar do lado cruento da história, refugiando-se na suposta independência da ciência, no seu suposto alheamento ao furor do mundo. Está-se estabelecendo, na verdade, um regime de convivência: os professores com as suas ideias, admitindo-se que as tenham, ainda não são reprimidos ou relutantemente tolerados; em vez disso, acomodam-se e transigem.

Leone, contudo, aos dezoito anos, já é alguém que, se entrar na casa de uma família pró-fascista – os Bobbio – e os seus olhos recaírem sobre a capa de uma revista ilustrada em que se sobressai um retrato colossal do *duce*, haverá de proferir em voz alta, com decisão e segurança, uma frase de desprezo. Apesar disso, durante todos os anos da universidade, Leone se abstém. Para ele, o antifascismo é uma manifestação espontânea das suas convicções morais, uma expressão do seu gosto estético, mas esse antifascista natural se abstém da luta política. Para ele, o antifascismo, como escreveu Gobetti, é uma questão de aristocracia, de nobreza, de estilo; talvez seja – quem sabe – a inevitável rudeza do embate frontal que o leva a se abster. O fato é que Leone se abstém. Estuda, escreve, mas não luta. Não abertamente.

Quando ainda frequentava o liceu, o precocíssimo Leone já tinha escrito vários contos e um romance sobre os esquadrões de ação armada na Toscana. Em 1927, dedica-se a um extenso conto, "Sincerità" [Sinceridade], e a um breve romance, *Signorina di famiglia* [Senhorita de família] (que ficarão inéditos). No mesmo ano, estreia também como tradutor, completando a tradução de *Tarás Bulba*, de Gogol, e empreendendo a de um monumento literário, *Anna Kariênina*, e estreia oficialmente como ensaísta publicando o seu primeiro artigo, sempre sobre *Anna Kariênina*, em *Il Baretti*, a última revista fundada em 1924 por Piero Gobetti, o precocíssimo profeta da revolução liberal, farol da vida cultural e política turinense, morto em 1926, com apenas 25 anos, no seu exílio parisiense, extenuado por uma saúde precária e pelas repetidas violências infligidas pelos fascistas.

Essa publicação na revista que sobreviveu a Gobetti, a quem os amigos e os professores já começam a compará-lo, será o primeiro dos 55 artigos de história e literatura russa e francesa que Ginzburg publicará naqueles anos. A eles se somarão colaborações com outras revistas, com editoras, e novas traduções. Leone pensa, escreve, traduz tudo isso, sempre se atendo à distinção intelectual como apregoado estilo antifascista e sempre se abstendo do envolvimento político direto.

No início de abril de 1928, em casa de amigos, encontra pessoalmente Benedetto Croce, o seu ídolo e principal teórico da olímpica superioridade do homem de cultura em relação à vida social e ao embate político. Depois desse encontro, durante o qual, ao que parece, o filósofo napolitano o desaconselhou a fazer política, Leone abandona a faculdade de direito e se matricula na de letras, projetando para si uma carreira acadêmica na eslavística. Por sugestão de Croce, portanto, dedica-se inteiramente aos estudos literários entendidos como "conspiração aberta da cultura" e se nega ao antifascismo militante. Atém-se e abstém-se.

Abstém-se Leone quando os estudantes antifascistas reagem às agressões, de início apenas verbais, com que os seus colegas de camisa negra interrompem as aulas de Luigi Einaudi e Francesco Ruffini, professores liberais. Recusa-se depois a participar das pancadarias que se seguem. E Leone se abstém mesmo quando o ultraje fascista investe, pessoal e frontalmente, contra Benedetto Croce. Isso ocorre quando o filósofo, entre as gritarias da assembleia, pronuncia no Parlamento o seu célebre discurso contra os pactos lateranenses, e o próprio Mussolini em pessoa, depois de tê-lo enfrentado e menosprezado da tribuna da presidência do conselho ao longo de todo o discurso, lhe responde acrimonioso definindo-o como um "emboscado da história". Um epíteto, cabe reconhecer, não desprovido nem de sugestões, nem inteiramente de fundamento.

Nos dias seguintes, em Turim, Umberto Cosmo toma a iniciativa de enviar publicamente uma carta de solidariedade a Croce, coletando muitas adesões entre os estudantes universitários. Mas Ginzburg continua a se abster. Esconde-se no bosque, diria Mussolini. Junto com Pavese e outros, recusa-se a assinar. É maio de 1929. Leone se abstém e volta a estudar enquanto muitos dos seus colegas signatários serão presos, detidos, advertidos e, no caso de Cosmo, condenados a cinco anos de degredo.

Os estudos, porém, chegam ao fim. Leone Ginzburg se forma em 21 de dezembro de 1931 com uma dissertação de conclusão de curso sobre Guy de Maupassant. Em 8 de outubro do mesmo ano, pediu e obteve a cidadania italiana, enquanto em 4 de abril do ano anterior havia chegado à maioridade; em dezembro, recebeu de Berlim a notícia da morte do seu pai. Para Leone chegou o tempo de escolher. Escolherá.

"Quando chegava a primavera, mesmo a falsa primavera, só restava resolver o problema do lugar onde a pessoa se sentiria mais feliz." Assim Hemingway relembrará Paris entre as duas guerras, a cidade maravilhosa na qual estivera quando muito jovem, muito pobre e muito feliz.

E é naquela mesma cidade, naqueles mesmos anos e naquela mesma estação do ano que Leone Ginzburg encontrará a felicidade. Encontra-a numa manhã de abril de 1932, numa geladíssima leiteria de *faubourg* onde Aldo Garosci, um ex-colega de liceu refugiado na França para escapar à perseguição fascista, o leva para conhecer Carlo Rosselli e Gaetano Salvemini.

Leone está em Paris graças a uma bolsa de estudos concedida pela Universidade de Turim, para completar e ampliar a sua dissertação de conclusão de curso sobre Maupassant. Pretende transformá-la em livro, que lhe serviria de base para a sua carreira acadêmica. Mas não é para conversar sobre Maupassant que se encontra naquela leiteria.

Carlo Rosselli, teórico do socialismo liberal, que se evadira de forma aventurosa, a bordo de uma lancha, da ilha de Lipari, onde fora degredado pelo regime fascista, exilado na França desde 1929, é o mais carismático entre os fundadores do grupo Justiça e Liberdade, a principal organização antifascista fora da órbita comunista. Gaetano Salvemini é, pois, um dos homens mais trágicos do século xx.

Historiador insigne, expoente de destaque do socialismo italiano, teórico do federalismo, meridionalista, deputado a partir de 1919, antifascista militante, Salvemini foi espancado publicamente nos corredores da sua universidade por jovens de vinte anos dos esquadrões armados quando já tinha mais de cinquenta. Preso pela polícia fascista e depois anistiado, refugiou-se na França onde, junto com o seu ex-aluno Rosselli, fundou o movimento Justiça e Liberdade.

Mas não é apenas a história, a política, que fazem de Salvemini uma figura trágica. É a natureza, é o vulcão. Talento precocíssimo e pai prolífico, em 1901, com apenas 28 anos, Salvemini obtivera a cátedra de história moderna na Universidade de Messina, para onde se transferira com a esposa, a irmã e cinco filhos. Favorecido pelo talento e pela sorte, escreve naqueles dias à cunhada: "Na minha vida familiar sou tão feliz que até sinto medo".

Algumas noites depois, Gaetano se atrasa na universidade e volta para casa quando todos os seus familiares já estão dormindo. No silêncio da noite, vai até a janela para fumar. Um barulho surdo sobe da beira-mar. Mais alguns segundos, e Salvemini perdeu a esposa, a irmã e os cinco filhos.

Ele é dado como morto sob os escombros do terremoto de Messina, e, unindo-se ao pesar geral, o jovem militante socialista Benito Mussolini, que depois dará ordens para espancá-lo e prendê-lo, telegrafa aos parentes restantes: "Com Gaetano Salvemini desaparece uma das mais belas figuras do socialismo italiano".

Mas Salvemini está entre, não sob, os escombros. Desabou na rua junto com o edifício, protegido pela arquitrave da janela. Louco de dor, durante dias escava com as mãos nuas em busca dos familiares. Retirará todos os cadáveres, exceto um, o de Ughetto, o filho caçula. Depois de décadas de exílio nas universidades de meio mundo, Salvemini confessará na velhice que passou a vida procurando nos jovens encontrados ao longo do caminho as feições daquele menino desaparecido.

Não sabemos o que Rosselli, Salvemini e Ginzburg conversaram no encontro em Paris, e tampouco sabemos se Salvemini também projetou no rosto hirsuto do jovem Leone o fantasma do filho perdido. Mas sabemos, por testemunho dos seus amigos de então, que, de volta à Itália, Leone traz naquele seu rosto uma nova luz: passa-se à ação, passa-se ao bosque. E dessa vez não é o bosque da abstenção, e sim o bosque do rebelde.

Ginzburg entra, com metade de si, na clandestinidade. Assume na organização o lugar deixado por Garosci e tece novamente a trama conspiradora desfeita pelas prisões e condenações infligidas à organização Justiça e Liberdade pelo tribunal especial do ano anterior. A situação geral do antifascismo organizado na Itália é desesperadora. Os comunistas, de longe os mais numerosos, combativos e bem organizados, foram literalmente dizimados por homicídios, prisões, exílios, deportações e degredos. As células da Justiça e Liberdade se reduzem a poucas unidades e se compõem de poucos indivíduos. Mesmo o associativismo católico foi atingido e redimensionado após uma dura queda de braço entre Mussolini e a Ação Católica, com os correspondentes ataques de esquadrões fascistas às sedes da Juventude Católica e da Federação Universitária Católica Italiana.

Leone lança à luta todo o seu ser, todo o seu carisma intelectual e o amplo leque de relações que a fama precoce já lhe angariou. E o faz, escreverá Carlo Levi, com a "largueza de quem sente o dever de se recolocar todos os problemas, de refazer diretamente todas as experiências, de provar a vida e a cultura". Um sentimento largo da vida, tal é a estrela-guia que norteia Leone. E por que assim o faz, ele mesmo nos informa: "O abandono da luta política a um amanhã que nenhum hoje justifica ou permite esperar pressupõe uma fé inexistente, vivificando alguns ídolos".

A esperança no futuro às vezes pode ser o mais covarde engano. Leone sabe disso e não pretende mais adorar tabernáculos que, é o primeiro a saber, são vazios. Por outro lado, como escreverá Giaime Pintor, "abster-se, desde o nascimento, é pouco mais do que um suicídio".

Em coerência com o propósito de pôr a cultura à prova da vida, o eixo do proselitismo da Justiça e Liberdade em Turim se transfere do mundo operário para o intelectual.

Os dirigentes no exílio em Paris pressionam os jovens neófitos da conspiração para que passem à ação cruenta organizando atentados. Leone e os seus não os atendem, declarando-se, no máximo, favoráveis ao uso de explosivos em ações de caráter meramente demonstrativo. No final de 1932, tentam organizar a fuga de Ernesto Rossi do cárcere de Piacenza, mas a tentativa fracassa. Na verdade, mais do que à ação violenta e imediata, dedicam-se à preparação das ideias e à formação de quadros. O trabalho deles se desenvolve, sobretudo, como um trabalho de propaganda, de imprensa e de colaboração com publicações antifascistas. Muitos dos intelectuais que Leone consegue atrair para a causa se encontram em reuniões fixas nas quintas à noite no salão de Barbara Allason, renomada escritora, senhora da boa sociedade e famosa antifascista de inspiração no Risorgimento, num ambiente de agradáveis entretenimentos de tom mundano.

 Apesar do ambiente, Leone dedica à conspiração política a mesma capacidade de condução, o mesmo sentido de dever, a mesma intransigência de juízo que aplicara ao estudo. É precisamente Barbara Allason que, nas suas memórias, relembra a esse respeito um episódio emblemático. Ao ver que o filho não voltara para casa e sabendo que ele se encontrava em Monginevro para retirar alguns opúsculos clandestinos provenientes da França, Allason tinha telefonado para a casa de amigos, pedindo notícias. Informado do telefonema, Leone a censurara com "poucas e frias palavras": "Não se conspira quando não se tem certeza quanto aos próprios nervos".

Leone é desprovido de meias-palavras, de escrúpulos, é desenfreado. Mas não impiedoso. Em março de 1933, comenta nos *Quaderni di Giustizia e Libertà* a norma liberticida com que o regime impôs aos operários das grandes fábricas e aos funcionários públicos a filiação ao Partido Fascista. Calcula-se que as novas filiações forçadas chegarão a 700 mil indivíduos.

Pensando nos mais jovens, naqueles que não podem viver de renda ou de aposentadoria, pensando nos milhares e milhares dos seus coetâneos entregues a si mesmos, para os quais a inevitável filiação representará a primeira concessão da consciência, o primeiro remorso, Leone reivindica o direito à piedade. O direito, note-se bem, não o dever: "Nós queremos estar próximos desses jovens", escreve ele, "nós, que escolhemos vias mais difíceis e procuramos trabalhar por todos, temos o direito de manifestar a imensa piedade por eles que se apoderou de nós e o dever de socorrê-los no que pudermos. Não permitiremos que se aviltem ainda mais. Cuidaremos deles com a solicitude que se tem para com os prisioneiros e os deportados". Uma solicitude que logo Leone será obrigado a usar para si.

Enquanto isso, porém, com a metade de si ainda fora da linha d'água da vida pública e civil, Leone trabalha muito. Um dia, um ex-colega do D'Azeglio vai encontrá-lo no apartamento da via Vico e lhe propõe criarem uma editora. É o filho de Luigi Einaudi, líder do pensamento liberal, grande proprietário de terras e senador do reino. O filho do senador é um rapaz magrinho, delicado, dois gélidos olhos azuis. Chama-se Giulio, mas no liceu os colegas o chamavam de "Giulietta" porque corava e chorava com frequência. Propõe a Leone idealizar e dirigir as coleções editoriais junto com Pavese, enquanto ele, Giulio, cuidará de providenciar os fundos necessários e a administração. O primeiro passo será assumir *La Cultura*, uma histórica e prestigiosa revista acadêmica, para convertê-la no centro de irradiação de um pensamento novo e na pedra de fundação da futura editora.

Leone aceita. Precisa dar vazão ao seu talento e precisa ter uma fonte de renda. Escreve para a mãe, hábito que nunca perdeu desde quando, criança abandonada, enviava cartas desanimadas à Rússia da revolução: "Minha querida mãe, embora faça alguns dias que não escrevo, espero que você não esteja preocupada comigo. Com *La Cultura* tudo vai bem. A revista pode sair mensalmente a partir de 15 de março. O diretor será muito provavelmente Cesarito, e eu serei o chamado redator-chefe. Assim que a revista tiver mais de quinhentos assinantes, receberei um salário, isto é, 4% do lucro anual. Como nos primeiros tempos o editor terá um déficit financeiro, ele também pretende publicar alguns livros. Certamente receberei um salário, duzentas ou trezentas liras". Em 15 de novembro de 1933, a "Giulio Einaudi editore", com sede na via Arcivescovado, 7, faz seu registro como firma individual na Câmara de Comércio de Turim. Assim nasce, com três amigos e uma promessa de trezentas liras, uma das mais importantes empresas culturais do século xx.

Ginzburg, nesse meio-tempo, não renunciou de forma alguma à carreira universitária, conforme viria a declarar na sua austera carta de recusa. Pelo contrário, com o seu brilho habitual, queimou etapas. Em 29 de maio de 1932, o jovem intelectual, recém-graduado em dezembro do ano anterior, pediu para ser admitido às provas para a "habilitação ao ensino universitário livre de literatura russa". O exame ocorre em dezembro. A comissão, composta por três membros, inclui os pais fundadores da eslavística italiana. "O candidato Leone Ginzburg, nascido em Odessa em 4 de abril de 1909, demonstra ter um amplo e preciso conhecimento dos assuntos tratados, segurança de método e uma independência de juízo realmente notável." Com esse parecer favorável, Leone Ginzburg recebe oficialmente a habilitação à livre-docência em literatura russa em 31 de dezembro de 1932. Está com 23 anos.

Dois meses depois, em fevereiro de 1933, Leone começa a sua docência com o curso sobre Púchkin. A abertura solene versa sobre *Púchkin e a cultura europeia da sua época*. A aula inaugural é um evento: "Não muitos os professores presentes", lembrará Barbara Allason, "mas a sala enorme que transborda com os seus amigos e admiradores, com toda a Turim antifascista que acorreu para assistir a essa celebração do seu jovem líder e os corações de todos que o seguem, a atenção de todos suspensa nas suas palavras". Decorrido menos de um ano, Leone declara o seu "não" àquele ensino não mais livre. Escolheu para si caminhos mais difíceis. Púchkin, Herzen, Mazzini, Dante Alighieri – todos eles, nesse momento, existem por uma única razão, e essa razão é o jovem Leone Ginzburg. O Romantismo russo, o Risorgimento italiano, o

Humanismo europeu, o eco dos séculos transcorridos lhe chegam como uma vibração surda da terra. Agora se trata de aplicar a uma linha vivida aquela coisa vinda de longe.

Em 11 de março de 1934 à noite, Leone tem um encontro marcado com Vittorio Foa no Hotel Bologna, em frente à estação de Porta Nuova. O encontro está marcado para a meia-noite. Foa é um dos tantos jovens intelectuais que Ginzburg atraiu para a luta antifascista.

Os dois haviam se conhecido no D'Azeglio e então, depois de se perderem de vista, pois Foa passara algum tempo trabalhando num banco, se reencontraram quase por acaso. Logo Leone lhe perguntara o que ele estava lendo. Proust, estava lendo Proust, respondera-lhe Vittorio. "Mas o barão de Charlus nunca daria um nó de gravata como você dá", gracejou Leone. E lhe ajeitou o nó da gravata. Assim ficaram amigos.

Depois, um dia, Leone perguntou a Vittorio se queria fazer um trabalho clandestino, e ele logo respondeu que sim, vencido pela sua "natural autoridade, o fato de que não era possível a ninguém, nem a Benedetto Croce ou a Luigi Einaudi, dizer não quando Leone pedia alguma coisa".

E assim os dois amigos agora se encontram à meia-noite naquele elegante edifício do final do século XIX, sob os pórticos do corso Vittorio Emanuele II, primeiro rei da Itália. Vittorio Foa esperou em vão durante o dia inteiro a chegada de Mario Levi e Sion Segre, que Leone enviara à Suíça para trazer escondido um número dos *Quaderni di Giustizia e Libertà*.

"Não chegaram", sussurra Vittorio.

"Foram apanhados", responde Leone. Então os dois amigos ficam em silêncio.

No ar da noite desses dois jovens intelectuais rodopia a pergunta que outro amigo, outro intelectual como eles, fez a Leone numa carta: "Não seria bonito amadurecer a nossa vida também na ação?".

OS FERRIERI
Nápoles, 1900-1930

Giuseppe Ferrieri também vem ao mundo, como Leone Ginzburg, numa daquelas grandes cidades litorâneas de cujas docas salobras zarpavam os navios para terras longínquas. Um daqueles imensos, antigos formigueiros humanos, na fronteira entre dois continentes, que habitualmente são descritos como paraísos ou infernos, mas que mais se assemelham ao purgatório dos cristãos: um local de passagem, suspenso entre a graça e a danação, onde se é diariamente obrigado a negociar com a vida o resgate de um eterno penhor de redenção.

Essa é a Nápoles do início do século xx onde Giuseppe Ferrieri – que sempre será "Peppino" para todos – nasce em 25 de abril de 1908, exatamente um ano antes do nascimento de Leone Ginzburg em Odessa. Quando Peppino nasce, Nápoles ainda é a cidade mais populosa da Itália e uma das mais populosas da Europa. Conta com cerca de 750 mil habitantes, em boa parte descendentes das miseráveis plebes já urbanizadas em meados do século xvii.

Nápoles é a cidade dos testamentos traídos. Depois da devastadora epidemia de cólera de 1883, o Estado saboiardo extirpou muitos bairros do centro histórico com a promessa de uma decisiva obra de saneamento. Mas os grandes edifícios umbertinos serviram mais para esconder do que para sanar a degradação das ruelas imundas. Atrás deles, nos labirintos de vielas, o cheiro de urina se mescla às exalações de ácido muriático. A atmosfera moral não é mais salubre. Em 1900, na virada do século, depois de um grave escândalo, o governo de Roma é obrigado a intervir na prefeitura de Nápoles. É a nona vez em 39 anos.

Peppino Ferrieri nasce, porém, em Antignano, um povoado onde a cidade marítima sobe pela colina do Vomero. Nasce onde se respira um ar saudável e se gozam de certos confortos. Ele também, como Leone, é filho de hábeis comerciantes. De fato, quanto ao seu nascimento, a lenda da família narra um batismo com coches e cavalos.

O patriarca, Francesco Ferrieri, comercializa carnes, tanto no atacado quanto no varejo. A sua atividade é próspera, e a família, numerosa. A sua esposa, Grazia, entre o final do século XIX e os primeiros anos do XX, lhe dá sete filhos, quatro homens e três mulheres: Raffaele, Francesco, Antonio, Giuseppe, Fortuna, Vincenza e Carmela.

Esta última, na verdade, é filha adotiva. Entra na família Ferrieri em cumprimento de uma promessa feita durante a gravidez. Com efeito, Donna Grazia, precisamente quando estava grávida de Peppino, adoece, fica acamada e corre o risco de perder o menino. Assim, faz uma promessa à Madonna del Carmine, Nossa Senhora do Carmo: se salvar o seu filho, Grazia se compromete a adotar um órfão, um filho de N.N. [*Nomen nescio*, isto é, de pais desconhecidos], uma daquelas crianças desafortunadas que, em Nápoles como em outros lugares, eram definidas como "filhos de Nossa Senhora". E assim aconteceu. A criança adotada é uma menina e é batizada de Carmela em honra à Virgem do monte Carmelo (uma variante de Carmine). Visto que ela chega a casa nos mesmos dias em que também chega Giuseppe, o filho parido, todos acreditam que são gêmeos. Carmela crescerá como uma Ferrieri aos olhos do mundo e até dos parentes mais próximos. E crescerá bem, sob as asas protetoras de Francesco Ferrieri, num ambiente não rico, mas próspero, como diríamos hoje, em que Donna Grazia, logo acompanhada por Fortuna, a filha mais velha, "tem alfaiate em Chiaia", como se dizia então.

Francesco Ferrieri, além de ser um comerciante capaz, é também homem capaz de se fazer respeitar. Decerto não um "homem de respeito" [mafioso], mas alguém que se faz respeitar. Quando um mafioso que achaca os abatedouros o toma como alvo, Francesco decide que não aceitará a extorsão. Desafia o malandro em público: "Quanno ce truvammo, ce la vediamo" [Quando nos encontrarmos, veremos].

Por outro lado, Francesco Ferrieri, que viaja com frequência à noite pelas estradas do interior com dinheiro vivo para ir às feiras de gado, tem o costume de andar armado. E usa o revólver com destreza: nessa época, os açougueiros ainda compram os animais vivos, depois os abatem com um golpe na cabeça, e eles mesmos, com avental de tela encerada e as mangas da camisa enroladas nos antebraços, os esquartejam. Assim, quando Francesco se depara com o malandro, não se sabe onde nem como, dispara melhor ou dispara primeiro. Os detalhes do tiroteio se perderam em alguma dobra pudica, ou num pacto de silêncio, da memória familiar. Sabe-se apenas que quem assumiu a culpa pelo homicídio cometido por Francesco Ferrieri foi um irmão dele, menos necessário para dirigir os destinos da família. Também nesse caso, não um irmão de sangue, mas um "irmão de criação", outro daqueles filhos ex-voto que, como se usava então, fora acolhido em casa desde criança. Será invocada a legítima defesa, mas, de todo modo, esse enésimo "filho de Nossa Senhora" vai para a cadeia.

A troca de pessoa, porém, não basta para preservar a família Ferrieri da desgraça. Francesco Ferrieri tem morte súbita e prematura. Nos mesmos anos, aqueles anos da desgraça mais geral que a Primeira Guerra acarretara à Europa, tanto os Ferrieri quanto os Ginzburg conhecem uma reviravolta do destino. A sua odisseia, porém, é de raio bem mais reduzido. Se o infortúnio leva Leone de Odessa a Viareggio (e depois a Turim), para Peppino significa migrar mais modestamente das alturas da via Luca Giordano para os bairros pobres de Vergini. Grazia, viúva e mãe de sete filhos, vai morar no ventre antigo e fervilhante de Nápoles. A partir de então, o domicílio dos Ferrieri será Supportico Lopez, número 8. Lá, entre mofos milenares, numa viela escura que registra séculos de dominação espanhola, Grazia criará os filhos sozinha.

A poucos metros dali, no Rione Sanità, na via Santa Maria Antesaecula, cresce outro menino oficialmente filho de pai desconhecido. Foi registrado no cartório civil como Clemente Antonio de N.N., fruto de uma relação clandestina, mas conhecida no bairro todo, entre Anna Clemente, uma bela moça do povo de dezesseis anos, e o marquês Giuseppe De Curtis. Anna, que no bairro chamam de Annina, é uma moça de seios fartos, atrevida e frívola (ou, talvez, apenas uma moça pobre e sozinha). Mais amante do que mãe, Annina confia o menino à avó e, depois de se pintar e se embelezar, vai todas as noites encontrar o marquês no seu palácio de nobre. Antes de sair, despede-se do filho com o nome carinhoso que lhe deu, no qual está encerrado o testemunho do seu afeto. Beija-lhe as faces, deixando a marca do batom, e lhe recomenda: "Seja bonzinho, Totò".

À diferença de Annina Clemente, Grazia Ferrieri é uma mulher vigorosa, capaz e responsável. Depois de uma primeira derrapada, mesmo não tendo um homem que sirva de pai aos seus filhos, toma nas mãos o futuro da família e as rédeas do seu comércio. Em pouco tempo, volta a ser Donna Grazia. Quem a ajuda é o filho mais velho, Raffaele, um rapaz bonito, muito distinto e de modos gentis, embora só saiba se expressar em dialeto napolitano. Com as suas roupas de alfaiataria, o lenço no bolsinho na mesma cor da camisa e o anel de cornalina montada em ouro no dedo, Raffaele, elegante e ignorante, mesmo não sabendo italiano, vai até Chiasso, na Suíça, para comprar os melhores animais.

Parece, enfim, que as coisas tomam um bom rumo em Supportico Lopez, número 8. E também para Peppino, o filho mais novo de Donna Grazia Ferrieri, que, desde menino, é tomado de paixão pelo teatro. Ele cultiva essa paixão ligando-se àquele outro filho do bairro, Antonio Clemente, que, mais velho, já estreou como ator de variedades com o nome artístico de Totò. Peppino, que se tornou inseparável do amigo, o segue em todos os palcos menores e periféricos onde Totò espalha as suas piadas, paródias, mímicas de marionetes. Peppino, porém, tem à sua espera uma segunda reviravolta. Dessa vez não por causa de uma morte súbita, mas por causa do amor.

Os Guarino eram gente de teatro. Conta-se que a história da família remontaria a um lendário progenitor vindo do norte, de Verona – talvez no século XVIII, ou mesmo antes –, para servir aos Bourbon como empregado dos registros cadastrais na capital do Reino de Nápoles. Uma lenda implausível, provavelmente alimentada pela fama de Guarino Veronese, célebre humanista renascentista.

Seja como for, a mais antiga comprovação remanescente da tradição familiar dos Guarino é uma fotografia colada num cartão carcomido. A foto, mais escurecida do que amarelada pelo tempo, retrata em meio-corpo um ator em trajes de Pulcinella. Está com a túnica branca com o ventre proeminente, segura na mão esquerda o característico chapéu pontudo, traz as mãos cruzadas sobre o peito, a esquerda sob a axila, e está com a máscara negra hemifacial erguida na testa. O homem tem assim um duplo rosto: o seu – nariz grande, orelhas gigantescas, um bigode espesso com as pontas viradas para cima – e o do personagem. O homem olha para o alto à esquerda, para fora do enquadramento, com uma espécie de expressão contrita, intensificada pela pose de penitente com os braços cruzados sobre o peito; a máscara, erguida sobre a cabeça, é obrigada a olhar o céu. O Pulcinella, sobre isto não há dúvidas, é Antonio Guarino, comediante, nascido em algum momento nos anos 1850 ou talvez nos anos 1860. A foto deve ter sido tirada no início do século seguinte. Não traz nenhuma data, de forma que não é possível ter certeza sobre isso.

O certo, porém, é que os Guarino eram gente de teatro desde séculos antes. Gerações de atores itinerantes, sempre prontos a se jogar em qualquer praça, muitas vezes ao ar livre, em palcos improvisados, com cenografias de poucos objetos, o rosto mascarado e aquela sua arte extravagante que, nas andanças sem fim, rouba a vida e a restitui no palco. Atores itinerantes, que não se apoiam em roteiros escritos, mas improvisam todas as noites os seus papéis em esquemas transmitidos de pai para filho, herdeiros dos jograis e saltimbancos que, durante festas ou carnavais, alegravam cortes e praças com as suas farsas, as suas piadas e os seus movimentos ou trajes ridículos. Os Guarino estão entre os últimos herdeiros da antiga *commedia dell'arte*, em que arte não significa obra do engenho, mas profissão, ofício; arte significa juntar almoço e jantar. Os Guarino fazem a *commedia dell'arte*, improvisam, rodam a Itália com uma carroça puxada a cavalo. São gente alegre, amigável, que nunca encontra paz.

E, de fato, Ida – que chamam de "Idarella" – nasce não em Nápoles, mas em Montecorvino Rovella, um vilarejo perdido entre os montes Piacentini, onde a companhia dos Guarino está com um trabalho. Ela nasce ali em 3 de março de 1907. A mãe, Aspasia, atua grávida até a noite anterior ao parto. Por outro lado, Aspasia – cujo nome de batismo consta no registro civil como Maria, mas que todos conhecem pelo nome da esposa de Péricles e do único autêntico poema de amor escrito por Giacomo Leopardi –

nasceu ainda mais longe, em Patras, na Grécia, onde a sua mãe se aventurara em 1887 no séquito da companhia dirigida pelo marido, Antonio Guarino – o Pulcinella da foto –, e onde ela também viera à luz atrás das tábuas do palco. Motivo pelo qual a haviam chamado de Aspasia, que em grego significa "bem-vinda".

A sua filha, Ida, porém, foi não só gerada, mas, de certa forma, também concebida naqueles bastidores da *commedia dell'arte*. O seu pai é o marquês Ruggero Izzo, um nobre do Benevento, apaixonado por teatro, que começou a frequentar a companhia desde que se encantou por Aspasia, a jovem atriz, depois de tê-la visto se apresentar em algum lugar nas suas terras. Aspasia, a bem da verdade, já relutante em subir ao palco, reluta ainda mais em se conceder àquele homem muito mais velho do que ela. Mas, como se sabe, é uma história tão velha quanto o mundo: ele é um senhor nobre e rico, viúvo, tem em algum lugar um palácio da família, todas as noites leva a companhia inteira para jantar e todas as noites, como um antigo hábito para as pessoas de teatro, os Guarino, levantando-se saciados da mesa, suspiram e, esperançosos, dizem um ao outro: "Comemos esta noite também". A família assim incentiva a jovem a se casar com o velho senhor acreditando que, dessa forma, Aspasia fará a sua fortuna e um pouco, por reflexo, a deles também. Aspasia, a bem-vinda, embora a contragosto, concorda. Casa-se e, num primeiro momento, abandona o palco.

O casamento, porém, não se anuncia sob bons auspícios. A primeira filha, batizada de Maria como a mãe, morre depois de poucos meses. Talvez de tuberculose, mas não se sabe ao certo. Seguem-se mais duas gestações desafortunadas, não se sabe se de crianças natimortas ou que só sobreviveram por poucos dias. Por fim chega Ida, que será a única sobrevivente dessa hecatombe. Idarella é saudável, não morre. Mas o pior, sob certo ponto de vista, ainda está por vir: o marquês logo se revelará incapaz até mesmo de sustentá-la, a sua Idarella, pai indigno até mesmo dessa única filha.

Ruggero Izzo, na verdade, não possui posição. E, no palácio da família, onde mora a marquesa, a sua mãe, não pode sequer pôr os pés. Ruggero tem dois filhos mais velhos do casamento anterior, mas eles vivem em Roma; propala-se que um ingressou nas altas esferas da cúria papal, mas não se sabe nada de concreto a respeito deles. O marquês não tem renda, isso é certo, e, ao contrário dos Guarino, tampouco tem profissão. Fazendo valer o título, o marquês tenta por algum tempo ganhar a vida como funcionário de polícia, mas, pouco depois, após um estranho incidente, é expulso. O marquês Izzo é um homem dissoluto, libertino, jogador, um nobre despossuído, decaído, deserdado. E essa também é uma velha história.

Aspasia, arruinada pelo teatro, também é, de certo modo, salva por ele. Os Criscuolo, uma família burguesa, abastada, residente em Nápoles na via Pietro Colletta, têm simpatia por ela. Viram-na representar muitas vezes e, ao saberem do seu drama, lhe estendem a mão. Acolhem-na em casa com a filha, Ida. Aspasia faz serviços domésticos. Remenda, passa roupa, esfrega, aprende a cozinhar. A pequena Ida cresce longe do pai indigno, mal se lembra dele. Mas depois, um dia, quando a menina está com seis ou sete anos de idade, o marquês reaparece.

Ruggero Izzo implora uma oportunidade de se redimir. Aspasia, torcendo as mãos que cheiram a lixívia – o detergente usado pelas boas donas de casa para os panos engordurados ou pelas mulheres perdidas para se envenenar sob os altares das igrejas –, lhe concede. O pai, então, depois de anos de sumiço, estende a mão anilhada de rubis à menina e se encaminha com ela rumo a um futuro melhor. Embarcam na estação central de Nápoles em um trem pinga-pinga de terceira classe para Roma.

Na capital, sempre segurando pela mão a filha pequena, Ruggero, o pai sem um tostão, bate à porta dos filhos mais velhos, os filhos ricos, aqueles aos quais a velha marquesa destinara a herança da família depois de tê-lo deserdado. Num gesto extremo, provavelmente desesperado, o marquês leva a eles a irmãzinha, talvez na ilusão de que os irmãos possam ter êxito onde o pai falhou. Afinal, ele deu a ela o seu sobrenome, o mesmo sobrenome deles. A menina pobre que bate à porta do palácio patrício se chama Ida Izzo, filha de Ruggero. É para ela que se pede abrigo. Essa fábula, porém, não tem um final feliz: os filhos bem situados nem sequer os recebem. Enviam um criado para dizer que os senhores não estão em casa.

Ruggero não tem dinheiro sequer para pagar um quarto de hotel. Pai e filha passam a noite no banco de um jardim público de Roma cujo nome se perdeu.

A seguir, Idarella lembrará apenas que o pai ficou sentado, abatido, convidou-a a se aninhar junto a ele, cobriu-a com o seu sobretudo. No dia seguinte, sempre segurando-a pela mão, levou-a de volta a Nápoles e devolveu-a à mãe. Escreve-lhe cartas pungentes, pedindo compreensão e perdão, mas nunca mais voltarão a se encontrar. São as vésperas da Primeira Guerra Mundial. Ida está com sete anos. O seu pai permanecerá por toda a vida como essa "triste lembrança".

A mãe, porém, não perde o ânimo. Depois da guerra, Aspasia encontra trabalho nas Cotonerie Meridionali, uma das maiores indústrias de todo o Sul da Itália. Em 1920, Aspasia consegue que a filha também seja contratada. Para isso, é obrigada a falsificar os documentos alterando a sua data de nascimento. De fato, a lei determina catorze anos como idade mínima para a admissão no setor industrial, e Ida ainda não completou treze. Mas o expediente dá certo, e Ida começa a trabalhar na fábrica. Ali, junto com a mãe, irá se tornar comunista e assim se manterá por toda a vida.

Idarella não se limita a ser uma das mais jovens operárias das Cotonerie Meridionali; também passa a ser "prova testemunhal". Com efeito, a empresa procura algum funcionário disposto a saltar de paraquedas. O primeiro salto de um avião em voo ocorreu em 1912, e, nos anos 1920, muitas empresas e centros de pesquisa estão desenvolvendo paraquedas eficazes e seguros. Pode ter passado pela cabeça de algum dirigente das Cotonerie que deveria ser uma moça a saltar; a publicidade teria maior efeito. Ida Izzo se apresentou. Ela é embarcada, decola e salta. Com esse salto, calculado em palmos, Idarella se torna a primeira mulher da Itália ou do Sul da Itália a se lançar com um paraquedas. Esse primado, porém, não é registrado em nenhum documento oficial. Somente como lembrança de família. É apenas o tempo de voltar a pôr os pés no chão, e a juventude de Ida termina.

O que decreta esse outro final prematuro na vida de Ida Izzo é, mais uma vez, o teatro. Num certo dia de 1927, ou talvez no início de 1928, Ida está no séquito dos Guarino em algum teatro de Nápoles. Algum dos seus parentes está no palco, ou até mesmo a mãe que, de vez em quando, sempre a contragosto, para equilibrar o orçamento, ainda se presta à antiga arte da família quando a companhia precisa tapar um buraco. Ela nunca quis subir ao palco. É uma jovem severa, de muita compostura. Assim se manterá por toda a vida, e por toda a vida, mesmo não sendo nada carola e tampouco praticante, continuará a repetir que "as tábuas do palco são a antecâmara do inferno". Quanto a isso, Ida nunca mudará de ideia, nunca recuará um único passo dessa posição. Fácil presumir que essa sua intransigência era, de alguma maneira, um tributo pago às circunstâncias do seu nascimento, um ressarcimento simbólico àquela sua mãe desafortunada que o palco vendera ao desejo de um homem idoso sentado entre o público, ou talvez até mesmo uma melancólica forma de lealdade ao pai, aquele homem acabado, arruinado ele também pelo teatro, que se sentava abatido no banco de um jardim público de Roma.

De todo modo, Ida repudiou o teatro, aquela sua gente promíscua, de convívio fácil, desregrada, sempre pronta a subir de um salto na cadeira em troca de um copo de vinho, aquela sua gente sempre esfomeada. Idarella, portanto, naquele dia qualquer de 1927 ou 1928, se senta na plateia. Está, porém, de botinhas amarradas nos tornozelos. É a moda. Depois da guerra, as saias encurtaram um pouco.

Atrás do palco, entre os contrarregras, um jovem aguarda o momento de se apresentar. É um diletante. Tem uma bela voz afinada e declama com verve os monólogos de jogral, mas é um diletante. A sua família, que atua no comércio de carnes, o desaconselha repetidamente a seguir por esse caminho. Ele, porém, não resiste ao canto das sereias. E assim Peppino Ferrieri, por uma fresta que a cortina abaixada concede à sua fantasia, entrevê aquelas botinhas amarradas nos tornozelos e se apaixona por elas.

Quando se tem um destino, dele não se escapa. Só escapa quem não o tem. Ida Izzo não escapa do teatro. Não será suficiente tê-lo repudiado.

Em 1929, Idarella está grávida de Peppino. Justamente ela, tão severa, de tanta compostura, espera um filho fora do matrimônio. É um filho do amor, sem dúvida, ou pelo menos da paixão, mas nem essa justificativa servirá para despertar piedade nos deuses zombeteiros do teatro. Peppino, um ano mais novo do que Ida e, de todo modo, ainda menor de idade, não pode se casar com ela. Além disso, deve partir para o serviço militar. E tampouco ele escapa do teatro: quando pede o apoio da família Ferrieri, é banido.

Donna Grazia não aprova que o filho se ligue àquela gente promíscua, de convívio fácil, desregrada, sempre pronta a subir de um salto na cadeira em troca de um copo de vinho, aquela gente sempre esfomeada. Mas não por uma questão de dinheiro. O motivo da rejeição não é tanto que os Ferrieri sejam comerciantes, e os outros sejam despossuídos. O motivo é de ordem moral. O preconceito de Donna Grazia não permite criar parentesco com aquelas mulheres tidas de vida fácil, e o fato de que aquela moça se entregou ao filho antes das núpcias demonstra que ela tem razão. O motivo pelo qual Ida é repudiada é, em suma, o mesmo pelo qual ela repudiou. É sempre o mesmo: o teatro.

Mas Peppino, em toda essa história de pais ausentes, desconhecidos, indignos, incertos, menores de idade ou falecidos, decide ir em frente. Vai para o Exército. Leva consigo a fotografia de uma jovem que lhe abre um sorriso. No verso da foto, sob a data de 1930 e o carimbo do fotógrafo – Alessio Cosmai, via Giovanni a Carbonara, 64 –, há uma frase datilografada em letras maiúsculas: "SE O TEMPO DESCORA OS SEMBLANTES, O AMOR PERMANECERÁ ETERNO da sua para sempre IDA". Voltando do serviço militar, Peppino Ferrieri se casa com ela.

III

Em 8 de janeiro de 1934, Leone Ginzburg declara o seu "não" ao regime fascista. Em 13 de março do mesmo ano, à noite, ele é preso na sua casa. Apenas 63 dias. São suficientes para lhe traçar na testa o sinal vermelho do dissidente. Mas o que o marca não é uma fatal concatenação de causas e efeitos, a lógica inexorável das vidas narradas no horizonte da história. É um Torpedo azul.

Quando, dois dias antes, em 11 de março, o automóvel esportivo se apresenta no posto de fronteira de Ponte Tresa, é um domingo de final de inverno. No estádio do Partido Nacional Fascista de Roma disputa-se o clássico Roma versus Lazio "sob cântaros de água gelada que se derramam sobre o público e os jogadores desde o início da partida até a metade do segundo tempo" (terminará em 3 a 3, com três gols de De Maria). Na fronteira entre a Itália e a Suíça, o dia está frio e nublado. Na segunda-feira seguinte, na fábrica Olivetti de Livrea, aproveitando a persistente escuridão invernal, experimentarão na montagem um novo tipo de iluminação industrial a vapor de sódio. Gasta menos energia, cansa menos os olhos, mas, com aquela sua luz amarela, confere uma aparência espectral à figura humana.

Nesse cenário nórdico, a aparição do reluzente Torpedo azul não passa despercebida. Com o seu perfil aerodinâmico do para-choque dianteiro até a traseira, desde que foi projetado no começo do século, o automóvel sempre evocou as carenas submersas de algumas embarcações. Para muitos lembra um torpedo. Em 1934, ainda se veem alguns poucos em circulação. A sua silhueta grandiosa e imaginosa saiu de produção. Apenas dois anos antes, a Fiat lançara o Balilla 508, o primeiro automóvel de pequenas dimensões construído na Europa.

A bordo do vistoso Torpedo estão dois jovens. No banco do passageiro está Sion Segre, um rapaz loiro, sempre um pouco encurvado, de ar calmo e indolente. Na direção está Mario Levi, um jovem elegante, frequentador habitual do melhor barbeiro de Turim, funcionário da Olivetti de Livrea. Por dentro do sobretudo traz um envelope com panfletos que incitam a "Votar Não!" nas eleições convocadas pelo regime fascista para o próximo 6 de abril. Não são as primeiras eleições de lista única impostas por Mussolini – "Aprovam a lista dos deputados designados pelo Grande Conselho do Fascismo? Sim ou Não?" –, mas serão as últimas convocadas na Itália até depois da guerra.

Sob os trajes elegantes, Mario Levi traz o segundo "não" de Leone Ginzburg. De fato, é ele quem, há semanas, envia os dois amigos a Lugano para que tragam materiais de propaganda contra o plebiscito fascista. Os estofamentos do Torpedo estão recheados com 32 exemplares do número dez dos *Quaderni di Giustizia e Libertà*.

O fiscal aduaneiro que os para no posto de fronteira de Ponte Tresa, porém, suspeita que esses jovens janotas contrabandeiam cigarros. Dá ordens para que saiam do carro e o sigam até o posto de segurança pública da estação de fronteira. Mario Levi finge obedecer e depois alcança de um salto a margem do lago e mergulha na água gelada sem nem mesmo tirar o sobretudo. É bom nadador, acostumado com a água gelada. No passado, durante um cruzeiro, banhou-se no mar do Norte junto com o cozinheiro do navio, sob o olhar admirado dos passageiros que o aplaudiam do convés. Quando souberam que Mario era italiano, gritaram-lhe: "Viva Mussolini!". Mas agora um guarda de Mussolini lhe aponta um revólver. Outro grita para não atirar e lhe salva a vida.

Mario nada para a margem suíça, a margem livre. A poucas dezenas de metros para a chegada, faltam-lhe forças. Uma embarcação dos guardas de fronteira helvéticos vem da orla e lhe salva a vida uma segunda vez. Salvo, com os pés de novo em terra firme, Mario, da margem livre, grita: "Viva a liberdade! Viva a Itália!". A propaganda fascista lhe atribuirá o grito inverso: "Morte a Mussolini! Cães italianos!". A imprensa internacional desmentirá categoricamente.

Mario, portanto, se salva (fugirá para a França), mas a rede agora já está esgarçada. Sion Segre, interrogado em Varese, cede quase de imediato. Em Turim, os conspiradores estão com as horas contadas, mas não se põem a salvo. É difícil imaginar que a nossa vida está para acabar até que batam à nossa porta e o pelotão de execução nos arraste para a rua.

Já na segunda-feira de manhã circula a notícia do incidente de Ponte Tresa e, no entanto, à exceção de Renzo Giua, outro colega de escola de Leone, nenhum dos militantes da célula turinense da Justiça e Liberdade foge. Alguns passam a noite de vigília debatendo-se com o dilema moral de destruir ou não aqueles preciosos cadernos trazidos da Suíça, cientes de que a sua leitura e difusão são a única verdadeira ação antifascista de que são capazes, e outros nem renunciarão à recepção da segunda-feira à noite na casa de Barbara Allason, que a escritora não quis cancelar. São quase todos intelectuais, estudiosos e estudantes, engenheiros, advogados, doutores, pacíficos e sem antecedentes criminais, pessoas de bem que só conhecem a prisão de ouvir falar. Passam a conhecê-la pela primeira vez no amanhecer de 13 de março. As patrulhas da polícia os surpreendem nas suas casas burguesas, no sono, e arregimentam diante do Setor de Identificação da prisão Carceri Nuove aqueles senhores desprevenidos, com "as polpas dos dedos manchadas, os sapatos desamarrados, as calças caindo, os rostos desgostosos". São quase todos parentes e quase todos judeus.

Quando revistam a casa Levi, os esbirros não encontram nada de comprometedor. Mas encontram o professor Giuseppe Levi, histólogo de fama mundial, estudioso das degenerações celulares. Como Mario zombou deles mergulhando no lago, prendem ele, o cientista. Não podendo ter o filho, pegam o pai. E o pai, senhor de meia-idade rabugento, excêntrico e genial, amarra uma resma de papel com um barbante e os acompanha. O professor não voltará para casa à noite, nem nos dias seguintes. Tampouco voltará o filho Gino, diretor técnico na Olivetti de Livrea, irmão de Mario. A sra. Lidia, esposa e mãe dos detidos, que até aquele momento desconhece totalmente o mundo carcerário, entra em desespero: não sabe nem como enviar mudas de roupa ao marido e ao filho.

Lidia Levi decide, por isso, recorrer à rede familiar e confessional que em boa parte coincide com a rede conspiratória. Pensam em contatar os parentes de Sion Segre, o companheiro de Mario em Ponte Tresa, mas o rapaz é órfão, e o seu único irmão, por sua vez, foi preso. Lembram-se de um primo, Dino Segre, famoso sob o pseudônimo literário de Pitigrilli. Consultam-no para saber como fazer chegar roupa limpa e livros à prisão. Pitigrilli vai às pressas, com o seu ar misterioso, altivo e melancólico, até a casa dos Levi onde Alberto, irmão de Mario, o filho conspirador, dedicava um pequeno culto aos seus romances escandalosos e o professor proibia a sua leitura à filha Natalia, ainda não chegada à idade casadoura.

Alto, gordo, com as suas longas costeletas negras e grisalhas, Pitigrilli se acomoda gravemente numa poltrona da sala de estar dos Levi, correligionários e em alguma medida aparentados, sem tirar o grande sobretudo claro, semelhante àquele com que Mario havia mergulhado no Tresa. Ali, mostrando-se entristecido, Pitigrilli instrui a sra. Lidia sobre o cárcere em que estivera anos antes, por causa de um complô tramado contra ele pelo terrível cônsul fascista Piero Brandimarte, instigado pela poeta Amalia Guglielminetti, por breve tempo amante do jovem escritor mundano e, no passado, por longo tempo amante do grande poeta crepuscular Guido Gozzano.

E assim Pitigrilli explica que é preciso remover as cascas de nozes e avelãs, descascar as maçãs e as laranjas, cortar o pão em fatiazinhas finas porque não é possível ter facas no cárcere. Explica todas as coisas com cortesia, mantendo sempre o grande sobretudo claro e as pernas cruzadas. Depois a sra. Lidia, no meio daquela conversa cortês, incentiva a caçula Natalia a mostrar ao escritor escandaloso e mundano o caderninho em que anotara com letra caprichada as suas três ou quatro novelas de mocinha de boa família. O autor de *Cocaína*, *Mamíferos de luxo* e *Loura dolicocéfala*, que fundou e dirige a revista de sucesso *Grandi Firme*, franze as sobrancelhas e, sempre cortês, folheia um pouco o caderno daquela moça que era proibida de ler os romances dele e cujos pai e irmão estavam presos. Depois chegam dois amigos de Mario, são apresentados, e Pitigrilli sai no meio deles. Instruída por aquele bom amigo, a sra. Lidia começará a visitar o filho e o marido na prisão, levando debaixo do braço uma trouxa de roupa limpa e pacotes de laranjas e avelãs descascadas.

O problema, porém, é que Pitigrilli é o colaborador 373 da OVRA (Organização para a Vigilância e Repressão do Antifascismo), a polícia política fascista. Na qualidade de informante, o renomado autor de romances eróticos – tão apreciados por um público culto e desinibido que, nos seus jogos de palavras de fundo sexual, procura inutilmente o seu frívolo acesso ao grande equívoco da modernidade –, Pitigrilli, desde 1930, recebe 5 mil liras por mês, "salvo aumento ou reembolso de despesas extraordinárias em caso de serviços efetivos e importantes". Dino Segre, em suma, é um espião. Espião da sua própria gente, daqueles profissionais rigorosos e austeros que ele, ávido por luxo e dinheiro, inveja e despreza porque "levam uma vida caseira, pequeno-burguesa, que os mantém longe dos cafés, e são todos casados e vivem entre a casa e o jornal", aqueles judeus ligados por vínculos de amizade, por um léxico familiar comum que ele, corroído pelo gosto da delação, violará repetidamente. Protegido por uma fama de antifascista obtida graças ao rancor de uma amante envelhecida e abandonada, e pelo judaísmo por parte do pai utilizado como uma cobertura abjeta, Pitigrilli irá traí-los às dezenas antes de ser desmascarado após o final da guerra. Irá se refugiar, então, na Argentina. Depois tentará, por muito tempo, voltar à Itália, sustentado pela revista mensal dos jesuítas *Civiltà Cattolica*, com artigos edificantes sobre a sua conversão de libertino à fé cristã. Depois dessa última traição, por fim conseguirá voltar na velhice, bem a tempo de morrer, mas não antes de fazer anunciar "que havia perdoado os seus inimigos".

Mas, em 1934, infelizmente, Pitigrilli não é o único a se infiltrar nessa conspiração de intelectuais à luz do dia, entre esses respeitáveis burgueses, seríssimos conspiradores diletantes, incapazes do sectarismo necessário para alçar a suspeita a mapeamento do mundo. Quando Sion Segre, capturado em Ponte Tresa, começa a capitular com as suas primeiras admissões, os inquisidores já sabem de quase tudo. Mantinham-se, constante e detalhadamente, informados pelo engenheiro francês René Odin – codinome "Togo", agente número 536 –, maçom, antissemita furioso, funcionário de uma empresa de cosméticos da qual pretende se tornar proprietário (e conseguirá, graças ao dinheiro da OVRA). Odin, em cujos relatórios à OVRA proliferam paranoias antissemitas, expressões de servilismo rastejante, devoções de cão espancado e maligna necessidade de ser amado, consegue incrivelmente ganhar a admiração e a confiança incondicional do estado-maior da Justiça e Liberdade em Paris. Os líderes absolutos do antifascismo liberal-socialista no exílio, a começar pelo próprio Carlo Rosselli, confiam a vida dos melhores homens do movimento e da cultura italiana a esse desvairado conspirador de caricatura. Totalmente ignorantes do fato, trabalham lado a lado com um homem que informa a OVRA obsessivamente, em ritmo quase cotidiano. Consideram o seu recrutamento um "golpe de sorte". Mario Levi, que depois mergulhará no Tresa com o seu sobretudo, chega a defini-lo como "um herói".

O que empolga e cega homens com a inteligência de Carlo Rossetti, capazes de profetizar com anos de antecedência e argumentações absolutamente precisas o retorno da guerra, é o fato de que Odin, graças à sua qualificação de industrial "auxiliado" pelo dinheiro da polícia política, pode operar livremente como intermediário entre a França e a Itália, enquanto todos eles estão pregados na estaca do exílio. Em Turim, Odin se hospeda regularmente no Hotel Ligure, em Ivrea se hospeda no Hotel Genova. Em ambos, apresentado por Mario Levi, ele encontra quase todos os militantes piemonteses da JL, passa-os em revista, confia-lhes atribuições, opera recrutamentos e seleções por conta de Rosselli.

Mas, acima de tudo, Odin alimenta em Rosselli a delirante convicção de que o povo italiano está pronto para a insurreição armada contra o fascismo. Os exilados perderam a ardente zona de contato. Não sabem mais nada sobre o povo em nome do qual lutam. No momento de maior popularidade do regime, enquanto as multidões em orgasmo aclamam o *duce* dos italianos em todas as praças da Itália, os refugiados têm a ilusão de que um atentado sangrento pode desencadear a revolta. Em Paris, tramam introduzir alguns dos seus homens, armados com bombas, na Câmara dos Deputados durante uma sessão. Perguntam-se se é necessário exibir crachás. Odin promete providenciá-los. A farsa se mescla à tragédia. Leone Ginzburg, enquanto isso, rejeita ambas e continua a fazer o seu trabalho.

A Giulio Einaudi Editore – já vimos – foi registrada na Câmara de Comércio de Turim em 15 de novembro de 1933. A primeira sede fica na via Arcivescovado, 7. Um último andar, um sótão onde também fica o depósito, um gabinete para Giulio Einaudi, uma outra saleta para Leone, uma sala maior para a secretária. É isso. Como já dissemos, nessas duas salas e cozinha nasce aquela que será a editora italiana mais importante do pós-guerra. Por um daqueles incríveis acasos do destino, a Einaudi se estabelece no mesmo edifício que, poucos anos antes, fora a sede de *Ordine Nuovo*, de Antonio Gramsci, a revista-laboratório da maior revolução no pensamento político italiano do século xx.

Na sua saleta sob os telhados, Ginzburg concebe as primeiras coleções da nova editora. A primeira de todas, a "Biblioteca di cultura storica". O interesse pela história é um princípio organizacional fundamental para quem, como Leone, se sente aprisionado no presente. O seu primeiro objetivo como intelectual e antifascista é cultivar os estudos históricos para preencher o vazio entre o passado que está para ser sepultado e o futuro que corre o risco de ser abortado. A única esperança desses jovens antifascistas mergulhados de cabeça no inferno do presente fascista é de que o passado inteiro não os tenha esquecido. Não se pode deixar que os camisas-negras se apoderem do Risorgimento. E então Leone encomenda a Luigi Salvatorelli um livro sobre o pensamento político italiano de 1700 a 1870.

Em paralelo, Leone trabalha no primeiro número da nova série de *La Cultura*, a revista que haveria de atrair o melhor do livre-pensamento italiano daqueles anos. A editora é fundada em novembro de 1933, e o lançamento do primeiro número da revista está programado para março de 1934. Mal e mal quatro meses. Trabalha-se, inclusive, no Natal. A nova série também terá um novo formato, maior, mais moderno, será solta, sem capa. O índice dos colaboradores será de absoluto respeito. Ninguém diz "não" a Ginzburg.

Enquanto Leone trabalha encerrado no seu sótão, outra força, porém, se prepara para atacar a sua criação na raiz. Tanto a nova editora quanto a nova revista são batizadas pelas notas informativas da polícia política fascista: "Uma nova editora turinense que terá a tarefa de difundir publicações antifascistas habilmente compiladas e em torno da qual se agruparão de agora em diante os elementos antifascistas do mundo intelectual". Com essas palavras, a secretaria particular do *duce* é alertada pelos agentes de segurança pública em 9 de março de 1934. A Einaudi ainda não imprimiu nenhum livro. Quem cuidará de batizar *La Cultura* nos arquivos da polícia secreta será Pitigrilli, com uma metáfora digna do romancista brilhante: "Uma agulha imantada sobre a qual se reúne toda a limalha de ferro do antifascismo cerebral turinense".

    Trabalhando no seu sótão, Leone provavelmente ignora que a OVRA já o tem na mão. Não há refúgio. Em lugar algum. Difícil imaginar, porém, que Leone não saiba disso. De todo modo, segue-se em frente. Escolheu o caminho difícil e agora o percorre. Reivindicar a liberdade significa se conduzir como homem livre. O primeiro número de *La Cultura* sairá, conforme programado, em 13 de março de 1934. Mas Leone não o verá porque, no mesmo dia, é "guardado" nos Carceri Nuove de Turim. Um Torpedo azul o perdeu.

Um interrogatório da polícia política é uma luta sem quartel. Combate-se rua a rua, sob cada portão, na cidade destruída. O interrogado não tem terreno atrás de si, não lhe é permitido nenhum passo para trás, nenhuma rendição, nenhum mínimo erro.

    Junto com Leone são detidas outras treze pessoas. Pede-se que redijam relatórios. Espera-se assim obter elementos de acusação mútua e, portanto, provas para o debate. Depois se usa o velho truque do policial bonzinho e do policial durão. O bonzinho oferece cigarros, o durão grita, assusta, faz ameaças terríveis. Muitos dos interrogados têm a impressão de que ele cumprirá a promessa.

Sion Segre capitulará com um pedido de clemência a Mussolini repleto de servilismo e angústia: "Quero ainda expressar o meu mais ardente voto de poder me sentir digno do almejado perdão do *duce*". Carlo Mussa Ivaldi, atormentado pelo sentimento de culpa por ter entregado o nome de Ginzburg, tentará o suicídio. Barbara Allason, vítima de um colapso nervoso, presa de descompensações neuropsíquicas, informa os inquiridores sobre os conspiradores convidados do seu salão. O nome de Ginzburg é novamente citado.

Leone Ginzburg, porém, fica imperturbável. Por testemunho unânime, mostra-se firme, irredutível, irremovível. Rejeita toda cobrança, mas também se recusa a abjurar o seu antifascismo. Atém-se à linha da negação absoluta. Mais uma vez, é um "não" o que ele contrapõe. Aos policiais, que sempre o odiarão por isso, reserva o seu olhar desdenhoso, o orgulho que inverte os papéis entre juiz e julgado. Mas o faz com compostura, sem perder a cortesia. Em 6 de junho, ao ser submetido à acareação com Allason, encontra a amiga agora livre porque fora chamada a testemunhar contra ele e lhe dá um abraço afetuoso. Carlo Levi, outro que não capitulará, escreve que a compostura de Leone é a "de quem conhece o mal e a dor como eterna, antiquíssima experiência", e os enfrenta sem se sentir realmente ofendido. Leone não faz da tragédia de um povo uma questão pessoal. Mantém-se correto.

Em 9 de maio de 1934, o chefe de polícia de Turim requer o envio a juízo dos dois réus Segre e Ginzburg por "crimes de propaganda antifascista, de constituição, pertença à seita 'Justiça e Liberdade' que tem como fim a derrubada do Fascismo com meios violentos". O caso de Mario Levi é retirado porque está foragido. Todos os outros suspeitos são repreendidos ou advertidos, mas não processados. Barbara Allason é até mesmo excluída do rol dos suspeitos.

O processo é clamorosamente anunciado. Já em março a agência de notícias Stefani, voz oficial do regime, divulgara a notícia com um comunicado racista: "Judeus antifascistas a soldo dos exilados levados à justiça pela OVRA". Seguiu-se um comentário do jornal romano *Il Tevere*, em que se agitava o espectro do complô judaico. É a primeiríssima vez na Itália que a agência de notícias do regime pinta os judeus como inimigos seus. Um ensaio geral de antissemitismo. Uma rachadura, por ora ainda invisível, trinca os cristais das vitrines dos comerciantes judeus de Turim.

Do seu lado, os exilados em Paris apostam na teatralidade. Torcem para que Ginzburg encene uma comédia antifascista em benefício da imprensa internacional. Consideram que ele deveria fazer um ataque frontal, tomando posição de combate contra o tribunal e contestando a autoridade dos juízes. "Faremos", diz Rosselli, "com que ele tenha uma magnífica cobertura da imprensa, farei com que enviem os correspondentes do *The Times* e do *The Manchester Guardian*." E depois acrescenta: "Avisem Ginzburg que ele deve falar alto e devagar, separando bem as sílabas, para que os jornalistas entendam".

Os delatores perjuros tampouco recuam. Empolgado com a atenção despertada pela proximidade do processo,

Pitigrilli faz um relatório remexendo despudoradamente nas questões afetivas: "Diz-se que na defesa de Ginzburg sustenta-se que ele frequentava a casa do professor Levi apaixonado pela filha Natalia; não é verdade. Natalia estava muito apaixonada por Ginzburg, mas Ginzburg estava apaixonado por Giuliana Segre. Já que estamos nesse assunto, acrescento que Mario Levi estava apaixonado pela srta. Pincherle de Roma – irmã do escritor Moravia –, que, nesses dias, deve ter ficado noiva do pintor Paolucci, amigo do pintor Carlo Levi. Grande desilusão para Mario Levi".

No início de novembro de 1934, Ginzburg e Segre comparecem diante do Tribunal Especial para a Defesa do Estado, presidido pelo cônsul-geral da Milícia Gaetano Le Metre. Os clamores antissemitas, nesse meio-tempo, se abrandaram. A crise entre a Itália fascista e a Alemanha nazista para garantir a integridade da Áustria aconselhava Mussolini a criticar o antissemitismo hitlerista. Falando da sacada da prefeitura de Bari à multidão entusiasmada para a inauguração da Fiera del Levante, o *duce* ridiculariza a loucura nazista: "O Mediterrâneo certamente é um mar meridional", inicia zombeteiro, "mas trinta séculos de história nos permitem olhar com soberana piedade algumas doutrinas transalpinas...". Meros quatro anos depois, ele endossará as mesmas doutrinas que, da prefeitura de Bari, olhava com piedade e, sem nenhuma piedade, encaminhará os judeus italianos para os fornos crematórios da demência germânica.

Leone Ginzburg, porém, permanece fiel a si mesmo. Perante as acusações movidas contra ele, reitera a postura de absoluta negação. Rebate ponto por ponto e reafirma o seu antifascismo. Nenhum clamor, nenhum teatro, não cede um único palmo de terreno. Em 6 de janeiro de 1934, é condenado a quatro anos de cárcere duro.

O espaço é acanhado, estreito, mas, no fundo, não muito diferente de um pequeno gabinete. Só é preciso se acostumar a dormir com a luz acesa, entender-se com o ritmo regular do bater de ferros distante que se aproxima até chegar à cela.

Sobre o cárcere de Leone Ginzburg pouco se sabe. É um espaço branco, um dia neutro, como ele mesmo escreverá à mãe: "Há tanta semelhança entre um dia e outro que as diferenças facilmente desaparecem, e tudo transcorre como um único dia que nem parece especialmente longo e, certamente, não é triste nem alegre, nem ensolarado, nem enevoado: um dia neutro, é isso [...]. Inesperadamente para mim se trata de umas longas férias inesperadas [...] pedi que me comprassem *Os noivos*: será a primeira vez que o lerei com calma e ordenadamente [...]. Além disso, o que faço? Continuo a pensar muito, muito em você".

Esse homem parece não conhecer a angústia. Acabam de lhe arrancar do peito quatro anos de vida, a ele que viveu apenas 26, e mesmo assim não se atormenta. Acabam de lhe tirar todos os livros que poderia ter comentado, editado, publicado, todos aqueles, principalmente, que poderia ter escrito, e ele se conforma em reler com mais cuidado *Os noivos*. Leone é inflexível, mesmo na infância. Sobretudo naquela, talvez. Acaba de enfrentar sozinho, com as mãos nuas, a era fascista e, um instante depois, volta a ser de novo, de novo e ainda, o menino de cinco anos que escreve cartas de amor perdido para a mãezinha distante.

Leone parece não ter nada a temer. A cela é pequena, mas, no fundo, não muito diferente de um pequeno gabinete. Só é preciso entender-se com o ritmo regular do bater de ferros distante que se aproxima e se acostumar a dormir com a luz acesa. Só isso. E há também a mãe e as obras-primas da literatura. Quer seja *Os noivos* de Manzoni ou a *História da revolução russa* de Trótski. Quer tenha sido escrita pelo neurótico cavalheiro lombardo que tinha o seu gabinete no andar térreo para poder dizer que saíra a passeio, sendo que, para chegar até ali, bastava apenas atravessar o pátio de casa, ou pelo intelectual russo que, posto à prova sanguinária de todos os tempos, organiza o mais formidável exército popular da história. O primeiro, Leone relê com calma; o segundo, revê numa tradução em italiano.

Dos Carceri Nuove de Turim, Ginzburg é transferido para a prisão de Regina Coeli em Roma. Após uma permanência de um mês e pouco, em dezembro encerram-no no cárcere de Civitavecchia, tristemente conhecido como o "cemitério dos vivos". Ali, em maio do ano seguinte, chega a Leone a notícia da nova operação contra a Justiça e Liberdade. Cerca de duzentas detenções. O grupo é aniquilado, a rede destruída. A delação de Pitigrilli rendeu seus frutos.

Dezenas de amigos são levados de trem para Roma, desfilam na estação Termini presos por uma única corrente, como um bando de piratas. Muitos deles serão condenados a penas severas, diversos se rendem. Massimo Mila, mesmo sendo homem de coragem, acossado pelos pedidos dos familiares, dirige uma carta ao *duce* suplicando o seu paterno perdão. Norberto Bobbio, para salvar a carreira universitária, escreve ao senhor da Itália pedindo desculpas pelos seus erros de juventude e prometendo total submissão. Entre os detidos também se encontra Cesare Pavese, embora, por solicitação dos parentes, já estivesse filiado ao Fascio de Turim, para preservar a carreira e ter uma vida sossegada.

Pavese é preso uma hora antes de ir fazer o exame para o concurso de italiano e latim para os liceus. Muitos anos depois, o professor Augusto Monti, fazendo um balanço daquela sua formidável turma de alunos extintos, escreverá que, ao prendê-lo naquele limiar da vida, foi como se o tivessem matado já em 1935, estrangulando o seu crescimento, mumificando-o qual girino prestes a se tornar rã. Cesarito foi condenado a dois anos de degredo em Brancaleone Calabro, e claro que ele se desespera, reduz a vida a um queixume. Escreve cartas repletas de horror por aquele inesperado Sul da Itália, cartas que várias vezes assim terminam: "Uma bela manhã, ao dar o nó na gravata, apertarei um pouco mais...". Pavese está tão prostrado que mal consegue cuidar do seu primeiro livro, a coletânea de poemas *Trabalhar cansa*, que graças a Leone será publicado nas edições de Solaria no ano seguinte.

Leone, enquanto isso, lê, estuda e faz novas amizades. Encaminha ao Ministério da Justiça o pedido de que lhe seja permitido adquirir livros e se liga a um grupo de comunistas eslovenos. Ele também, como Pavese, escreve muitas cartas. Dessa vez, porém, são cartas de amor. Envia-as para Natalia, a filha do professor Giuseppe Levi, que ainda está no liceu, mas que um dia será sua esposa.

Na ignorância do que se passava, a jovem acaba de estrear publicando um conto chamado "Setembro" na revista *Grandi Firme*, dirigida por Pitigrilli, o homem que levou ao encarceramento de dezenas de amigos e parentes seus, um conto provavelmente contido no caderninho que a sra. Grazia lhe deu para ler quando o traidor foi às pressas até a casa deles, fingindo-se de amigo, no dia em que, por sua causa, prenderam o pai, o irmão e o futuro marido da aspirante a escritora. O delator que, nos seus relatórios de espião, duvidou do amor deles.

Mas Leone, ele também ignorando tudo isso, desmente o mexerico malévolo do confidente da polícia: "Querida Natalia", escreve no cárcere para a jovem, "sinto-me mais preparado para sentir a felicidade e a infelicidade. Por isso relembro com orgulhoso reconhecimento os momentos felizes que devo a você e que são os mais altos da minha vida". O homem aprisionado desmente o escritor enfatuado, desmente o traidor da sua gente e escreve à jovem: "Gostaria de lhe dizer tantas coisas desnecessárias. O essencial, então, seria algo já assente e familiar. Você se lembra dos nossos longos silêncios?". Escreve-lhe que respeita "os seus sentimentos não nascidos". Escreve-lhe muitas outras palavras, que o pudor convida a ignorar.

O que importa é que Leone escreve para Natalia e, qualquer que fosse a opinião maledicente de Pitigrilli, é que lhe escreve palavras de amor. E o que importa é que jamais deixará de fazê-lo, até o fim. É isso o que acontece, muito simplesmente: Natalia, tornando-se mulher, tomará o lugar antes ocupado pela mãe na correspondência epistolar do menino que se ergue contra o século XX. Aí está outra verdade elementar com a qual, depois de eliminadas todas as sofismações e reconsiderações, não deixaremos de acertar as contas. A mãe, a esposa, os filhos. Depois se retorna à terra.

A única diferença em relação a todos os outros é que Natalia e Leone são dois escritores, ela embrionária, ele impedido pelos incidentes da conspiração. São dois escritores e se apaixonam por carta. No fim, é isso o que importa. Importa que o espião estava errado.

OS SCURATI
Milão, 1900-1936

Antonio Scurati nascera com o século, em 19 de abril de 1900.

Diz uma lenda que os Scurati descendiam de estradiotas albaneses que chegaram à Lombardia no séquito e a soldo dos venezianos, pelos quais combateram no final do século xv em Fornovo, e que eram terríveis cavaleiros das brigadas ligeiras, invasores e saqueadores, por sua vez descendentes daquela estirpe de guerreiros ilírios que, por séculos e milênios, fornecera formidáveis combatentes e estrategistas aos exércitos de Alexandre desde Samarcanda ao Cafiristão, aos exércitos dos imperadores romanos do Ocidente e do Oriente – Diocleciano era dálmata –, até aos de Kemal Atatürk – fundador da Turquia moderna.

De fato, existe na Albânia, ao norte da antiga capital, Kruja, um vilarejo chamado Skuraj, ligado à epopeia da luta contra os turcos. E, sem dúvida, para os albaneses o mito do herói nacional Scanderberg está indissociavelmente ligado à família Skura, senhores de Skuraj. E Skuraj, encravada entre dois penhascos, que a faziam invulnerável às incursões turcas, muito provavelmente deve o seu nome a esses gigantescos cânions que a cercam, tornando-a um local pouco ensolarado e uma fortaleza de guerreiros obstinados e invencíveis.

Até aqui, a lenda. O que há de certo, porém, é que durante gerações os Scurati eram camponeses meeiros, que viviam concentrados na baixa Brianza (ainda hoje, o mapeamento dos sobrenomes localizáveis pela internet situa quase todos eles ali e nenhum ao sul do rio Pó), e tinham se assentado em Cusano sul Seveso vindos da vizinha Cormano (onde ainda hoje há uma praça com o nome de Luigi Scurati, *partigiano* morto pelos fascistas).

Antes do século XX, Cusano era uma cidadezinha de poucos habitantes, mas, nos primeiros anos do novo século, ela passara rapidamente de aldeia rural, que mantivera durante séculos aparência praticamente inalterada, a centro industrial da área milanesa. As ruas tinham sido iluminadas com oitenta lampiões, haviam-se instalado telefones públicos, construíram-se edifícios escolares, cavaram-se esgotos e, a seguir, foi aberta uma rota de saída para a rodovia Turim-Veneza.

Enrico Scurati, pai de Antonio, nascera camponês, mas depois se empregara como operário têxtil na empresa Gerli, onde ficaria trabalhando a vida toda. O arco da sua existência, que nem foi longa, acompanha o marco de época que foi a passagem da agricultura para a indústria. Nessa passagem, uma geração inteira mudara a maneira de usar as mãos. A Gerli, fundada por volta de 1920, produzia uma seda artificial extraída da celulose. Como o primeiro governo Mussolini, em 1924, proibira a utilização do nome "seda" para os produtos não derivados do casulo, Enrico Scurati agora estava trabalhando um tecido artificial rebatizado como *rayon*, que, ao contrário do náilon, absorvia água e se tornava muito mais maleável. Enrico, na Gerli, dissolvia com soda cáustica as fibras de celulose da madeira ou do algodão, obtendo uma solução coloidal chamada viscose que, passando por pequenos bicos, era imergida num banho ácido.

Na passagem entre os séculos xix e xx, Enrico não fora apenas camponês e operário. Numa noite de dezembro de 1906, junto com 37 habitantes de Cusano sul Seveso – como ainda se chamava –, reunira-se no andar térreo da escola primária na presença de um tabelião para dar vida à Cooperativa Habitacional. Eram todos socialistas e, reproduzindo o modelo mutualista, de início tinham como proposta apenas dar moradia decente às 37 famílias dos camponeses, operários, pedreiros, carpinteiros e carregadores que eram membros da cooperativa. Começaram erguendo um primeiro edifício no centro da cidadezinha. Depois ergueram um segundo, ao lado do primeiro, depois outro um pouco mais distante, e então mais outro, e assim por diante. Em poucos anos, viriam a construir mais de duzentos apartamentos. As casas da cooperativa também viriam a ter no grande pátio um clube social e recreativo – batizado com nomes altissonantes como "O Redespertar" e, a seguir, "A Resistência", mas que todos conheciam simplesmente como "Clubinho" – sede de uma cooperativa de consumo, de atividades culturais e de lazer: jogo de bocha e salão de baile. Mas, de início, quando se tratava apenas de erguer com as próprias mãos uma casa para morar, os Scurati, para participar do capital social, tiveram de vender os animais, a vaca, o boi, talvez um cavalo, que afinal, de todo modo, não serviam mais para nada. A primeira casa da cooperativa surgira numa rua cujo nome se perdeu.

Agora se chama via Matteoti. Na época, porém, o líder dos socialistas italianos e dos de Cusano sul Seveso ainda não tinha sido assassinado pelos sicários de Mussolini.

    Pouco tempo antes de vender os animais e fundar a cooperativa habitacional, Enrico tivera dois filhos. O primeiro, Luigi, que caiu de uma árvore quando criança e quebrou as costas, cresceria "anquilosado" e ficou corcunda. O segundo, Antonio, aquele que nascera junto com o século, cresceria saudável. Da mãe de Luigi e Antonio Scurati e esposa de Enrico, não resta nenhuma lembrança, pois morreu jovem.

O patriarca dos Recalcati, pelo menos nessa história, também se chamava Enrico. Ao contrário dos Scurati, os Recalcati eram gente de igreja, eram *paulott* [carolas], como diziam naquelas bandas. Enrico Recalcati era auxiliar da paróquia, nas horas livres ia à igreja, arrumava as cadeiras, reunia as esmolas e coisas assim. Era um papel importante porque o pároco de Bresso, a cidade dos Recalcati vizinha de Cusano, era um abade prepósito, isto é, tinha o direito de usar a mitra branca durante as cerimônias solenes e administrava várias propriedades eclesiásticas. Ademais, ao que parece, na família Recalcati também havia alguns religiosos, mulheres que se tornaram freiras e assim por diante. Não restam lembranças de outros membros da família, a não ser um irmão de Enrico, um certo Angiolino. Um sujeito excêntrico que não quisera se casar e era alfaiate de profissão. Havia também vários outros parentes desconhecidos em Nova Milanese.

Os Recalcati, ao contrário dos Scurati, tinham continuado como camponeses. Segundo um costume antiquíssimo, que remontava à Idade Média, cultivavam a terra em sistema de meação com latifundiários, os mais ricos de Bresso. Eles trabalhavam e depois dividiam ao meio os produtos e lucros do trabalho com o proprietário. Quase sempre os pagamentos eram feitos em espécie, frutas, hortaliças, ovos, galinhas, leite, salames, porque naquela área, então já lotada, o solo não rendia muito, e porque muitas vezes os feitores que administravam as terras para os proprietários eram desonestos e achacavam os meeiros, intimidando-os com acusações de fraude. Dessa forma, quase todo o lucro ia para eles.

Enrico se casara com Ambrogina, uma mulher bonita, esguia, mais alta do que o marido, sobre a qual frequentemente diriam no pós-guerra, ao relembrar a beleza da moça, que, "se não tivesse sido camponesa, teria sido manequim". Ambrogina, que sempre usava o cabelo comprido repartido no meio e recatadamente preso num coque, em vez de ser manequim, dera numerosa prole a Enrico e, além de trabalhar nos campos e criar os filhos, tivera de se empregar como doméstica de uma família de comerciantes da Apúlia, os Moro, importadores dos célebres vinhos de Trani, vinhos espessos, muito encorpados e de alta gradação alcoólica, emborcados pelos pobres nas tabernas de Milão para matar o cansaço, tabernas que logo adotariam o nome da denominação de origem daqueles vinhos espessados pelo sol do Sul da Itália. Ambrogina, mesmo tendo começado lavando pratos, em pouco tempo se fizera valorizar pelos comerciantes da Apúlia e se tornara representante deles, tal como o marido Enrico o era do abade prepósito de Bresso.

Além das crianças que apenas por pouco tempo escaparam à morte e cujos nomes, escritos a lápis no registro civil, se perderam, conserva-se a lembrança de cinco filhos de Enrico e Ambrogina, sendo dois homens e três mulheres. Carlo, o mais velho, iria trabalhar na Caixa Econômica das Províncias Lombardas, que amiúde contratava de bom grado rapazes de Bresso, cidadezinha sempre comandada por prefeitos do Partido Popular e habitada por gente "confiável", e não por "socialistas subversivos" como aqueles de Cusano. Paolo, o irmão mais novo, nascido em 1899, fora um dos recrutas no rol de alistamento de 1917 e convocado ainda antes de completar dezoito anos. Junto com algumas dezenas de milhares de outros jovens de dezessete anos como ele, Paolo fora enviado à frente de batalha após a derrota de Caporetto e lá, antes dos dezoito anos, tombara ferido numa perna durante a retirada, parece que em algum lugar nas proximidades de Udine, mas, quanto a isso, as lembranças da família se confundem e não condizem com a história militar. O que há de certo é que o rapaz jazia sangrando em algum campo desolado, repleto de cadáveres de outros rapazes como ele, onde certamente o seu cadáver se somaria aos deles se o acaso não tivesse disposto que por ali passaria uma patrulha em retirada, na qual estava um companheiro seu de Bresso, amigo de infância em meio à carnificina. Assim Paolo Recalcati, apoiando-se numa bengala, pôde sobreviver por muito tempo e se empregar numa empresa de Milão que vendia carvão, até se tornar representante dela, como o pai Enrico o fora da paróquia e a mãe Ambrogina da família Moro.

Além dos dois filhos homens, os Recalcati também criaram, nas primeiras décadas do século xx, três filhas. Pia, Maria e Angela, apelidada de "Angiolina", como o tio solteiro e, ela também, nascida junto com o século, em 21 de abril de 1900.

Antonio Scurati e Angiolina Recalcati, ambos nascidos no começo da primavera de 1900, com apenas dois dias de diferença entre si, se conhecem em 1925, o tenebroso ano em que, depois do assassinato de Matteotti, os deputados de oposição decidem se abster dos trabalhos parlamentares retirando-se para o Aventino, enquanto Benito Mussolini promulga as "leis fascistíssimas" com as quais efetivamente esvazia o Parlamento de qualquer significado, proíbe a imprensa livre, dissolve os partidos e os sindicatos não fascistas e transforma a Itália, de fato e de direito, num Estado autoritário sob a ditadura fascista.

O filho dos operários socialistas e a filha dos camponeses católicos se conhecem graças ao tio alfaiate, aquele que nunca quis se casar. Um dia, o tio Angelino chama de lado o seu irmão Enrico. Comenta com ele que um colega seu, alfaiate em Cusano, lhe falou de um bom rapaz, e bonito também, filho de alguém da Cooperativa Habitacional, mas um bom rapaz, com sangue de socialistas, mas gente boa. E afinal Angiolina já está com 25 anos e ainda não se casou, e Enrico tem mais duas filhas moças e nenhuma delas sequer tem namorado.

Sobre o noivado entre Antonio e Angela nada sabemos. Terão ido dançar no Clubinho? Não sabemos. Mas sabemos que se casam em 1926 e vão morar em Cusano – que, nesse meio-tempo, se tornou Cusano Milanino –, no conjunto de casas da cooperativa. As famílias de origem aprovam e se dão bem. Uns socialistas (antifascistas ativos), os outros católicos, *paulott*, e todos, seja como for, gente boa. Nenhum problema, portanto. Os dois Enricos, o Scurati e o Recalcati, se tornam amigos. Às vezes até jogam baralho juntos nas atividades das horas de lazer do Clubinho. Ao fundo, a terra que Enrico cultiva no município de Bresso fica ao norte, na divisa com Cusano.

Não há muito a acrescentar. É gente boa, gente que trabalha. Os tempos, certamente, são difíceis – mas quais não são? –, sobretudo para os Scurati. Os fascistas, intolerantes em relação a qualquer associativismo que não seja o deles, assumiram a gestão da cooperativa, e Luigi Scurati, o filho anquilosado de Enrico, devido ao agravamento da sua enfermidade, não consegue mais sequer cuidar do pequeno comércio com que sobrevivera até então, uma papelaria com venda de livros. Antonio, o filho saudável, assume a lojinha ao se casar e põe Angiolina Recalcati, agora Scurati, para trabalhar lá.

Antonio Scurati, por sua vez, trabalha numa fábrica, como o pai, e, como o pai, nela trabalhará por toda a vida. Mas, ao contrário do pai, nunca sujará as mãos de terra. Antonio entra desde logo na indústria, desde o seu primeiro emprego, e dessa vez é a grande indústria: Antonio trabalha na fábrica de automóveis Alfa Romeo de Milão. Foi admitido no começo dos anos 1920, quando a produção aumentou após o lançamento do modelo Alfa Romeo RL, um carro esporte inovador, com motor de seis cilindros em linha, cuja versão de corrida era o célebre RL Targa Florio 1923, que trazia uma carroceria spider de dois lugares em forma de torpedo. Além disso, a produção nesses anos também abrange caminhões e caminhonetes, a fábrica cresce até se dividir em duas unidades interligadas por passagens subterrâneas, e o número de funcionários sobe a milhares e milhares.

Mesmo trabalhando numa fábrica de automóveis, Antonio, como todos os seus companheiros operários, vai para o trabalho de bicicleta. A fábrica se situa na estrada do Portello, na extrema periferia noroeste de Milão. Fica a cerca de quinze quilômetros de Cusano, que Antonio percorre todas as manhãs, cruzando os campos de Bresso, em seguida atravessando o bosque de Bruzzano e contornando antes o Ospedale Maggiore di Niguarda e depois o terminal ferroviário de Porta Garibaldi. Enquanto pedala nos alvoreceres de inverno, imerso nos vapores brumosos dos campos ao norte, na paisagem urbana que o recebe silenciosa e imóvel, perfurada pelas chaminés, as únicas criaturas dotadas de movimento são os bondes e os caminhões que despontam contra o céu inimigo como heróis de epopeias esquecidas.

Antonio é jovem, ligeiro, tem duas mãos enormes de camponês que nunca trabalharam a terra. Na fábrica, dão-lhe primeiramente o torno, depois a fresadora, e ele logo aprende a executar serviços mecânicos complexos: entalhes, encaixes, formas, rodas dentadas para correntes, engrenagens de dentes retos ou helicoidais. Durante oito horas por dia, alarga furos, obtém canaletas e perfis de cornija, dá acabamento a cames, peças planas ou em esquadria. É um "especializado", alguém que executa o trabalho fino, a aristocracia da classe operária. Orgulha--se disso e, por muitos anos, décadas, Antonio continua a tornear e a fresar, enquanto Mussolini marcha sobre Roma, enquanto monta as esquadras paramilitares na Milícia voluntária, enquanto se mancha com o assassinato de Matteotti, e depois Antonio continua a tornear e a fresar mesmo quando os antifascistas começam a ser presos e degredados, quando nasce a Obra Nacional Balilla e, por toda parte, realizam-se os campos "Dux", e agora quase toda a Itália é fascista, e continua a fresar quando Mussolini assina os pactos lateranenses com o papa e, em 7 de junho de 1933, o pacto a quatro com a França, a Inglaterra e a Alemanha para "conceder à Europa dez anos de paz".

Então, finalmente, um mês depois, em 19 de julho de 1933, nasce o primeiro e único filho de Antonio Scurati. Antonio lhe dá o nome de Luigi, o nome do seu pobre irmão que caiu da árvore. Depois, sempre com boa vontade, Antonio Scurati volta para a fresadora e dá acabamento a cames enquanto as tropas italianas atacam a Abissínia, entalha rodas dentadas enquanto o general Badoglio abre caminho rumo à montanha Amba Alagi, espalhando gás mostarda sobre as populações civis, e obtém no seu ofício perfis de cornija enquanto Mussolini rubicundo, exorbitante, berra da sacada da piazza Venezia que "a Itália tem o seu império".

É certo que nem tudo vai bem. Há um colega seu de repartição, um tal de Gasparro, que se aproveita dele. É um fascista de primeira hora, membro da Milícia e, como está a par das lealdades socialistas dos Scurati por ser ele também de Cusano, aproveita para obrigar Antonio a cumprir também os seus turnos. Mas Antonio não cria muito caso por causa disso ou, pelo menos, oitenta anos mais tarde, é o que assim parece. Apesar do *duce* que conquista impérios e também de um tal Gasparro que o persegue no trabalho, Antonio Scurati volta para a sua máquina e continua a fresar. Depois sobe de novo na sua bicicleta e volta para casa, para a esposa, Angiolina, e o filho, Luigi.

IV

"Subversivo perigoso – deve ser vigiado atentamente." Escrito à mão com tinta vermelha no pé da página.

Ginzburg foi libertado em 13 de março de 1936. Foram-lhe perdoados dois anos por decreto real, graças ao nascimento da princesinha Maria Pia de Savoia. Ele faz uma trouxa com os seus pijamas de bainha simples, volta para Turim e retoma o trabalho.

No momento da libertação, pálido após dois anos nas celas sem sol e sem ar do cemitério dos vivos, Leone "não necessita, porém, de nenhuma assistência imediata", segundo o relatório do médico prisional. Em seus registros, consta que a sua altura é de 1m63 e que tem os "cabelos negros, o rosto levemente alongado, as sobrancelhas densas, os olhos encovados, o nariz aquilino". A condição física é boa, a psíquica, normal. Está barbeado e dispõe de 460 liras. Da penitenciária de Civitavecchia volta para Turim, vai morar com a irmã e a mãe nas imediações do corso Francia e retoma o trabalho.

Chega a Turim – como Natalia lembrará muitos anos depois – com um sobretudo curto demais, um chapéu puído. Anda devagar, com as mãos no bolso; perscruta em volta com os olhos negros e penetrantes, os lábios cerrados, o ar pensativo, os óculos com armação de tartaruga preta, um pouco baixos sobre o grande nariz.

Em Turim, onde o precede a fama de subversivo perigoso, anotada à mão em tinta vermelha no formulário de libertação com o qual a direção da Penitenciária de Civitavecchia alertava o juiz supervisor, em Turim Leone encontra uma terra arrasada. O vigiado especial é submetido às restrições da liberdade vigiada: não pode sair de casa antes do amanhecer, não pode voltar para casa depois da Ave-Maria, não pode frequentar pessoas de linha política suspeita, não pode deixar a cidade de domicílio, não pode ir ao cinema nem ao teatro, nos cafés só pode ficar de pé. As pessoas o evitam, a polícia o submete a controles constantes, ninguém mais o convida para os salões brilhantes.

Leone passa os serões com Pavese, que também voltara do degredo naqueles mesmos dias. Afligido por uma das suas desilusões amorosas crônicas, Cesarito vai encontrar o amigo todas as noites. Pendura no cabide "o seu cachecol lilás, o seu casaco martingale, e se senta a uma mesa ao lado do sofá onde está Leone com o cotovelo apoiado na parede".

A célula da Justiça e Liberdade está aniquilada, a sua experiência, terminada. "Detritos de formações políticas, submergidas pela marcha avassaladora do fascismo." Assim se lia na sentença com que, um ano antes, o tribunal especial condenara em bloco os companheiros que se seguiram a Ginzburg após a sua detenção. São os dias em que a Itália, em cada praça sua, se entrega em êxtase a Benito Mussolini que, atacando a Etiópia, está para lhe doar o império. Leone toma café de pé, apoiado no balcão.

Um dia ele recebe a visita de Giulio Einaudi. A jovem editora que fundara dois anos antes junto com Leone prosseguiu nas atividades sob a proteção de Luigi, pai de Giulio, senador do Reino, mas ainda não adquiriu forma. O editor propõe a Leone que trabalhe para ele, oferece-lhe um salário de seiscentas liras. Nessa altura serão em três: Ginzburg, o editor e uma secretária, a sra. Coppa. Leone, submetido à proibição absoluta de publicar, não poderia assinar nada, nem traduções, nem prefácios ou ensaios, nem os projetos editoriais. Einaudi, em suma, está lhe pedindo que renuncie ao seu nome condenado, que seja a mente e a alma de uma obra anônima, o pai de um filho de pai desconhecido, um daqueles heróis menores que, na épica antiga, eram fugazmente citados apenas nas listas dos mortos. Leone Ginzburg aceita.

"É o meu dever informar os governos reunidos em Genebra, enquanto responsáveis pela vida de milhões de homens, mulheres e crianças, sobre o perigo mortal que os ameaça, descrevendo o destino que atingiu a Etiópia. O governo italiano não fez guerra apenas contra os combatentes: ele atacou populações muito distantes da frente de batalha, com a finalidade de exterminá-las e aterrorizá-las. [...] Nos aviões foram instalados pulverizadores, para que espalhassem por vastos territórios uma chuva fina e mortal. Grupos de nove, quinze, dezoito aviões se sucediam de modo que a névoa que saía deles formava um lençol contínuo. Foi assim que, desde o final de janeiro de 1936, soldados, mulheres, crianças, rebanhos, rios, lagos e campos foram pulverizados com essa chuva mortal. A fim de exterminar sistematicamente todas as criaturas vivas, para ter a plena segurança de envenenar as águas e os pastos, o Comando italiano fez os seus aviões passarem muitas e muitas vezes [...]. À parte o reino de Deus, não há sobre a Terra nação que seja superior às outras. Se um governo forte adquire consciência de que ele pode destruir impunemente um povo fraco, este último tem o direito naquele momento de apelar à Liga das Nações para ter o julgamento em plena liberdade. Deus e a história lembrarão o julgamento de vocês."

É em 12 de maio de 1936 que, com essas palavras, o imperador da Etiópia Hailé Selassié denuncia à assembleia da Liga das Nações e ao mundo a utilização militar italiana de armas químicas contra o seu povo. Leone está de volta a Turim não faz nem dois meses.

A guerra começou em outubro do ano anterior, quando o marechal da Itália Emilio De Bono, por ordem de Mussolini, partindo das bases na Eritreia, invadiu o território abissínio do império da Etiópia. Os soldados italianos, desde janeiro de 1936, para abrirem caminho diante da resistência dos etíopes, começaram a espalhar, por via aérea, nuvens de gás mostarda. A Convenção de Genebra proíbe a utilização dos gases, mas os fascistas providenciaram, somente para a Aeronáutica, um fornecimento de mil toneladas. Homens e grandes manadas de animais caem no chão. Por dias e dias, os aviões pulverizadores retornam às mesmas zonas, os cadáveres já são mais numerosos do que os corpos cobertos de chagas dos sobreviventes. Desolação e morte de todas as formas de vida humana, animal e silvestre em terra, nos rios e nos lagos.

O mundo fica indignado, mas Mussolini reitera "empregar todos os meios de guerra – digo todos, tanto por céu quanto por terra", e ainda reitera: "autorizo o emprego de gás de qualquer espécie e em qualquer escala".

Em 4 de abril, os etíopes tentam uma ação desesperada nos arredores do lago Hashengue, mas os aviões despejam sobre eles centenas de quilos de iperita numa finíssima nuvem vaporosa. Os poucos sobreviventes, queimando com as gargantas em fogo, se atiram ao lago, ele também envenenado. Bebem a água, desesperados, e morrem ainda mais desesperados, entre espasmos, um sobre o outro. Uma hecatombe.

O negus da Etiópia, diante do massacre, ordena a retirada dos poucos sobreviventes. Cem mil soldados italianos iniciam a marcha rumo à capital etíope na planície de Harar. Na pátria, milhões de outros italianos cantam eufóricos: "Faccetta nera, bella abissina, aspetta e spera che già l'ora si avvicina..." [Rostinho negro, bela abissínia, espera e aguarda que a hora já se avizinha].

Em 9 de maio, Mussolini vive a sua apoteose. Da sacada da piazza Venezia, anuncia em êxtase o "renascimento do império sobre as colinas fatais de Roma". Os italianos o aclamam. O revolucionário socialista Arturo Labriola, que pelos fascistas fora perseguido, espancado e exonerado da universidade, depois se engajou o tempo todo na propaganda antifascista por meio mundo, pede desculpas a Mussolini. Vittorio Emanuele Orlando, insigne jurista liberal e que fora chefe de governo em 1917 após a derrota de Caporetto, se entrega ao *duce*: "Estou à sua disposição!", comunica peremptório. Benedetto Croce, depois de contribuir para a guerra com o ouro da sua medalha de primeira comunhão, única lembrança dos pais que sobrevivera ao terremoto que os matou quando ele ainda era criança, o próprio Croce também aplaude o empreendimento do *duce* imperial. Todos aplaudem. Leone Ginzburg volta a trabalhar. Obliterado, quieto, inexpugnável, escolhe uma nova forma de clandestinidade: desce às catacumbas do trabalho editorial.

Assim começa para Ginzburg, privado do nome, reduzido a um silêncio forçado, um período de total empenho como editor. Retoma a "Biblioteca di cultura storica", já iniciada em 1934, para não deixar aos fascistas a terra estrangeira do passado. Ao lado dela, cria novas coleções: a "Nuova raccolta di classici italiani annotati" [Nova coleção de clássicos italianos comentados], na convicção de que a Itália é coisa séria demais para deixá-la aos italianos; os "Narratori stranieri tradotti" [Narradores estrangeiros traduzidos], para não deixar os italianos por si mesmos; "I saggi" [Os ensaios], para abordar os grandes temas inexplorados, presos nas dobras de um presente absoluto. A todas essas edições dedica um rigor incansável, uma revisão acurada e minuciosa, a todas antepõe uma introdução clara que favoreça a compreensão delas. A sua estrela-guia, de todo modo, é o "respeito pelos leitores", todos os leitores possíveis. Como escreve repetidamente aos tantos colaboradores que atrai para a sua órbita, Ginzburg pretende "alcançar muitos leitores e não só por razões comerciais", deseja um "público amplo, além do dos costumeiros refinados", e quer lhes dar o melhor, "edições criticamente corretas e, ao mesmo tempo, acompanhadas por todo o material ilustrativo, histórico e estético que torne a sua leitura fácil e proveitosa. Livros para todos, a preços populares, traduzidos de modo magistral, apresentados com cuidadosa elegância", resume a nota que consta na quarta capa de todas as publicações.

Ele passa um ano no frenesi de fazer livros. Em 2 de março de 1937, o delegado de Turim informa ao juiz supervisor que Leone Ginzburg "manteve conduta moral regulamentar e exerce a profissão de literato e muito se dedica também a traduções de línguas estrangeiras", mas depois acrescenta: "É considerado extremamente perigoso na linha política e, portanto, dá-se parecer contrário à revogação da liberdade vigiada". O juiz prolonga a liberdade vigiada por mais seis meses. Outro verão e outro outono de pé nos cafés. Leone, mais uma vez, retoma o trabalho.

Agora Ginzburg trabalha lado a lado com Cesare Pavese. Giulio Einaudi, de fato, convenceu o poeta a se unir a eles. Cesarito tem a carteirinha do Partido Fascista desde 1933 e, portanto, pode assinar textos e edições, é profundo conhecedor da literatura anglo-americana e um tradutor frenético. Já traduziu *Moby Dick* por mil liras.

Nas reuniões editoriais agora estão em quatro: Ginzburg, que sabe tudo de literatura russa, alemã e francesa; Pavese, que sabe tudo de literatura americana; o editor, que sempre fica calado enquanto os outros dois passam horas discutindo traduções, cuja religião ambos compartilham; e algumas vezes Natalia Levi, a filha do professor, como convidada de Leone que lhe escrevia no cárcere cartas de amor.

    Nos dias de administração rotineira, porém, no sótão da via Arcivescovado ficam, além do editor e da secretária, somente Cesare e Leone. São amigos desde os tempos do liceu, compartilham a mesma religião laica da literatura e voltaram do cárcere ou do degredo com apenas dois dias de diferença entre um e o outro. Mas Leone voltou depois de ter cumprido internamente a sentença (embora reduzida pela metade depois da anistia), Cesare voltou porque se dobrou ao pedido de clemência a Mussolini, "pai de todos os italianos", para se livrar do degredo. Lá, de Brancaleone Calabro, Pavese inundava os amigos e as páginas do seu diário com anotações lamuriosas, narcisismos macabros, choramingos cósmicos: "Retorno a um estado larval de infância, ou melhor, de imaturidade, com toda a dureza e o desespero da época [...]. E depois, se gosto de amaldiçoar o mar, por que você há de se intrometer nos meus ódios?".

    Agora Cesarito está novamente livre, no sopé das montanhas e na sua casa na colina, mas sempre encontra alguma maneira de se sentir infeliz. Por alguma mulher, quando não pelas praias de cascalho no horizonte marinho do domicílio forçado. Com efeito, Pavese soube que Tina Pizzardo, a militante do Partido Comunista clandestino pela qual é apaixonado desde 1932, se casou com um outro. Cesare lhe escrevia poemas – "Encontrei-a uma noite: uma mancha mais clara/ sob as estrelas ambíguas, na névoa do verão./ Em volta havia o aroma dessas colinas/ mais profundo do que a sombra" –, mas ela, a "moça da voz rouca", os ignorou, e Cesarito regride mais uma vez e de bom grado ao estado larval da infância. O ofício de viver o extenua.

Apesar disso, o poeta infeliz trabalha duro, e, assim, Leone e Cesare trabalham lado a lado, o indômito e o rendido, o futuro marido e o enamorado crônico, o homem que não conhece angústia e o homem que se compraz na melancolia. Publicam juntos *Nas sombras do amanhã*, o livro com que o grande historiador holandês Johan Huizinga adverte sobre os perigos de uma Europa decadente que chegou à soleira da barbárie, barbárie que, dali a pouco, quando os nazistas invadirem os Países Baixos, irá encerrá-lo por três anos nos bunkers da fortaleza militar de De Steeg, nas cercanias de Arnhem, onde morrerá em 1º de fevereiro de 1945, poucos dias antes da libertação pelos Aliados, cujos exércitos, no momento da morte de Huizinga, se encontravam a poucos quilômetros da sua prisão, com a 1ª Divisão Aerotransportada britânica e a 1ª Brigada de Paraquedistas polonesa obrigadas a se render aos blindados da ss na ponte sobre o Reno.

A tradução de Huizinga, com o título de *La crisi della civiltà* na edição italiana, é confiada a Barbara Allason, a idosa escritora que, com o seu colapso psíquico, entregou Leone à polícia política de Mussolini e que foi mais um dos muitos amores atormentados de Pavese.

"Vivemos num mundo obcecado. E sabemos disso." Com essas palavras se inicia o livro profético do historiador holandês. Elas valem, em graus e modos diversos, tanto para Leone quanto para Cesare, os quais, enquanto se adensam as sombras do amanhã, continuam a trabalhar lado a lado no sótão da via Arcivescovado.

Lá fora, enquanto isso, o ruído do mundo aumenta até transformar a história numa fábula contada por um idiota. O Instituto Nacional Fascista de Cultura muda o nome para Instituto Nacional de Cultura Fascista e nenhum dos seus muitos prestigiosos filiados se demite por isso; a Obra Nacional Balilla é transformada em Juventude Italiana do Litório, com o lema "Crer, obedecer, combater", e entrega a Mussolini 5.561.000 jovens italianos, pois esse é o número dos seus membros; em Roma, o Ministério de Imprensa e Propaganda adota o nome de Ministério da Cultura Popular e distribui milhares de subsídios secretos a jornalistas, artistas e intelectuais para que enalteçam o regime; nas colônias africanas, prevendo uma pena de até um ano de reclusão, uma lei premonitória proíbe o cidadão de manter "relação de índole conjugal com pessoa súdita da África Oriental italiana ou estrangeira". É a primeira lei racista promulgada pelo Estado fascista. Da Espanha, onde, num ensaio geral da Segunda Guerra, republicanos, anarquistas, comunistas e libertários de todo o mundo reunidos nas Brigadas Internacionais estão lutando contra os fascistas e nazistas de toda a Europa, chega a Turim a notícia da morte de Renzo Giua, o colega de escola de Leone que se refugiara na França para escapar da detenção na blitz de março de 1934. Renzo tombou combatendo em Estremadura, à frente de um batalhão da XII Brigada Garibaldi. Tinha 24 anos.

Leone Ginzburg continua a levar a sua vida apartada e dedicada ao trabalho, segundo reconhece o delegado de Turim que, mais uma vez, informa o juiz supervisor quanto à data de vencimento da extensão do período de liberdade vigiada. O juiz, porém, reexaminada a sua periculosidade, determina o seu prolongamento por mais oito meses, até julho de 1938. Um outro inverno e outra primavera. Leone, mais uma vez, retoma o trabalho, retorna à sua preparação lenta, paciente, à organização meticulosa, voltando a tecer novamente o seu fio delgado, mas tenaz, sem nome, mergulhado na massa infinita dos seres que se manterão despercebidos.

OS FERRIERI
Nápoles, 1930-1936

Em 1930, Peppino Ferrieri está há pouco tempo casado com Ida Izzo, é pai de uma menina e não tem como sustentar a família. A sua mãe, Donna Grazia, por causa daquele amor desaprovado com uma mulher de teatro, o baniu. Do outro lado do Atlântico, a queda da Bolsa de Valores inaugurou a Grande Depressão. Em Nova York, os corretores arruinados se jogam às dezenas dos arranha--céus de Wall Street. Logo a produção industrial também despencará na Europa, com milhões de desempregados.

No ano anterior, Giovanni Gentile inaugurou em Nápoles o Instituto Fascista de Cultura. Precisamente em Nápoles o grande pensador, maior expoente intelectual do regime, anunciou a sua condenação do humor cômico que prospera nos teatros populares dessa cidade. Gentile se declarou "incomodado com aquele riso fácil que tão abundante matéria forneceu à literatura italiana nos tempos mais tristes". O anátema do filósofo se enquadra num discurso contra as universidades populares.

Provavelmente nem Peppino nem qualquer outro membro da sua família jamais ouvira falar de Giovanni Gentile e, por outro lado, nenhum dos Ferrieri frequentará a universidade por outras duas gerações. Por paixão, e para conseguir pagar as contas, nesses "tempos tristes" Peppino se dirige justamente àqueles teatros que tanto irritam, por razões diversas, o fundador da *Enciclopédia italiana* e a sua esposa, Ida. O que o encoraja é também o gênio do povo tão desprezado por Giovanni Gentile.

Naquele período, de fato, Antonio Clemente, o comediante do seu bairro que, quando rapazote, Peppino seguia como uma sombra nas suas desafortunadas estreias nos palcos periféricos da cidade, retornou a Nápoles. O cômico com movimentos desengonçados de marionete agora ganhou uma certa fama com o nome artístico de Totò. Adotou o diminutivo com o qual a mãe o mimava quando criança, antes de deixá-lo para ir se encontrar com o amante.

Totò é um saltimbanco, herdeiro, à sua maneira, daquela antiga linhagem de comediantes que atuavam de improviso, como os Guarino, parentes de Ida Ferrieri: chacotas, farsas burlescas, troça dos poderosos, exaltação das necessidades e dos instintos, fome, sexo, doença física e saúde mental. A sua arte é uma arte de mímicas faciais, piruetas, duplos sentidos, indispensáveis caricaturas. Nela, toda a vida é uma miséria terrível e toda ela é bagatela, ninharia, bobagem. Para ele, que viveu a infância na pobreza, a miséria é, aliás, o roteiro da verdadeira comicidade.

No Teatro Nuovo de Nápoles, onde foi escalado pelo barão Vincenzo Scala, proprietário da bilheteria, como ator principal em alguns espetáculos de Margini e Scarpetta, Totò, desconhecendo o anátema de Giovanni Gentile, enlouquece os espectadores improvisando um quadro em que sobe pela cortina com movimentos de macaco e dirige caretas e esgares ao público pagante. É também graças a Totò que Peppino transforma a sua paixão pelo palco num ofício. Mas, ao riso fácil que o genial amigo provoca no público, Peppino prefere o seu irmão gêmeo, o choro fácil, à farsa burlesca prefere o melodrama, à marionete humana prefere os bonecos de madeira e estanho.

Peppino Ferrieri, de fato, prima na arte do titereiro. Exibe-se num pequeno teatro da piazza Cavour, chamado San Carlino, onde a ópera das marionetes é encenada cinco dias por semana. Sobe num balcão de madeira suspenso sobre o palco, apoia os braços no balaústre e ali, escondido do público, sem nome e sem assinatura, puxa os fios das marionetes de madeira que aparecem aos espectadores encouraçadas nas suas reluzentes armaduras de lata. Peppino infunde vida, mais uma vez, a Orlando, Rinaldo e os paladinos da França. Dota-os de movimento nas mãos e agitação nos pés quando os campeões se digladiam: então, de fato, bate os tacões dos seus sapatos no assoalho de tábuas do balcão para dar sonoridade aos passos impetuosos dos guerreiros. E, principalmente, dá-lhes voz.

Ela, a voz, é o elemento fundamental. Só com uma bela voz calorosa, clara, altissonante, é possível conferir ardor e emoção às proezas épicas daquelas marionetes de madeira. E também porque todas são um pouco parecidas entre si e, no alvoroço, na penumbra da pequena sala ofuscada, é pela voz que o público as reconhece. A humanidade maltrapilha, que se veste com roupas dominicais para ficar diante da ribalta do San Carlino, nunca saberá quem é Peppino Ferrieri, mas, graças à sua bela voz de tenor, saberá quem é Rinaldo de Clermont, campeão dos francos de Carlos Magno, primo de Orlando, o seu rival no amor, combatente de extrema audácia e espírito rebelde.

Todo titereiro, de fato, move e interpreta sempre o mesmo personagem, e Rinaldo é o herói de Peppino. Se Peppino é Rinaldo, De Simone, o chefe do teatro, é Orlando. Há também Ganelão, o malvado, o pérfido instigador, e há Angelica, a beldade disputada e desdenhosa, a quem uma mulher dá voz, mas só a voz, porque as marionetes são pesadas e os homens é que as manobram.

Quando Orlando, Rinaldo e os paladinos da França não estão em cena, cabe a vez aos valentões napolitanos. Mas não muda muito. As marionetes se movem nos moldes da *sceneggiata*, gênero teatral popularíssimo naqueles anos, usam roupas contemporâneas, falam o dialeto em vez do italiano áulico e sacam um canivete do colete em vez de uma espada flamejante da bainha. Os temas, porém, são os mesmos: o amor, a traição, a honra, a guerra em forma de duelo. E todos estão sempre condensados num trinômio de personagens recorrentes: *isso* ("ele"), o tenor, o herói positivo; *essa* ("ela"), a heroína disputada, a prima-dona cantora; *'o malamente* ("o malvado"), o antagonista. Há partes de acompanhamento, partes cômicas, pequenas variantes, de tempos em tempos uma canção é entoada, mas a substância é essa, eterna, não muda. O homem e o teatro acabarão juntos.

O público, saído das vielas dos Vergini, do bairro Sanità e do "corpo de Nápoles", ama com o mesmo amor os paladinos do nobre e antigo ciclo carolíngio e os valentões das recentes páginas policiais locais (com a concordância de Giovanni Gentile). As suas histórias são narradas em capítulos, serializadas e repetidas à exaustão. Na noite em que se sabe que será encenada a vingança, os populares levam ramalhetes de flores e os oferecem às marionetes. Comovem-se com as tragédias daqueles pedaços de madeira, exultam com suas desforras, xingam. Às vezes acontece que algum fanático dispare um revólver de ferro contra a marionete do infame.

Pepino Ferrieri puxa os fios por paixão e por necessidade. Tem uma família para sustentar. Empolga-se quando pode representar Rinaldo. É ignorante, não estudou, mas conhece de cor partes inteiras da *Chanson de Roland* e dos poemas cavaleirescos renascentistas. Prefere dar voz àquela marionete gloriosa, geralmente pintada com barba e bigodes loiros, olhos claros, que se expressa em italiano culto, com uma dicção perfeita. Mas também se adapta muito bem à encenação em dialeto e, quando precisa cantar, canta.

Aliás, é com frequência e muito gosto que canta Peppino Ferrieri, aquele jovem pai banido dos negócios da família por causa do teatro, artista por vocação e açougueiro por necessidade. Canta em cena, nos palcos populares ao ar livre, como o Teatro all'Arena, montado num grande pátio interno de um palácio nobre decaído no bairro Sanità, e canta para os amigos nos jantares de família ou no restaurante. Outro cavalo de batalha seu são os melólogos dialetais trágico-sentimentais declamados ao estilo dos jograis. As filhas, hoje, se lembram especialmente de três: "I fravecature", monólogo trágico em que se descreve a cena de um pedreiro que cai do andaime; o poema melodramático "'O miercurì d'a Madonna 'o Carmine", da qual Peppino também é devoto; o drama de um pai que, depois de tentar evitar por todos os meios o noivado inconscientemente incestuoso do filho, é obrigado a revelar à noiva os seus amores juvenis clandestinos com a mãe dela: "O'nammurato tuo è frat a te!".

Peppino, quando não está movendo as marionetes nem se apresentando, cantando ou talhando carne para terceiros em algum açougue que o contrata por diária, trabalha no Teatro Partenope, um suntuoso edifício oitocentista ao lado da igreja de Santa Maria delle Grazie na via Foria, um pouco adiante da Porta San Gennaro, do qual hoje não resta mais nenhum vestígio. Um dos proprietários se casou com Fortuna, a irmã mais velha de Peppino, aquela jovem bela e elegante que tem um alfaiate na via Chiaia.

Poucos passos separam o pequeno San Carlino, onde se encena a ópera das marionetes para o povo simples, e o senhorial Teatro Partenope. Mas, neste, Peppino Ferrieri trabalha como lanterninha. Confere os ingressos, acompanha os senhores à plateia ou à galeria.

Talvez, enquanto ilumina os corredores forrados de veludo vermelho com a tênue luz do seu farolete de bolso, Peppino, homem manso e pacífico como poucos, repasse consigo mesmo o papel de Rinaldo que, em *Orlando furioso*, de Ludovico Ariosto, dizimando infiéis, põe em fuga o acampamento dos mouros que chegaram às portas de Paris.

V

As mulheres, os cavaleiros, as armas, os amores...

Em 1937, Leone Ginzburg colaborou com a realização de "Os fragmentos autógrafos do Furioso", o ensaio que o seu mestre Santorre Debenedetti dedicara às muitas reescritas de *Orlando furioso*, de Ludovico Ariosto. Naquele seu magistral estudo de filologia, Debenedetti reconstruíra o longuíssimo e atormentado percurso de revisões ao qual o incontentável poeta renascentista, nas primeiras décadas do século XVI, submetera o seu grandioso poema cavaleiresco, desde as primeiras febris anotações até as cópias definitivas a serem entregues às tipografias (pagas do próprio bolso).

Durante todo o seu primeiro ano de liberdade, Leone explora, assim, as mil variantes de um glorioso canto de amor. Esse jovem recém-libertado após dois anos de cárcere se debruça sobre os manuscritos, sobre os rascunhos incessantemente corrigidos de próprio punho por um poeta cortesão de quatrocentos anos antes, que canta a loucura amorosa de Orlando, o mais nobre dos paladinos da França, o qual, enlouquecido pela traição da inatingível Angelica, que já é disputada pelo primo Rinaldo no início do poema enquanto os mouros sitiam Paris, se enfurece a ponto de circular nu pela Espanha e pela França, promovendo a matança de todos que encontra pela frente. Um primeiro ano de liberdade dedicado a estudar os amantes desesperados, o amor narrado como pano de fundo cego e terrível da natureza, força elementar, primordial, impessoal, apelo subterrâneo dos sexos, que leva o homem a se inflamar com a beleza de damas impossíveis com a mesma ânsia brutal requerida pelos massacres da guerra com armas brancas; um ano dedicado às peripécias de apaixonados sempre desiludidos que perseguem por toda a Terra, e até na Lua, mulheres belíssimas e cruéis, sonhadores violentos, ludibriados pelas aparências deslumbrantes de um mundo encantado, aprisionados num drama de vaidades em tumulto, escravos da alternativa tola e estéril entre a tragédia e a farsa.

No ano seguinte, em 12 de fevereiro de 1938, Leone Ginzburg se casa com Natalia Levi, a filha do professor Levi por quem se apaixonara por correspondência enquanto estava no cárcere em Civitavecchia.

"Casamo-nos, Leone e eu." Assim, lacônica, Natalia Ginzburg contará, 25 anos depois, já escritora famosa, sobre o seu casamento em *Léxico familiar*, o livro mais amado entre a sua obra. A notícia chega ao leitor à página 123 da edição Einaudi, na coleção "Supercoralli". Até poucas páginas antes, o futuro marido é sempre e tão somente mencionado pelo sobrenome ("Mario pediu imediatamente notícias de Sion Segre e de Ginzburg", "ele falava de Ginzburg com estima e, no entanto, como se fosse uma pessoa distante", etc., etc.). Ainda à página 124, refere-se a ele formalmente com nome e sobrenome: "No fim do inverno, Leone Ginzburg voltou a Turim...". Depois, de repente, o homem que se tornará pai dos filhos de

Natalia é tratado pelo nome. A autora só se permite essa liberdade quando se trata de anunciar o seu matrimônio com ele: "Casamo-nos, Leone e eu". Toda a história de amor entre Natalia e Leone está encerrada nesse minúsculo deslizamento do sobrenome para o nome de batismo. E é justamente com esse avanço sóbrio, mas crucial e categórico, que Leone Ginzburg parece encontrar, um após o outro, os grandes episódios da vida: da imigração aos estudos, à prisão, ao matrimônio.

Seja como for, Natalia e Leone se casam. A testemunha civil é precisamente Santore Debenedetti, mestre filólogo de amores furiosos. Oferece como presente de casamento os dezesseis volumes da *Recherche du temps perdu*, numa edição de 1929 esplendidamente encadernada em vermelho e dourado, obra que Natalia havia começado a traduzir para o italiano quando o marido ainda era um nome e sobrenome ("Em 1937, traduzidas as duas primeiras páginas, mostrei-as a Leone Ginzburg e ele me disse que estavam muito mal traduzidas. Tive de retraduzi-las mais de uma vez"). Benedetto Croce, o outro mestre de Leone, também dará livros de presente, comprados com 50% de desconto junto ao editor Laterza, que tem no filósofo napolitano o seu principal colaborador.

Natalia e Leone se casam graças ao ordenado de seiscentas liras garantido por outro editor, Giulio Einaudi. Como Leone está proibido de assinar qualquer publicação com o seu nome, o casal, apesar dessas seiscentas liras, é mais pobre do que era a filha do professor Levi na sua família de origem. Mas, mesmo assim, Natalia se sente rica.

O fascismo parece que não acabará tão cedo, e se alguém convida o casal para almoçar, mesmo alguém pouco simpático, ela fica contente em poder comer de vez em quando pratos imprevistos e de graça. O fascismo parece que nunca vai acabar, e, assim, de vez em quando Natalia e Leone falam em ir para os Estados Unidos, para a casa de um tio, mas, no fundo, nem ele nem ela gostariam de deixar a Itália, de se tornar refugiados, aqueles "seres miraculosos que circulam livres pelo mundo para além do despenhadeiro das montanhas azuis que se entreveem no fim do corso Francia".

E então, em 18 de agosto de 1938, finalmente vem a revogação da liberdade vigiada de Ginzburg. Um mês antes, adiantando ao juiz o recurso de revogação, além de ressaltar que uma terceira prorrogação mostraria um excessivo encarniçamento, Leone já falara com a modéstia de quem considera a sua causa digna de ser defendida só por ser a causa de um terceiro: "O abaixo-assinado se permite evocar à memória de V. Ilma. Exa. que os inconvenientes da liberdade vigiada agora pesam praticamente sobre duas pessoas, em vez de uma, visto que ele se casou alguns meses atrás". Justamente naqueles dias, o juiz supervisor saíra de férias. O substituto acolhera o recurso de Leone e os motivos apresentados: "O vigiado político hoje está inteiramente absorvido por uma atividade que não só garante o sustento dele e da sua nova família, como também resulta num aumento da dignidade da cultura italiana".

Em 18 de agosto de 1938, portanto, Leone Ginzburg finalmente está livre. Livre, casado com a mulher que ama, dedicado ao trabalho que ama. Transcorreram 53 meses de cadeia e vigilância especial desde a prisão em março de 1934. Quatro anos e cinco meses. O fascismo, porém, não acabou. E tampouco os grandes episódios da vida. Em 18 de agosto de 1938, Leone Ginzburg finalmente está livre, mas em 18 de setembro Benito Mussolini se apresenta à sacada da prefeitura de Trieste.

"É tempo de que os italianos se proclamem francamente racistas." Isso se lê em *La Difesa della Razza*, ano 1, número 1, 5 de agosto de 1938, XVI ano da era fascista, à página 2. E racista se proclama francamente Benito Mussolini, em nome de todos os italianos, da sacada da prefeitura de Trieste em 18 de setembro do mesmo ano. Daquela sacada, de fato, ele procede pela primeira vez à leitura da legislação racial que o regime fascista está prestes a promulgar.

Os pressupostos teóricos da proclamação encadeiam de forma categórica e apodítica uma série de absurdos históricos e conceituais: as raças humanas existem; existem grandes raças e pequenas raças; a maioria da população da Itália é de origem ariana; é lenda o aporte de massas enormes de migrantes porque desde mil anos atrás, isto é, desde a invasão dos lombardos, não houve na Itália outros movimentos significativos de povos capazes de influenciar a fisionomia racial da nação. Disso decorre, portanto, que existe uma raça italiana pura e, portanto, é hora de os italianos se proclamarem francamente racistas; os judeus, como corolário disso, não pertencem à raça italiana. Disso resulta, por fim, a instituição de uma comissão real para a discriminação racial dos judeus italianos.

Na Itália, até então, a maioria dos estudiosos sempre rechaçara um racismo de tipo biológico, análogo ao alemão, sobretudo porque era incompatível com a história: a extrema variedade dos italianos lhes desaconselhava a adesão a uma concepção que fundava a identidade de um povo na pureza racial. Mesmo os estudiosos fascistas evitavam tal coisa: "Não existe, portanto, uma raça, mas apenas um povo e uma nação italiana", lia-se ainda em 1935 no verbete "Raças humanas" da *Enciclopédia italiana*. Além disso, e talvez principalmente, os intelectuais fascistas ultranacionalistas de primeira hora sempre celebraram a italianidade como um traço cultural, decerto não racial: "A italianidade é um caráter, uma risada de Rosai, a careta de um menino, um mercado". Mesmo Mussolini, apenas dois anos antes, reservava o seu piedoso e zombeteiro desprezo para as delirantes doutrinas nórdicas de superioridade e inferioridade raciais.

Mas agora tudo mudou: no mês de maio, pouco antes que o time nacional comandado por Vittorio Pozzo vencesse o terceiro campeonato mundial de futebol e Gino Bartali triunfasse no Tour de France, Adolf Hitler, o aliado germânico, acolhido pelas proverbiais multidões festivas e por cenografias de papel machê, desfilou pelas ruas de Roma admirando as ruínas da antiga grandeza, passo a passo, ao longo de toda a interminável visita às centenas de obras de arte com que, no decurso dos séculos, a Itália expressou a sua vocação para a grande beleza. Parece que o *duce* ficou bocejando o tempo todo feito um camelo.

E assim, também por obediência ao poderoso aliado germânico, agora Mussolini, da sacada da prefeitura de

Trieste, invoca uma "nítida e serena consciência racial que estabeleça não só diferenças, mas também claríssimas superioridades" (aplausos da multidão exultante) e declara "o judaísmo mundial um inimigo irreconciliável do fascismo" (mais aplausos da multidão exultante). Concluindo o discurso, o pai da pátria francamente racista tranquiliza, de forma paternal, os judeus que acaba de expulsar da sua família, mas não do seu domínio. Promete-lhes tratamento bondoso: "No fim, o mundo talvez se surpreenda mais com a nossa generosidade do que com o nosso rigor". Os trens chumbados com destino aos fornos crematórios manterão a promessa.

Por ora, a legislação antissemita abrange: a proibição de casamentos entre italianos e judeus, a proibição de que os judeus tenham empregados domésticos de raça ariana, a proibição a todas as administrações públicas e sociedades privadas de caráter público – como bancos e seguradoras – de terem funcionários judeus, a proibição a judeus estrangeiros de se transferirem para a Itália, a proibição de exercerem a profissão de tabelião e de jornalista, e fortes restrições em todas as chamadas profissões intelectuais, a proibição de matrícula de jovens judeus – que não sejam convertidos ao catolicismo – nas escolas públicas, a proibição aos ginásios de adotarem como livros didáticos obras que, em sua redação, tenham tido algum tipo de participação de um judeu.

Giuseppe Bottai, ministro da Educação Nacional, mesmo nunca tendo demonstrado ser "especialmente antissemita", destaca-se pela diligência com que aplica as medidas antijudaicas. São obrigados a abandonar a cátedra 99 professores, entre ordinários e extraordinários, 133 auxiliares e assistentes, duzentos livres-docentes, incontáveis professores afastados por idade e assistentes voluntários. O maior consenso em relação às disposições raciais se dá justamente entre os docentes universitários. Todos correm para ocupar as cátedras de onde os colegas judeus foram expulsos. A União Matemática Italiana se preocupa em pedir que nenhuma das cátedras de matemática vacantes após as providências para a preservação da integridade racial seja "subtraída às disciplinas matemáticas". Nenhuma palavra sobre o fato de que essas cátedras acabavam de ser arrancadas aos expoentes da matemática italiana: Vito Volterra, Federigo Enriques, Guido Castelnuovo, Guido Fubini.

Tem-se notícia de um único homem que se recusa a ocupar a cátedra tirada a um colega judeu: chama-se Massimo Bontempelli, é um poeta, um acadêmico da Itália, na juventude feriu Giuseppe Ungaretti num duelo e esteve entre os fundadores do Partido Fascista. Todos os outros, encontrando uma cátedra vaga, nela se instalam. Enrico Fermi, agraciado com o Prêmio Nobel de Física, ao fim da cerimônia de entrega zarpa diretamente do porto de Estocolmo para os Estados Unidos, a fim de pôr a salvo a esposa judia. Os Estados Unidos assim ganharão a bomba atômica que os fará vencer a Segunda Guerra Mundial. A Itália perde um gênio. Enrico Fermi não será o único grande físico a abandonar o nosso país: Albert Einstein, em protesto, se demite da Accademia dei Lincei.

O ministro da Educação Nacional Giuseppe Bottai, "não especialmente antissemita", também promulga a criação da comissão para o "saneamento literário". Todos os livros de autores judeus deverão ser retirados do comércio, todos os conteúdos semitas, expurgados dos livros em comércio, nenhum outro texto maculado de judaísmo posto no comércio. Giulio Einaudi, preocupado com as consequências que as leis raciais poderiam ter sobre o seu colaborador judeu e sobre a editora de fato dirigida por um colaborador judeu, escreve ao ministro Bottai pedindo uma audiência a fim de lhe expor "questões nas quais o seu apoio poderia ser muito precioso para favorecer um valoroso colaborador da minha Editora. Naturalmente aproveitarei a ocasião para lhe apresentar outras questões de caráter editorial, bem conhecendo a simpatia que o senhor nutre pela nossa categoria". O jovem editor emergente, filho de senador, é, naturalmente, recebido por Giuseppe Bottai, intelectual fino, homem de vasta cultura e experiência de mundo, protetor de artistas e escritores, autor da Carta do Trabalho e da Carta da Escola.

Giulio Einaudi assim empreende com Bottai uma adúltera diplomacia secreta, entretecida de homenagens, concessões e omissões de ambos os lados, que perdurará até 1944, quando, destituído Mussolini, o ex-ministro da Educação Nacional se alistará na Legião Estrangeira, nela permanecendo até 1948, e em cujas fileiras combaterá contra os alemães alistado no 1º Regimento de Cavalaria com o posto de *brigadier-chef*, desde o desembarque na Provença até o coração da Alemanha. "Parto para expiar as minhas culpas por não ter sabido deter a tempo a degeneração fascista", dirá naturalmente Bottai, embarcando para a África Ocidental sob o nome de Andrea Battaglia. "O que eu tinha não era uma carteirinha. Era uma fé", dirá também, ao fim da guerra, reavaliando o seu passado fascista.

Enquanto isso, porém, a legislação antissemita dos fascistas, proclamando-se francamente racistas, prevê também a revogação da cidadania italiana concedida a judeus estrangeiros em data posterior a 1919. E assim, enquanto Einaudi e Bottai discutem em Roma questões editoriais, em Turim Leone Ginzburg, o "valoroso colaborador", empenhado em criar a mais importante editora de cultura italiana, não é mais cidadão italiano.

Se Leone Ginzburg se ocupa com *Orlando furioso* no primeiro ano de recuperação da sua liberdade, no segundo – e último – ano de plena liberdade dedica-se aos *Cantos* de Giacomo Leopardi.

Com efeito, Ginzburg está preparando para a Laterza uma nova edição da coletânea de versos com que, cem anos antes, aquele rapaz fabuloso, miúdo, corcunda, pálido, insone, afligido por uma tuberculose óssea da coluna vertebral que, entortando a espinha dorsal, lhe causava dores incessantes, distúrbios cardíacos e respiratórios, crescimento reduzido, problemas neurológicos nas pernas e na visão, insensibilidade nervosa, parestesias episódicas, febres recorrentes, cansaço constante e distúrbios variados, mantendo uma inflexível linha unitária de postura lírica e existencial, entoara, ao longo de toda a sua vida miserável, um pungente canto fúnebre à matéria mais alegre – a beleza do mundo, a ternura da noite, a juventude das moças – e, inversamente, um hino à vida de inédita doçura com variações incessantes sobre os temas mais sombrios e conhecidos: a infelicidade da existência, a vaidade de tudo, a saudade da infância perdida.

Leone aplica a essa obra-prima absoluta da poesia universal o seu rigor habitual, o seu olhar perscrutador que localiza e corrige o erro, ou seja, o seu modo de amar. Decide trabalhar mais sobre as variantes das edições impressas do que sobre as dos manuscritos autógrafos. A sua curadoria visa fazer aflorarem as etapas sucessivas do gosto poético de Leopardi, a expressão que, a cada vez, lhe parecera definitiva, mas depois fora realocada na esfera do talvez. Dedica-se a esse trabalho minucioso, a esse esforço obscuro, para que o leitor dos seus cantos possa perceber a efetiva importância de cada mudança para o homem maravilhoso que os escreveu. E assim, para restituir Leopardi aos novos leitores, vasculha as edições críticas anteriores, lamentando que os curadores não tivessem sido capazes de enumerar mais do que doze erros de impressão, dos quais apenas quatro certos, isto é, pouco menos da metade dos 26 detectáveis, e conseguindo no final rastrear mais dois, três ou quatro erros além dos já verificados.

A principal contribuição de Ginzburg consiste em ter esclarecido, "de uma vez por todas", o equívoco referente ao "Ocaso da lua", um dos últimos poemas de Giacomo Leopardi. Os seis últimos versos dessa lírica extrema nos chegaram não autógrafos, isto é, transcritos à mão na folha de guarda do manuscrito de *Ginestra* – outro testamento poético –, não de Leopardi, e sim de Ranieri, o fiel amigo que o atendeu nos últimos anos. Uma lenda, alimentada pelo historiador alemão Heinrich Wilhelm Schulz, que visitara Leopardi em 14 de junho de 1837, duas horas antes que morresse aos 39 anos, dizia que esses versos eram as últimas palavras criadas pelo poeta à beira da morte. Giacomo, com efeito, já acamado, as traçara numa folha e dera como lembrança ao visitante alemão.

Leone estabelece, "de uma vez por todas", que aqueles versos pertencem, sem dúvida, a Leopardi e os insere definitivamente na nova edição dos seus *Cantos*. Mas rejeita e refuta a hipótese romântica de que encerrem a derradeira e testamentária palavra do grande poeta, pronunciada com o seu último alento no leito de morte. Leopardi – sustenta Ginzburg – compôs esses seis versos não à beira da morte, mas nos dias anteriores. Naquele 14 de junho de 1837, limitou-se, mais prosaicamente, a transcrevê-los num pedaço de papel para presentear o visitante que ali se encontrava. Não um pronunciamento memorável, portanto, mas um suvenir. Com o seu rigor habitual, Leone não concede à lenda leopardiana a ideia de que as horas anteriores à morte possam se diferenciar de todas as demais. Não cabe esperar nenhum frêmito, nenhum êxtase, nenhuma grande epifania no final da rua.

Esses seis versos, de suprema beleza, comparam o ocaso da lua nos campos noturnos à escuridão que desce sobre a vida adulta, transcorrida a juventude, assim entoando a sua definitiva elegia: *Ma la vita mortal, poi che la bella/ giovinezza sparì, non si colora/ d'altra luce giammai, né d'altra aurora./ Vedova è in sino al fine; ed alla notte/ che l'altre etadi oscura,/ segno poser gli Dei la sepoltura* [Mas a vida mortal, depois que a bela/ juventude desaparece, não se colore/ de outra luz jamais, nem de outra aurora./ Viúva é até o fim; e à noite/ que as outras idades escurece,/ assinalam os Deuses o papel de sepultura].

A comparação poética com os campos escuros faz da existência adulta um detrito, um osso, um resto, pensa a vida como aquilo que, extinta a juventude, nos resta para viver. Sobre ela, por toda ela, estende-se a sombra da viuvez: viúva é a vida adulta até o final. Sobre a vida de Leone, para quem não seja capaz do seu íntegro rigor antirromântico, a metáfora da viuvez estende a sombra de um pressentimento.

OS FERRIERI
Nápoles, 1936-1939

Nápoles é porto do império. Na visão de Mussolini, em meados dos anos 1930 Nápoles deverá se impor como epicentro da expansão política e econômica da Itália sobre os mares e nas terras do ultramar. Dos cais da cidade que vive sob o vulcão deverão zarpar não mais os navios carregados de milhões de miseráveis imigrantes com destino aos Estados Unidos e à Argentina triturando as suas existências, e sim naus de italianos triunfantes conquistadores das colônias da Abissínia, da Etiópia e da Eritreia. Para esse fim, o *duce* determina a montagem da Exposição do Ultramar e até faz com que Hitler visite a cidade. Para a ocasião, diante do olhar do aliado germânico ofuscado pela luz meridiana à qual resplandece a colina de Posillipo e, ao longe, esfuma-se a ilha de Capri, prepara-se uma grande parada de frotas armadas no golfo.

O mar, porém, não banha a Nápoles onde Peppino e Ida Ferrieri vivem. Depois das núpcias, tiveram de alugar um quarto numa casa em Santa Maria della Fede, nas vielas escuras atrás do corso Garibaldi. Sem meios que permitam ter casa própria, o casal se conformou em viver com outros inquilinos num daqueles grandes apartamentos decadentes nos quais os proprietários acolhem estranhos por necessidade. A seguir, os Ferrieri, também graças às poucas liras recebidas da avó Aspasia que continua a trabalhar na fábrica, conseguem pagar o aluguel de uma morada na piazzetta Setembrini. Ali, em 1931, nasce o primeiro filho deles. Dão-lhe o nome de Francesco, o nome do avô paterno comerciante de carnes no Vomero Vecchio, e o batizam na paróquia de San Giovanni a Carbonara. Sempre ali, depois de poucos anos, virão ao mundo outros dois filhos homens, Antonio, em 1934, e Salvatore, em 1935. O primeiro recebe o nome de um dos irmãos de Peppino, o segundo, o de Cristo Nosso Senhor.

Apesar da pobreza, Peppino e Ida não deixam de se amar. Pegam a miséria e a pregam na parede, como gosta de dizer Peppino nos frequentes impulsos ditados pelo seu generoso sentimento de vida. A harmonia do casal só é perturbada pelos ciúmes de Ida, mas parece que Peppino também lhe dá algum motivo. Um dia, já com três filhos em casa, a mãe enfrenta uma rival na rua com uma garrafa de leite e a despacha para o hospital.

A política também se interpõe entre o casal. Com o avançar da idade, tornando-se esposa e depois mãe, Ida foi consolidando aquela seriedade que lhe era própria desde mocinha, quando teve de se emancipar da dupla herança de um pai dissoluto e de gerações de comediantes. Em família, essa seriedade significa cuidar dos filhos, mesmo entre as privações. Em política, significa ser comunista. Ida certamente não é uma militante do Partido Comunista clandestino – isso entraria em conflito com a seriedade da mãe –, mas cultiva em si as convicções amadurecidas quando jovem na fábrica das Cotonerie Meridionali. Mas liga-se cada vez mais à família de Adelina, uma prima mais velha também neta do Pulcinella

Antonio Guarino. Adelina se casou com Pasquale Civile, um representante farmacêutico de boa família, e os Civile, mesmo sendo burgueses, são antifascistas de inspiração comunista. Enzo Civile, filho de Adelina e Pasquale, embora mais jovem do que Ida, desde garoto continua a alimentar naquela sua tia que não estudou e já é mãe de três filhos o seu comunismo instintivo, nascido mais de um senso de seriedade do que de justiça.

Peppino, por sua vez, é um admirador de Mussolini. Dizer que ele é fascista seria uma injustiça com a sua natureza de homem que era um doce de pessoa e também um equívoco sobre meio século de história italiana. Peppino não tem nada em comum com o fascismo, mas é um sentimental e gosta daquele homem que nunca dorme para o bem dos italianos. Por ele, Peppino pode saltar sobre uma cadeira e declamar versos encomiásticos com o mesmo ímpeto com que pranteia o destino do pedreiro que caiu do andaime ou com que entoa os cantos pungentes dos imigrantes. O que desencaminha Peppino Ferrieri são os seus bons sentimentos, as grandes comoções que estão na origem da civilização humana. Ida, que sabe muito melhor das coisas, não o critica. Há três filhos para criar.

Em 6 de fevereiro de 1939, Mussolini visita Nápoles para inspecionar as obras que estão em construção: a Cidade Hospitalar de Scudillo, em Fuorigrotta, o Palácio dos Correios. É recebido com mantas nas janelas, como se fosse uma festa religiosa. Peppino se comove ao vê-lo. Mas nem dessa vez Ida o critica: no dia anterior, 5 de fevereiro de 1939, ela deu à luz a sua primeira filha. Batizaram-na com o nome de Maria, como a mãe do Nosso Senhor. Agora são quatro filhos para criar, e não há tempo para as tolices de Peppino.

    Em 15 de março, Hitler ocupa a Tchecoslováquia e impõe o protetorado nazista sobre a Boêmia e a Morávia; no dia 28, os franquistas entram em Madri instaurando também na Espanha um regime fascista. Em 7 de abril, tropas italianas invadem a Albânia; em 11 de maio, em Nápoles, a frota de guerra encena uma revista naval nas águas do golfo em presença do rei e de Mussolini; no dia 22, em Berlim, Mussolini firma com Hitler uma aliança militar, o Pacto de Aço. É a primavera de 1939, e por toda parte começa a florescer o aço.

    Os supostos restos de Giacomo Leopardi – cujo cadáver distorcido, na verdade, provavelmente foi atirado numa vala comum no cemitério de Fontanelle – são transladados para o parque Virgiliano. A urna vazia é acompanhada por um cortejo solene em que despontam os estandartes de todas as universidades. O acadêmico italiano Giovanni Papini apresenta a sua oração afirmando que a Itália prenunciada pelo grande poeta é a de Mussolini, porque o fascismo significa a revanche dos poetas. Nessa tardia e falsa primavera de 1939, até Giacomo Leopardi se tornou fascista.

OS SCURATI
Milão, 1936-1939

O fascismo é uma coisa normal. Para um menino nascido em Cusano Milanino em 1933, o fascismo é uma coisa normal. Se vir um camisa-negra pela rua, não presta atenção, porque os vê desde que tem memória.

E é por esse motivo que Luigi Scurati, nascido justamente em Cusano Milanino em 1933, convidado a recordar os seus primeiros anos de vida, afirma não ter nenhuma lembrança: porque, para os meninos como ele, "o fascismo era uma coisa normal".

Sim, sem dúvida, ele nos diz que os Scurati tiveram naqueles anos alguns problemas na família. O avô Enrico, depois da morte precoce da primeira esposa, se casara outra vez, agora com uma mulher ruim, uma megera, que lhe dera mais dois filhos, Benvenuto e Angelo, que, influenciados pela ruindade da mãe – e pela do século, ou, talvez, apenas pela sua normalidade –, cresceram fascistas. Essa mulher ruim começara a fazer guerra aos filhos do primeiro leito do marido e se obstinara especialmente contra Antonio e a sua esposa, Angela, a tal ponto que, quando Antonio assumiu por 13 mil liras a papelaria do tio Luigi, o tio corcunda – já incapaz de administrar a pequena loja devido ao avanço da sua já avançada e devastadora escoliose –, a megera os acusara de serem aproveitadores e, depois, até os denunciara aos homens da Milícia. Por esse motivo, quando após a Libertação viriam a ser abertos os arquivos da polícia política fascista, nas listas dos indivíduos a serem deportados para os campos de concentração iria aparecer o nome de Antonio Scurati.

Luigi nos conta essas coisas sobre o pai enquanto se esforça em lembrar a sua infância nos anos 1930, sob o fascismo, mas não são verdadeiras lembranças. São memórias póstumas, histórias que lhe contaram quando adulto, como ele mesmo admite prontamente.

Há também um episódio memorável ligado às mirabolantes campanhas patrióticas desencadeadas pelo regime. Ao que parece, as professoras pediram ao pequeno Luigi e a todos os seus colegas que doassem lã à pátria, mas o seu pai, Antonio, se recusara (evidentemente, não concordava com o economista Giorgio Mortara, o qual, na época das sanções econômicas para a agressão à Etiópia, sugeriu que se remediasse a escassez de lã esvaziando os colchões das famílias italianas, convencido de que "o eventual sacrifício da maciez do descanso pessoal não será grave para quem doou filhos, ouro e suas poupanças para a Pátria"). Luigi, então, se apresenta na escola de mãos vazias. Nos corredores, o menino cruza com um monte de lã já recebida e, sem ser visto, ali afunda os braços. Assim, é publicamente elogiado por essa generosa doação patriótica. O pai, porém, quando o vê desfilando triunfante na primeira fila entre os *balilla*, portando uma espingarda de brinquedo, fica contrariado e, vociferante, repreende a mãe. Naquele instante e dessa forma, o pequeno Luigi tem a primeira e embrionária consciência do fato de que o fascismo, no fim das contas, não era totalmente normal.

Mas, em 1936, Luigi era pequeno demais para fazer algo do gênero, e o consenso em relação ao regime, forte demais para que o seu pai pudesse recriminá-lo em público. Provavelmente essa também é uma falsa lembrança, ou melhor, mal datada. É mais verossímil que remonte às campanhas de arrecadação de lã, ferro, cobre e outros metais realizadas pelo regime durante a guerra mundial.

Da sua infância nos anos 1930, restaram a Luigi, a bem dizer, apenas algumas sombras e algum ídolo do futebol: a escola maternal, os meninos separados das meninas, as tardes lisérgicas em que se dormia com a cabeça apoiada na carteira, a freira irmã Melania, a ênfase patriótica, as copas das castanheiras altas no pátio, o jogo de pião, a queimada, as partidas de futebol no pátio do clube no número 45, Borel II e a Juventus dos cinco títulos seguidos, a grande Internazionale de Meazza, Bobbio, Ceriani e Zanterain.

Sombras confusas, anacronismos, amnésias, falsas lembranças, litanias de heróis, ecos de façanhas realizadas por divindades remotas. Nada mais. Luigi sabe disso. E admite: a memória da minha vida começa com a guerra.

VI

Em 31 de agosto de 1939, Adolf Hitler ordena que as tropas de prontidão ao longo da fronteira invadam a Polônia. Com essa ordem – executada às 4h45 do dia seguinte –, desencadeia-se a Segunda Guerra Mundial.

Ao alvorecer de 1º de setembro, ao longo da fronteira polonesa, a Alemanha mobiliza 53 das 96 divisões de que dispõe. A infantaria, armada em sua maioria com fuzis Mauser Karabiner 98k, conta com 35 divisões, das quais quatro motorizadas, três divisões de montanha e mais outras unidades menores, como guardas de fronteira e paramilitares; em apoio à infantaria, acompanha-a uma antiga brigada de cavalaria. Ao lado dos soldados alemães, porém, é o futuro que combate.

Os poetas de Berlim cunharam uma palavra nova, "guerra-relâmpago" (*blitzkrieg*): designa o uso conjunto e devastador de tanques, aviões e radiocomunicações, as novas forças tecnológicas que a modernidade pôs à disposição da violência hiperbólica. Após a destruição aérea das linhas de comunicação, os tanques atravessarão as linhas inimigas já devastadas pela artilharia e pelos bombardeiros de mergulho. Somente então, penetrando em profundidade na esteira dos meios de assalto, chega a infantaria cercando as unidades inimigas. Para esse efeito, na manhã de 1º de setembro de 1939 na frente de batalha oriental, os alemães lançam ao ataque seis divisões blindadas, cada uma composta por 228 *panzer*, e a Luftwaffe põe em voo 2.695 aviões: 771 caças, 408 Zerstörer, 336 bombardeiros de mergulho, 1.180 bombardeiros de altitude elevada.

O Exército polonês, comandado pelo marechal Edward Rydz-Śmigły, em 1º de setembro posiciona seis armadas e um corpo de armada num total de 950 mil homens. Mas não dispõe de nenhuma divisão blindada e utiliza umas poucas centenas de caças obsoletos. Em compensação, ostenta ainda catorze brigadas daqueles soldados a cavalo que, por séculos, defenderam o flanco oriental do Ocidente.

O plano alemão *Fall Weiß*, ou "Operação Branca", idealizado pelo general Franz Halder, se baseia na nova doutrina da "guerra móvel", ou guerra de movimento: ação conjunta de forças blindadas e aéreas que permitam um rápido avanço em direção à capital, deixando às costas a maior parte do destacamento polonês, a seguir cercado e destruído pela infantaria. As próprias planícies ocidentais fazem da Polônia a cobaia perfeita para experimentar o novo conceito de guerra. O plano de defesa polonês, o chamado plano Zachód, ou plano Oeste, prevê a disponibilização da quase totalidade do exército perto das fronteiras com a Alemanha. Os poloneses apostam na intervenção imediata dos aliados franceses e ingleses em seu socorro, pelo lado oeste. O plano alemão dá certo, o polonês fracassa.

Às 4h45, as artilharias abrem fogo contra os objetivos preestabelecidos e os aviões se lançam sobre os alvos designados. Ao mesmo tempo, as divisões blindadas alemãs, seguidas pela infantaria, começam a avançar do norte e do sul. Já em 2 de setembro, segundo dia de guerra, a pinça na base do corredor se fecha sobre os poloneses. Duas divisões inteiras de infantaria e uma brigada de cavalaria, pertencentes à armada da Pomerânia, são esmagadas: somente algumas unidades da brigada de cavalaria Pomorska tentam escapar do cerco, lançando-se num desesperado contra-ataque aos tanques de guerra do XIX Corpo Blindado. Na floresta de Tuchola, sob os pinheiros silvestres, os soldados a cavalo são aniquilados.

O governo polonês lança um apelo aos Aliados para que mantenham o seu compromisso de entrar em guerra contra os alemães. As potências ocidentais hesitam: o seu único gesto nesse primeiro dia de guerra será uma "advertência à Alemanha". O avanço da Wehrmacht, acompanhada pelas unidades Waffen-ss, prossegue a um ritmo de setenta quilômetros por dia. Em uma semana, a capital é sitiada.

Em 10 de setembro, a 4ª Divisão Blindada e a 12ª Divisão de Infantaria começam a avançar dentro do perímetro de Varsóvia, atravessando os dois bairros de Wola e Ochota. Enquanto as divisões alemãs abrem caminho nos bairros periféricos a oeste, em 12 de setembro a 3ª Armada, proveniente do norte, penetra nas linhas defensivas da cidade no rio Narew. As divisões de cavalaria polonesa, comandadas pelo general Władysław Anders, investem contra os *panzer* alemães. De novo homens a galope contra os tanques de guerra, de novo sua aniquilação total.

A Polônia, baluarte do Ocidente, é demolida a oeste. A leste, o inimigo ancestral fareja o seu sangue. Depois da ordem soviética para a mobilização geral em 11 de setembro, no dia 17 o embaixador polonês em Moscou é convocado às 15 horas pelo ministro do Exterior soviético, Vjačeslav Mikhailovich Molotov, o qual informa que o governo polonês deixou de existir. Molotov manifesta preocupação pela sorte dos habitantes da Bielorrússia e da Ucrânia, que a União Soviética pretende proteger. Nesse mesmo momento, as tropas do Exército Vermelho já estão atravessando as fronteiras orientais da Polônia. Enquanto a Polônia é desfigurada por uma tempestade de golpes desferidos frontalmente pelos alemães, os russos a atingem na nuca para repartir o cadáver. Nenhuma intervenção ou declaração de guerra dos Aliados em relação à União Soviética.

A população civil de Varsóvia é maciçamente bombardeada do céu, as colunas de refugiados são bombardeadas do céu, as unidades das Waffen-ss fuzilam em massa os prisioneiros. Cento e cinquenta mil poloneses civis são massacrados em poucos dias pelos alemães, 250 mil judeus poloneses caem vítimas, na orgia geral, dos pogroms desencadeados por outros poloneses. Nos dois anos seguintes, nos territórios ocupados pelos russos, 1,8 milhão de ex-cidadãos poloneses encontrarão a morte ou a deportação.

Em 27 de setembro de 1939, o general Kutrzeba entrega Varsóvia nas mãos do general Blaskowitz, que a recebe em nome de Adolf Hitler, Führer dos alemães. Os alemães erguerão no centro da cidade um muro em que 40% da população ficará encerrada, quase um habitante a cada dois. Quando o gueto de Varsóvia se insurgir, será liquidado. Depois, quando Varsóvia inteira se insurgir,

Adolf Hitler ordenará a sua destruição. Oitenta por cento de todas as edificações serão deliberadamente arrasadas. Quatro edifícios em cinco.

Aí está, pois, o cadastro imobiliário da Segunda Guerra Mundial.

Em setembro de 1939, enquanto Hitler invade a Polônia, Leone Ginzburg publica as *Rimas*, de Dante Alighieri, na nova edição organizada por Gianfranco Contini. Ao publicar esse volume, ele inaugura a "Nuova raccolta dei classici italiani annotati".

As Rimas é um livro que Dante jamais escreveu. Com efeito, não se trata de um cancioneiro construído pelo poeta segundo um projeto, e sim de um conjunto de poemas díspares e dispersos, compostos por Dante ao longo de toda a vida, reunidos e ordenados pelos críticos modernos séculos depois da sua morte. Gianfranco Contini os reúne e os ordena seguindo um critério e um método novos. O grande filólogo não se detém apenas na obra concluída, mas também analisa todas as edições anteriores, as correções dos manuscritos, as reconsiderações das quais os autores eventualmente tenham deixado traços na papelada. O filólogo, na sua milimétrica exploração, não se deixa seduzir por nenhuma ideia abstrata, por nenhuma sereia psicológica. Tem diante de si um horizonte desimpedido, aberto e fechado ao mesmo tempo, no qual se mostram apenas o texto, as suas variações, o seu nascimento e renascimento. Dessa forma, reunindo e ordenando as rimas de uma vida, Contini redesenha a existência inteira de Dante, da juventude aos anos maduros do exílio, passando do ímpeto admirado das primeiras canções, em que o poeta canta com ternura a amada num solitário sonho de pureza espiritual, até as últimas, em que a mulher se transforma em pedra numa terra desolada.

Quanto às edições precedentes, Contini procura respeitar a ordem cronológica. Trabalha por subtração e negação. Acolhe somente as rimas "extravagantes", aquelas não incluídas por Dante em outras obras com início e fim. Depois o filólogo coloca todos os poemas de atribuição dúbia num corpo à parte. Disso resulta uma coletânea do que estava disperso, um livro de extravios. Mas é isso o que Contini quer, a sua ideia de Dante. Dante, na sua visão, é um experimentador constante, a sua descontinuidade estilística atesta um processo de inquietude permanente, a sua vida de exílio perene. Dante fala todas as línguas, não apenas uma; não nasce poeta, torna-se um.

A coleção que Ginzburg tanto preza, cuja direção confiou a Santorre Debenedetti, o seu mestre e padrinho de casamento, não poderia estrear de melhor maneira (embora nem ele nem Debenedetti possam assiná-la, por serem ambos judeus). O projeto da coleção consiste, de fato, em colocar à disposição dos leitores do tempo presente uma série comentada, ordenada, legível de "textos canônicos da nossa tradição humanística". O objetivo deste último paciente trabalho é, em suma, bastante simples: Leone Ginzburg quer que o leitor de 1939 saiba que o passado inteiro não nos esqueceu.

As *Rimas* de Dante, uma autêntica enciclopédia de estilos diversos, são perfeitas para essa finalidade: Dante é o único homem que, no momento da sua morte, ocorrida em 1321, fora capaz de recapitular o passado inteiro na sua obra e, ao mesmo tempo, fazer com que nunca mais fosse o mesmo. Há de tudo ali dentro: os autores clássicos e os sábios cristãos, os poetas de língua vulgar e os latinos, os poemas de amor e os romances em prosa, a Bíblia e as gestas dos paladinos da França. O projeto de Leone Ginzburg, portanto, dá certo.

 Assim, enquanto os bosques da Polônia e da Europa se preparam para receber milhões de mortos, Ginzburg e a sua gente não desistem de acreditar que é possível viver com os mortos. Que é possível estabelecer uma comunhão com os defuntos, que a herança deixada pelo homem ao homem não é, no fundo, igual a nada. Eis o projeto editorial de Leone Ginzburg: a simples ideia de que tudo o que os pais, e os pais dos pais, fizeram de bom, bonito e correto não seria em vão, pois chega até nós. Uma tentativa de estabelecer uma comunhão de vida entre os vivos e os mortos. E mesmo entre os mortos, os vivos e os ainda não nascidos. Um sentimento de amizade, de consentaneidade, de irmandade em relação ao leitor desconhecido de um tempo ainda não criado. É isso o que está em jogo. Esse patético, grandioso amor, não tanto pelo próximo quanto pela vida estrangeira, distante, especialmente pela vida por vir. O presente tomado entre dois fogos, o passado e o futuro. Uma manobra de pinça.

Sim, porque, se pensarmos bem, 1939 para Leone Ginzburg não é o ano em que começa a Segunda Guerra. É o ano em que se torna pai.

 Em 1º de setembro, Hitler também invadirá a Polônia, mas em 15 de abril Natalia e Leone deixaram de ser um casal e se tornaram uma família. Geraram, de fato, o seu primeiro filho. Nasceu em Turim, nasceu saudável, e deram-lhe o nome de Carlo.

Carlo, portanto, tem apenas cinco meses quando o Exército alemão invade a Polônia, treze quando invadem os Países Baixos, a Bélgica e a França, e catorze quando a Itália, em 10 de junho de 1940, entra na guerra.

Juntos com a amiga em comum Marisa Diena, no apartamento onde moram na via Pallamaglio, que pertence à família Levi, Leone e Natalia receberam pelo rádio a declaração de guerra.

Mas, por mais que se esgoele, Mussolini, o aliado de Hitler, não consegue nem mesmo nesse ano se pôr à frente. Dois meses antes, de fato, em 9 de abril, a quase doze meses exatos de distância do primeiro, Natalia e Leone geraram o segundo filho. Chama-se Andrea, também nasceu em Turim e também nasceu saudável. Carlo e Andrea, irmãos, nascidos entre abril de 1939 e abril de 1940, trazem a resposta sem protocolos de Leone e Natalia Ginzburg às declarações de guerra. A única que importa diante do futuro.

OS SCURATI
Milão, 1940

Combatentes de terra, mar e ar!

O maxilar do *duce* declarou a guerra. E, por esse motivo, Luigi Scurati, que completará sete anos daqui a um mês, agora corre.

Camisas-negras da revolução e das legiões! Homens e mulheres da Itália, do Império e do reino da Albânia... Ouçam!

A voz metálica de Benito Mussolini, pai de todos os italianos, pelos alto-falantes da rádio Marelli cravados no concreto dos quarteirões populares, também chamou a atenção daquele menino. E Luigi o ouviu, petrificado. Por isso agora corre.

Uma hora marcada pelo destino soa no céu da nossa pátria. A hora das decisões irre-vo-gá-veis! A declaração de guerra já foi entregue...

A essa altura, Luigino já se mexera. Nem precisou saber a que embaixadores de quais países a declaração tinha sido entregue. Chamando com um gesto Franco Diani, conhecido como "Franco-Amelia" a partir do nome da sua mãe, de sete anos como ele, Luigi foi até o centro do pátio das casas da cooperativa da via Adige, 45, e começou a soltar os músculos como vira os rapazes mais velhos fazerem antes do torneio de futebol do Clubinho. Agora, soltos os músculos, ele corre.

Desçamos em campo contra as democracias plutocráticas e reacionárias do Ocidente...

Luigi Scurati, filho de Antonio, corre para se preparar e estar pronto para o *duce*, pai de todos os italianos. Depois de ter ocupado o centro do campo dos seus jogos de infância, logo o abandonou pela circunferência mais ampla. E agora corre ali, com aquele andar humano e animal composto por uma sucessão de pequenos saltos. Inicialmente o pé fica em contato com o terreno, mas depois se solta do chão junto com todo o corpo. Luigi entra então na fase de voo.

... *Pois um grande povo é verdadeiramente grande se considera sagrados os seus compromissos e não foge às provas supremas que determinam o curso da história!*

A voz dos alto-falantes continua a enfeitiçar os vazios do pátio deserto e emudecido. Não há ninguém com Luigi além de Franco-Amelia, mas não tem importância. Os rugidos da multidão que pontuam o discurso de guerra são postiços, mas Luigi ignora e corre. As pausas, as retomadas daquela voz dão o ritmo à sua corrida. Luigi exercita os músculos respiratórios. Os intercostais, os escalenos e os do diafragma aumentam a cada dois passos o volume da sua pequena e infantil caixa torácica de menino. Os pulmões então se expandem. A pressão atmosférica dentro deles diminui. Todos respondem a uma necessidade primária de oxigênio.

... *Pois um povo de 45 milhões de almas não é realmente livre se não tem livre acesso ao oceano!*

Luigi corre, o ar entra e sai dos pulmões, a pressão sobe e diminui, o oxigênio aumenta, o gás carbônico escasseia – aquele é o volume pulmonar –, Luigi toma ar, inspira e expira com dificuldade.

É a luta dos povos pobres e numerosos de braços contra os causadores da fome...

O corredor tem fome de ar, mas continua a corrida. Deve se preparar e estar pronto, deve tomar mais ar, mais ar, expandir o volume pulmonar, vencer o limite do esforço.

É a luta dos povos jovens e fecundos...

É noite, a hora em que o seu pai volta de bicicleta da fábrica, mas é uma noite morna de início de verão. Luigi sente a camiseta se impregnar de suor, e também os calções de menino que usa mesmo no inverno.

A nossa vontade queimou os barcos às nossas costas...

Luigi acelera a respiração, agora inspira e expira quase a cada passo, mas envida o máximo esforço: inclina-se para frente, encurva os ombros, afunda a cabeça no pescoço esperando que a pronação ajude na corrida. Esfalfa-se.

... Segundo as leis da moral fascista, quando se tem um amigo, marcha-se com ele até o fim.

Luigi se vira para Franco-Amelia. O amiguinho também está diminuindo o passo. Diminuindo, ambos sentem uma pontada abaixo do peito, à direita. O baço e o fígado doem, comprimidos. Os meninos param.

Essa corrida no pátio ficará como a primeira lembrança nítida da infância. Com aquela morna noite de junho de 1940, Luigi Scurati inaugura a memória da sua vida.

ÉPOCA DE GUERRA
1940

18 de maio de 1940. "Até logo, caro senador. Quer-se ainda crer num porvir humano."

Com essas palavras, Leone Ginzburg conclui a sua carta de 18 de maio de 1940 a Benedetto Croce.

No parágrafo anterior, despedindo-se, Leone expressa preocupação pela sorte do sogro, o professor Giuseppe Levi, que se refugiou em Liège depois das leis raciais e de quem não se tem mais notícias. Em 10 de maio, de fato, Hitler invadiu a Bélgica, violando a sua neutralidade e dando início à "Operação Amarela", o ataque a ocidente.

Atacado pelas divisões blindadas e pelos paraquedistas alemães que visam a França, o frágil Exército belga foi esmagado em poucas horas. Já em 15 de maio, os belgas abandonam a luta. Na noite anterior, a cidade fluvial holandesa de Roterdã, para onde se retirara boa parte do Exército a fim de tentar uma última resistência, é incinerada por 96 toneladas de bombas lançadas por aviões alemães. O supérfluo bombardeio se desencadeia, embora o coronel Pieter Scharroo, comandante da praça militar de Roterdã, já esteja tratando a rendição.

Ginzburg se despede de Croce porque se prepara para partir. A revogação da cidadania italiana lhe fora notificada em 4 de fevereiro do ano anterior. No mês seguinte, a prefeitura de Turim destacara a urgência de afastar Leone Ginzburg, considerado "pessoa perigosa para a segurança do Estado" e "estrangeiro indesejado de origem russa e antifascista". Em setembro, fora-lhe oferecida uma carteira de identidade que lhe permitiria fugir para os Estados Unidos. Leone a recusara. Condenado ao degredo, agora se prepara para deixar sua casa junto com outros 13 mil confinados políticos.

10 de junho de 1940. Às 18 horas, da sacada da piazza Venezia em Roma, diante de uma multidão atônita, Benito Mussolini, movido pela aliança com Hitler, pela ideologia totalitária e pelas manias de potência, mesmo ciente do despreparo do Exército, anuncia a "entrada em campo" da Itália declarando guerra à Inglaterra e à França. Na mensagem em que comunica a Hitler a intervenção italiana, o *duce* expressa o desejo "de ver pelo menos uma representação do Exército italiano combater junto com os seus soldados para selar no campo a fraternidade de armas e a camaradagem das nossas revoluções. Se aceitar essa proposta, enviarei alguns regimentos de *bersaglieri*". Hitler declina a oferta.

Galeazzo Ciano, genro do ditador e ministro do Exterior, anota no seu diário: "A notícia da guerra não surpreendeu ninguém e não despertou nenhum entusiasmo especial. Estou triste, muito triste. A aventura começa". Franklin Delano Roosevelt, presidente dos Estados Unidos, declara: "Hoje, 10 de junho de 1940, a mão que segurava o punhal cravou-o nas costas do vizinho". Nessa data, de fato, a França, que a Itália se prepara para "apunhalar pelas costas", já está de joelhos. Em poucos dias, a cunha blindada das *Panzer-Divisionen* alemãs, guiadas pelos generais Von Kleist e Guderian, abrindo caminho pela floresta das Ardennes, desbaratou as defesas conjuntas de franceses e ingleses. Os franceses, abandonada a linha Maginot, recuam para o Loire.

Luigi Scurati, sete anos em julho, arrebatado pelo entusiasmo, corre no pátio das casas populares de Cusano Milanino.

11 de junho de 1940. Bombardeiros ingleses modelo Whitley decolam das bases ao longo da Mancha, realizam a primeira incursão aérea sobre Turim. Bombas de pequena potência causam a morte de dezessete pessoas e ferem outras quarenta. Primeira noite de guerra, primeira incursão sobre uma cidade italiana. A sirene antiaérea uiva com o bombardeio já iniciado. "A cidade", lê-se no diário do comando inglês, "quando a esquadrilha chega para bombardeá-la, estava completamente iluminada, como em tempo de paz."

13 de junho de 1940. "Querida Tia, estou aqui desde hoje cedo e terei de ficar, salvo ordem em contrário, até o final da guerra. O lugar é bonito e acolhedor, e estou instalado bastante bem. Espero que você tenha notícias da mamãe, mesmo depois do bombardeio de Turim anunciado hoje de manhã." Assim começa a primeira carta do degredo de Leone Ginzburg. É dirigida a Maria Segrè, a babá que lhe serviu de mãe durante a infância e que, desde então, Leone chama de "tia". O lugar "bonito e acolhedor" a que se refere é Pizzoli, um vilarejo de pedreiros perdido entre as montanhas do Abruzzo, nas proximidades de L'Aquila, onde as mulheres "perdem os dentes aos trinta anos, pelo esforço e pela alimentação ruim, pelas estafas dos partos e das amamentações que se sucedem sem cessar". Com a habitual autodisciplina, Leone se assenta adaptando-se à solidão, ao isolamento, ao exílio.

Numa nota autobiográfica, escrita de próprio punho e que lhe é exigida na chegada à delegacia de L'Aquila, lê-se: "Leone Ginzburg, nascido em Odessa em 1909; residente estavelmente na Itália desde 1914; cidadão italiano por decreto real desde 1932; privado da cidadania pela lei racial de 1939. Excluído do ensino universitário pela falta de juramento de lealdade ao fascismo (livre-docente na faculdade de Letras de Turim) em 1934. Preso e condenado a quatro anos por antifascismo pelo tribunal especial em 6 de novembro de 1934. Internado na eclosão da presente guerra (internamento político)". Nenhuma omissão, nenhuma concessão, nenhuma divagação. Uma vida de coerência resumida em poucas linhas.

14 de junho de 1940. No dia seguinte à chegada de Leone a Pizzoli, às 5h30 da manhã, os alemães, passando pela Porte de la Villette, entram em Paris. No dia seguinte, todos os relógios da cidade são adiantados em uma hora para se adequar ao horário de Berlim.

15 de junho de 1940. À 1h48 da madrugada, alarme aéreo sobre Milão. Uma esquadrilha de bimotores Armstrong Whitworth Whitley do Bomber Command inglês irrompe sobre a cidade. Diversos edifícios destruídos, alguns feridos e primeira vítima dos bombardeios. Em Milão, como em Turim, começa-se a contar os civis mortos sob as bombas, e, no entanto, nenhum soldado italiano disparou ainda um único tiro ao lado dos alemães "para selar no campo a fraternidade de armas e a camaradagem das nossas revoluções", como sonhava Mussolini.

16 de junho de 1940. Às 10h30, hora de Berlim e de Paris, os nazistas desfilam em passo de ganso sob o Arco do Triunfo.

17 de junho de 1940. "Querendo levar a cabo as revisões dos volumes de Dostoiévski e de Thiess, que sei serem urgentes para a sua Editora, comunico-lhe o meu endereço atual." Do corso Sallustio, 155, em Pizzoli (L'Aquila), Leone envia a primeira carta à "Exma. Direção da Casa Editorial Einaudi de Turim". Seguir-se-ão centenas delas. À distância, pelo correio, embora excluído do mundo, Leone retoma o trabalho. Por anos, enviará constantemente rascunhos corrigidos, traduções revistas, índices compilados, novas traduções feitas por ele, introduções a livros aos seus cuidados.

20 de junho de 1940. Enquanto as diplomacias já preparam o texto do armistício entre a França e a Alemanha, as Forças Armadas italianas lançam uma ofensiva militar nos Alpes contra os "primos transalpinos". É a "punhalada nas costas". O ataque italiano, substancialmente, fracassa. Dois dias depois, o general Charles Huntziger assina a rendição da França à Alemanha. Rendição incondicional.

29 de junho de 1940. "Querida mãe, não se preocupe comigo no caso de não poder vir me visitar agora. Estou bem e levo uma vida muito saudável: durmo muito e como coisas simples [...]. Até mais, querida mãe, sei que você sempre pensa em mim, mas não pense com muita tristeza! E não se esqueça de que há gente que está muito pior do que nós. Um grande beijo." Primeira mensagem enviada de Pizzoli à mãe, Vera. Passaram-se mais de vinte anos e, de novo, a mãe não pode ir visitar Leone. Mais uma guerra, uma separação, uma carta.

3 de julho de 1940. "Todo este falatório de revoluções, esta mania de ver o despontar de acontecimentos *históricos*, estas atitudes monumentais, são consequência da nossa saturação de historicismo, em função da qual, acostumados a tratarmos os séculos como páginas de um livro, pretendemos ouvir em cada zurro de asno o estrilo do futuro." Assim Cesare Pavese, lúcido e cortante, anota em seu diário. Escreve na nova sede da editora Einaudi, que se mudou da via Arcivescovado para a via Mario Gioda, fundador do Fascio de Turim. A mesa ao seu lado está vazia.

10 de julho de 1940. Tem início a campanha aérea alemã contra a Grã-Bretanha. Nas intenções de Hitler, ela deveria levar à invasão por mar ou à capitulação. Hitler quer os ingleses fora da guerra para poder se voltar a leste, contra os russos. Será a primeira grande campanha bélica travada inteiramente por forças aéreas e terá o nome de "Batalha da Inglaterra", a partir de um dos tantos célebres discursos de Winston Churchill, primeiro-ministro britânico, o qual, duas semanas antes, havia declarado: "A batalha da França está concluída. Estou à espera de que agora comece a batalha da Inglaterra".

Dois anos antes, regressando da conferência de Munique, onde representantes de todas as democracias tinham vergonhosamente avalizado a anexação da Tchecoslováquia por Hitler, na ilusão de não precisar combatê-lo, Churchill, favorável a deter imediatamente os nazistas, havia trovejado diante do Parlamento inglês, em outro dos seus célebres discursos: "Vocês tinham de escolher entre a desonra e a guerra. Escolheram a desonra. Terão a guerra". O grande estadista inglês, racista, misógino e alcoolizado, estava duplamente certo.

Julho de 1940. Mussolini mobiliza outras tropas planejando uma ofensiva na África. No pátio das casas populares de Cusano Milanino, o pequeno Luigi Scurati assiste ao pranto de um recruta. Conhece-o bem – no pátio todos se conhecem –, é um rapaz esperto, um dos astros da seleção de futebol do Clubinho. O astro chora desesperadamente no colo da mãe. Poucos dias depois, a tragédia atinge o pátio. Outro associado, também de vinte anos, se furta à obrigação do alistamento. Os carabineiros revistam a casa dos pais. Dois dias depois, corre a notícia de que foi encontrado um cadáver num banco em Milão. Morreu "do coração", vociferam. Luigi começa a duvidar da guerra.

19 de julho de 1940. Enésima oferta de paz de Adolf Hitler a Winston Churchill. Churchill não vacila. Enésima recusa.

7 de agosto de 1940. Leone escreve ao Exmo. Ministério do Interior, Direção-Geral da Segurança Pública em Roma: "O abaixo assinado, prof. Leone Ginzburg, interno em Pizzoli (L'Aquila), pede que lhe seja concedido que a ele se reúnam a esposa, Natalia Levi de Giuseppe, e Lidia Tanzi, residente em Turim e atualmente morando em Gignese (Novara) (domicílio: via Pallamaglio, 15 – Turim). Respeitosamente. Leone Ginzburg".

Agosto de 1940. Marussia, irmã de Leone, também é enviada para o degredo no Abruzzo. Estabelece-se com a mãe em Orsogna, um vilarejo assolado pelos terremotos entre as montanhas na província de Chieti. Tommaso Fiore, um dos líderes do antifascismo da Itália meridional, já companheiro de Leone no movimento conspirador da Justiça e Liberdade, também degredado naquela zona, consegue transferência para Orsogna, para ficar perto das duas mulheres.

13 de agosto de 1940. Na África Oriental tem início o ataque italiano contra a Somália britânica. Mussolini pretende expandir o império.

7 de setembro de 1940. Uma esquadrilha de Heinkel He 111 bombardeia Londres pela primeira vez. O mundo fica estarrecido.

Até então, devido à valorosa oposição da Royal Air Force britânica, que desde o início dos embates lança os seus pilotos de caça para dispersar todas as sucessivas ondas de bombardeiros alemães, e ao seu formidável sistema de avistamento e inteligência, a ofensiva alemã não conseguiu criar os três dias de supremacia aérea necessários para a invasão pelo mar. As defesas inglesas, porém, estão a ponto de ceder. Serão salvas justamente pelo redirecionamento das incursões para o ataque às cidades.

Na verdade, o primeiro bombardeio de Londres se dá por um erro cometido por duas tripulações fora de rota. Hitler, com efeito, proibira que atingissem a cidade. Churchill, por sua vez, ordena imediatamente que a Aeronáutica inglesa, em represália, bombardeie Berlim e se gaba publicamente – "Não pretendemos nos desculpar. Pelo contrário, temos orgulho em anunciar a grande notícia: a RAF bombardeou Berlim" –, e aproveita o ensejo para eliminar a proibição de bombardear civis. A doutrina do chamado *moral bombing*, visando quebrar a vontade de resistência do inimigo atingindo a sua população civil indefesa, abre caminho. Nas semanas seguintes, os londrinos sofrerão centenas de incursões aéreas. Mas tampouco a população civil cederá ao terror. O sistema de defesas costeiro, enquanto isso, tem tempo de se reorganizar. Em 19 de setembro, Hitler desiste de invadir a Inglaterra.

13 de setembro de 1940. Inicia-se a ofensiva militar italiana no Egito a partir das bases na Líbia. Os soldados italianos, quase desprovidos de corpos motorizados, seguem a pé pelas trilhas da Marmárica, uma terra árida, plana, desolada, uma planície uniforme e desnuda, pontilhada de depressões abaixo do nível do mar, afligida por um clima mortífero, perdida a leste na imensidão do deserto. Mussolini quer um império ilimitado, que chegue até o canal de Suez, e talvez ainda além.

13 de outubro de 1940. Os familiares de Leone chegam a Pizzoli. Natalia, Leone, os pequenos Carlo e Andrea se acomodam numa casa no vilarejo. Às suas costas se estendem os campos e as colinas baixas, nuas, fustigadas pelo vento. Todas as noites, marido e mulher fazem um passeio de braços dados. Como Leone está proibido de entrar nos campos, todos os dias refazem várias vezes, para frente e para trás, o mesmo percurso pelas poucas ruas da aldeia. Os aldeões saem à porta: "Passem bem", desejam eles. "Quando voltarão para casa?", vez ou outra alguém pergunta. "Quando terminar a guerra", responde Leone.

20 de outubro de 1940. "Os artistas interessam às mulheres não enquanto artistas, mas enquanto têm sucesso no mundo." Cesare Pavese, abalado pelo coice de uma enésima desilusão amorosa, afunda-se novamente nas suas crises de melancolia. As páginas do diário se enchem desse e de outros desdéns misóginos similares. A lucidez do julho anterior já se perdeu outra vez.

28 de outubro de 1940. No décimo oitavo aniversário da marcha sobre Roma, a Itália, partindo das bases na Albânia, ataca a Grécia. O ataque parece covarde e insensato. A pequena nação grega é comandada por um governo pró-fascista e, no plano estratégico, a invasão só pode se mostrar contraproducente, pois permitirá que os ingleses venham socorrer o país instalando-se no Mediterrâneo setentrional. Os altos membros do partido, porém, envergam o uniforme militar e disputam um cargo honorífico nas retaguardas da frente de batalha. Crendo-se capazes de imitarem o exemplo da irresistível máquina de guerra alemã, imaginam que, em poucas semanas, desfilarão triunfalmente em Atenas. A única preocupação de Galeazzo Ciano é que "os veículos italianos dispusessem do combustível necessário para alcançar Tessalônica em 24 horas".

1º de novembro de 1940. Primeiro ataque sobre Nápoles. Serão mais de duzentos. Atingidos o porto, a zona industrial oriental, os Granili e San Giovanni a Teduccio e, a oeste, Bagnoli e Pozzuoli.

A família Ferrieri recebe os bombardeiros ingleses enviados por Winston Churchill na nova residência na via Setembrini, 110, nas vielas atrás da via Duomo. É um antigo depósito no andar do subsolo, no pátio interno de um edifício, um único salão úmido, sem banheiro e sem janela, tendo apenas a porta de entrada. É o tipo de alojamento que, em Nápoles, chamam de "baixo". Os Ferrieri ali moram em sete: Peppino, Ida, os quatro filhos e a avó Aspasia. Há uma cama de casal onde marido e mulher dormem tendo ao meio a recém-nascida Maria, uma segunda cama onde dormem os três irmãos homens, e um leito de campanha onde dorme a avó. De manhã dobram o leito, trazem uma mesa, e ali se torna o local das refeições. Há também uma cômoda, um armário de três portas, um aparador, quatro cadeiras. Para ir ao banheiro, é preciso atravessar o pátio. Na área externa do edifício, uma cabine, onde também fica a guarita do porteiro, fornece aos Ferrieri um vaso sanitário e um lavabo. No canto, um tanque de pedra para lavar roupa. Por cima de tudo, uma corda e um lençol estendem um véu de pudicícia. No outro lado do pátio, um pequeno forno onde se acende um fogo de carvão e nele a vó Aspasia cozinha ao ar livre.

Aspasia também se incumbe de distribuir a correspondência, varrer o pátio, vigiar a entrada. Recebe um pequeno salário de porteira. Mas é Ida quem sustenta a família. Fez um curso de enfermeira na União Nacional de Proteção Antiaérea e circula pelas casas do bairro aplicando injeções. Foi treinada para reduzir a mortalidade decorrente de feridas infeccionadas, mas, por ora, distribui remédios, principalmente para pneumonia, broncopneumonia, infecções puerperais, blenorragia e sífilis. Bactérias da respiração, do parto, do sexo. Alguns tratamentos preveem uma injeção a cada três horas, e Ida, embora já tenha quatro filhos, muitas vezes precisa passar a noite fora de casa. Peppino se vira com as suas marionetes e trabalha nos serviços que consegue encontrar. A miséria, como se diz, é negra.

8 de dezembro de 1940. Na Grécia é o desastre. Depois de meros quatro dias, a ofensiva italiana é detida. Os gregos, avançando ao som de cornetas, partem então para a contraofensiva, obrigando os soldados dos Alpes Julianos, pouco equipados, mal armados e mal comandados, a recuarem para o território albanês. Em 6 de dezembro, esse fraco inimigo, que deveria ser varrido em 24 horas, ocupa a possessão italiana de Santi Quaranta. Dois dias depois, em 8 de dezembro, está em Argirocastro e ameaça lançar ao mar todo o exército invasor. A ilusão de poder conduzir com plena autonomia uma guerra paralela à do aliado alemão chega ao fim. Mussolini se humilha pedindo socorro a Hitler. A partir daí, também no plano militar, estará totalmente sujeito a ele.

10 de dezembro de 1940. "Um projeto de solução final." É o que Hitler, enquanto se prepara para socorrer Mussolini na Grécia, encarrega Reinhard Heydrich de elaborar para resolver "a questão judaica" na Europa governada pela Alemanha. A expressão é utilizada pela primeira vez nas notas preparadas por Eichmann para o discurso sobre a "limpeza", que Himmler deve apresentar em 10 de dezembro aos chefes do partido reunidos em Berlim. Eichmann estima que as deportações deverão abranger 5,8 milhões de judeus. As estimativas, à luz dos fatos, vão se revelar certeiras.

11 de dezembro de 1940. "Caro professor, os poetas sicilianos continuam na gaveta? Veja que não me esqueci da sua promessa de uma apresentação clara e sintética dos resultados a que chegou [...] eu também trouxe para cá todos os papéis e os livros manzonianos que me poderiam ser úteis, porém, nas duas vezes que peguei os papéis, não acrescentei nenhuma frase e nas já escritas corrigi algumas vírgulas. Mas talvez aqui o mais importante não sejam os estudos, e sim a paisagem tão civilizada que parece tirada de um quadro flamengo [...] e esta gente modesta e civilizada que é justamente o povo italiano de sempre." Aproximando-se o Natal, sob a neve e com os lobos às portas, Leone escreve de Pizzoli para Santore Debenedetti. É a carta de um estudioso a um outro estudioso, de um amigo a um amigo. Aos olhos de Himmler, aliado de pesadelo daquela "gente italiana modesta e civilizada", seria apenas a carta de um judeu a um outro judeu. Dois dos 5,8 milhões a serem deportados.

1941

3 de janeiro de 1941. O segundo ano de guerra se inicia para a Itália com a contraofensiva dos ingleses na Líbia. Atacam a localidade de Bardia. As defesas da praça-forte são quase imediatamente derrubadas. Em vinte dias os ingleses estarão em Tobruk.

Na Alemanha, os Afrika Korps começam a ser preparados para prestar socorro aos italianos. As cinco divisões treinam nos campos arenosos da Alta Silésia, semelhantes ao deserto cirenaico. Em 6 de fevereiro, o general Erwin Rommel é convocado por Hitler para receber o cargo de comandante. No mesmo dia, o Exército italiano do marechal Graziani é aniquilado pelos ingleses e australianos em Beda Fomm. A Cirenaica está perdida. Em fevereiro, as tropas alemãs a serem transferidas para a Líbia começarão a chegar ao território italiano.

Janeiro de 1941. Em Cusano Milanino, como no resto da Itália, a propaganda bélica do regime se intensifica proporcionalmente às suas derrotas militares. Luigi Scurati, no cinema do salão comunal da igreja, assiste com os pais a *Luciano Serra, piloto*, filme sobre a campanha da África premiado em Veneza em 1938 com a Taça Mussolini. O menino geralmente costuma dormir durante os filmes, mas, nesse caso, fica acordado até os créditos finais. Também levaram o pequeno Luigi para assistir a *O esquadrão branco*, um filme de 1936 que enaltece os feitos da cavalaria italiana nos desertos da Tripolitânia. Para assistir à projeção matinal no teatro da empresa Gerli, que conta também com piscina e clube recreativo com campos de bocha, basquete e tênis, vão pegar Luigi em casa. Naquela manhã, de fato, ele faltara à escola por causa de um abscesso dental. A lembrança das marchas em etapas forçadas do melancólico tenente Ludovici montado em lombo de camelo no deserto líbio ficará para Luigi sempre associada à dor de dente.

7 de janeiro de 1941. "Querida mãe, eu quis esperar o correio de hoje na esperança de que trouxesse alguma coisa sua: no entanto, nada de novo. Com a gripe que há por aí, estou realmente um pouco preocupado. Estamos bem, tirando o fato de que os meninos ficaram um pouco resfriados, principalmente Carlo." Leone se preocupa com as condições de saúde da mãe porque Vera teve uma pneumonia no Natal. Nos dias seguintes, autorizado pelo ministério, o filho pôde ir a Orsogna para cuidar dela. Lá restabeleceu as relações com Tommaso Fiore. As montanhas dos Abruzzi estão cobertas de neve.

8 de janeiro de 1941. Em Nápoles, o segundo ano de guerra também começa com um ataque aéreo. Destruição na zona do corso Lucci e do Borgo Loreto.

8 de fevereiro de 1941. "Meu caro Bindi, com atraso, e por uma sucinta lista do cartório de registro civil de Turim, eu soube da morte do seu pai. Fiquei profundamente triste, não só pela amizade que tenho por você, mas pelas inesquecíveis memórias da nossa adolescência e da primeira juventude [...]. São tantas as coisas que eu gostaria de saber: se ele esteve doente por muito tempo e de qual doença, se você estava em Turim, como vai a sua mãe e uma centena de outros detalhes que você pode imaginar. Mas estou muito longe, e as notícias me chegam atrasadas e de segunda mão." Assim escreve Leone a Norberto Bobbio ao ser informado sobre a morte do seu pai no inverno de 1941. Sabemos pela densa correspondência com a editora Einaudi que é um inverno de muito trabalho. Einaudi confia a Ginzburg a revisão das traduções do ensaio sobre Erasmo de Rotterdam escrito por Johan Huizinga, que nesse momento é prisioneiro dos nazistas na Bélgica, e de *O jogador*, de Dostoiévski. Leone trabalha com a minuciosa persistência habitual, não deixa de conferir frases, léxicos e grafias, não deixa de assinalar descuidos, erros de digitação, imprecisões a serem corrigidas. Einaudi elogia as suas qualidades de tradutor, mas protesta: "Entenda que nesses momentos, em que há uma grande escassez de mão de obra, as correções de provas, além de saírem extremamente caras, exigem o dobro ou o triplo do tempo normal". Leone dá mostras de se entristecer.

Quando Einaudi lhe pede para escrever o prefácio de *Os demônios*, Leone insiste no lado biográfico, apresentando Dostoiévski aos leitores italianos como um desenraizado que, longe da Rússia, "consumido pela nostalgia e oprimido pelo isolamento absoluto", mesmo lutando diariamente junto com a jovem esposa "com uma miséria humilhante e irreparável", não deixa de ler todos os dias, minuciosamente, os jornais russos, "no receio de que a prolongada ausência o impeça agora de interpretar com segurança os mil aspectos da existência cotidiana do país". Às vezes, e isso sabemos pelas memórias de Natalia, a nostalgia dos exilados para Ginzburg, assim como para Dostoiévski, "se faz aguda e amarga, até se tornar ódio".

A imobilidade dos campos nevados intensifica, ademais, a monotonia do degredo. Todos os dias às dez da manhã, Leone deve se apresentar ao quartel dos carabineiros para confirmar a sua presença; depois os Ginzburg acendem o seu aquecedor verde, com o cano comprido que atravessa o forro, reúnem-se todos "naquele aposento aquecido pela estufa, cozinham e comem, ali Leone escreve obstinadamente na grande mesa oval, ali as crianças espalham os brinquedos pelo chão". A mãe sai todos os dias com os pequenos Carlo e Andrea, leva-os para passear pelos campos brancos e desertos. As raras pessoas que encontra, acostumadas a abrigarem os filhos em casa durante todo o inverno, fitam com piedade os filhos dos degredados: "Que pecado cometeram essas pobres criaturas?", perguntam a ela.

Fevereiro de 1941. Na Polônia, no grande campo de prisioneiros de Auschwitz, os internos estão infestados de parasitas. Os prisioneiros encarregados da limpeza usam calçonas largas e máscaras antigas. Chacoalham as roupas e depois jogam no chão cristais de um poderoso inseticida fumigante chamado Zyklon Blausäure. "Depois de jogar os cristais, saíam, fechavam a porta e selavam as frestas com tiras de papel", relembrará Andrei Rablin, um deles. Era assim que, em Auschwitz, a princípio, se exterminavam os piolhos.

Março de 1941. Em toda a Itália passa-se fome. O país entrou em guerra sem dispor de reservas alimentares suficientes. O regime, contando com uma vitória fulminante, iludiu-se que poderia fazer frente à escassez racionando os gêneros de primeira necessidade por meio de um cartão de racionamento. Na verdade, desde os primeiros meses de guerra, os italianos dedicam boa parte do dia à busca frenética dos gêneros alimentícios que vão se escasseando. As mercadorias ficam escondidas, é preciso misturar batata cozida na farinha para o pão, o mercado negro se alastra.

Em Nápoles, Ida Izzo é presa por esconder salames e rolos de toucinho curado embaixo da cama de casal, para um açougueiro do mercado negro que lhe paga com cem gramas de banha, para poder nutrir os quatro filhos com um pouco de proteína animal. É presa no cárcere de Poggioreale. Sai depois de alguns dias, quando o marido Peppino se entrega no seu lugar. Na verdade, Peppino não só jamais teria a astúcia de se aventurar em tal comércio, mas, na sua ingenuidade, nunca se dera conta de nada. Ida foi solta graças ao envolvimento da sua prima Adelina e dos outros membros da família Civile.

Também em Milão as restrições alimentares se tornam severas. Antonio Scurati, como todos, é obrigado a recorrer sistematicamente ao mercado negro. Quando procura arroz, sobe na bicicleta e pedala na direção de Pavia. Quando precisa de carne, pedala na direção de Brianza.

Volta uma noite para casa com um frango embrulhado. A esposa, Angela, vai eviscerá-lo. As tripas da carcaça pululam de vermes. O pequeno Luigi, depois de assistir à cena, nunca mais comerá frango na vida.

11 de março de 1941. F. D. Roosevelt assina a lei sobre aluguéis e empréstimos que autoriza o empréstimo aos Aliados de suprimentos provenientes da indústria bélica americana. Thomas Mann, que é um importante intelectual alemão, expatriado na Inglaterra, envia pela BBC uma mensagem ao seu povo. Esclarece que, a partir desse momento, a Alemanha está em guerra com os Estados Unidos. "O que será de vocês?", adverte ele. "Se forem derrotados, a vingança do mundo inteiro se abaterá sobre vocês."

6 de abril de 1941. Na África Oriental, as tropas que tinham invadido as possessões inglesas foram facilmente sufocadas pela contraofensiva. Adis-Abeba, capital da Etiópia italiana, se rende ao major Orde Wingate, comandante da lendária Gideon Force, que entra montado na sela de um cavalo branco. Asmara já havia caído em 31 de março. Em 7 de abril cairá Massaua. O império de Mussolini se desvaneceu.

Em 5 de maio, Hailé Selassié, negus dos etíopes, retornará à sua capital, de onde só fora expulso cinco anos antes devido às tempestades de gás mostarda. Terá a oportunidade e o espírito para fazer um discurso de pacificação: "Nesse dia que nem os anjos do céu nem os homens na terra poderiam ter previsto, devo inexprimível gratidão ao Deus do amor, que me permitiu estar presente entre vocês [...]. Assim sendo, não retribuam o mal com o mal, não cometam nenhum ato de crueldade, como aqueles que o inimigo tem cometido contra nós até hoje".

14 de abril de 1941. "Nenhuma mulher faz um matrimônio de interesse: todas elas, antes de se casarem com um milionário, têm a prudência de se apaixonar por ele." Do diário de Cesare Pavese.

27 de abril de 1941. Os alemães entram em Atenas. Em apenas cinco semanas, vindo em socorro aos italianos, a Werhmacht conquistou a Grécia inteira. A cruz gamada tremula no Partenon.

22 de maio de 1941. "Há roupas femininas tão bonitas que se sente vontade de rasgá-las." Einaudi publica *Terras do meu país*. É a estreia de Cesare Pavese na narrativa. Com esse livro, a crítica começa a notá-lo. Mas, no seu diário, não há traços dele. O breve romance narra uma história de estupro, incesto e fratricídio submersa no pano de fundo trágico de uma zona rural ancestral.

14 de junho de 1941. "Caro professor, sou-lhe muito grato pela *História da Europa*: confesso-lhe que a aguardava com grande impaciência [...]. Ontem completou um ano desde que estou aqui e, embora as pessoas sejam muito gentis e simpáticas, não me acostumei, senão superficialmente, a essa existência monótona e sem troca de ideias. Tenho mais saudades dos amigos do que da cidade [...]. Por sorte

Natalia está aqui; mas ficar o tempo todo com os meninos a absorve muito e frequentemente a deixa cansada; isso não a impede, porém, de vencer muitas vezes o cansaço e – à noite, quando os meninos estão na cama – de se pôr à mesinha à minha frente, enquanto traduzo e corrijo provas, e de trabalhar por conta própria numa novela ou numa tradução: são essas as nossas melhores horas. Naturalmente, para todos nós, é necessária uma grande paciência." Assim escreve Leone, no primeiro aniversário do seu degredo, a Luigi Salvatorelli, autor do livro com que inaugurara a coleção "Biblioteca di cultura storica". Em poucas linhas, a palavra "paciência" e o seu antônimo, impaciência, se repetem duas vezes. Nesses mesmos dias, começa a se fazer entrever na correspondência editorial com Einaudi um sutil rompimento. Uma fissura, por ora quase imperceptível, uma daquelas fendas que também ocorrem nas rochas por dessecação ou, talvez, por esfriamento, como nas pedras da erupção vulcânica quando o magma se solidifica.

Junho 1941. Giulio Einaudi informa Ginzburg que Mondadori, editor concorrente, prepara uma nova versão de *Guerra e paz*. Para se antecipar a ele, Einaudi propõe a Ginzburg que faça uma revisão de uma velha tradução da obra-prima em que Tolstói relata a história de duas famílias, os Bolkonsky e os Rostov, nos meses em que Napoleão invade a Rússia.

22 de junho de 1941. Hitler invade a Rússia. Às 4h45, é dada a ordem de avanço para as unidades blindadas estacionadas na linha que vai do mar Báltico ao mar Negro. Os alemães lançam ao ataque 146 divisões (dezenove das quais blindadas e catorze de infantaria motorizada), num total de 3,5 milhões de homens, 3.300 tanques de guerra, 600 mil veículos motorizados, mais de 7 mil peças de artilharia, 2.770 aviões e cerca de 625 mil cavalos. É a maior operação militar de todos os tempos. Subverte a aberrante aliança entre Hitler e Stálin, entrechoca nazismo e comunismo, Oriente e Ocidente, desencadeia a guerra total e decidirá o destino do mundo. A ofensiva começa no dia anterior ao aniversário da data em que, 129 anos antes, o exército de Napoleão atravessara o rio Niemen em direção a Moscou.

5 de julho de 1941. O Exército alemão está no rio Dnieper. Como já na França, e depois em qualquer outro teatro de guerra, as divisões blindadas germânicas atravessam as linhas inimigas em poucas horas. Penetram "como uma baioneta num pedaço de manteiga", observa alguém. Ocorreu na Polônia, na Bélgica, na França, na Grécia, na Iugoslávia, na África. Agora também na Rússia, apesar dos 2,5 milhões de soldados alinhados por Stálin em defesa da sua fronteira ocidental.

10 de julho de 1941. Partem da Itália os primeiros contingentes de alpinos para a campanha da Rússia. Apesar das derrotas sofridas, Mussolini se obstina em querer compartilhar a glória de Hitler. Numa carta enviada ao aliado italiano em 30 de junho, mantido como sempre na ignorância de qualquer iniciativa até aquele momento,

Hitler procurara inutilmente dissuadir Mussolini de embarcar os italianos num enésimo esforço militar para o qual estavam totalmente despreparados: "*Duce* [...], faz oito dias que uma brigada blindada soviética após outra é atacada, derrotada, destruída, e, apesar disso, não se nota nenhuma diminuição no número e na agressividade deles. Uma verdadeira surpresa foi um tanque de guerra russo do qual não fazíamos ideia, um tanque de guerra gigantesco com cerca de 52 toneladas, com uma ótima blindagem com cerca de 75 milímetros contra o qual é necessário o emprego de peças antitanque de imensa potência". Mussolini não se deixa dissuadir e envia pelo Don um exército de soldados italianos quase privados de armas antitanque.

16 de julho de 1941. O avanço assolador dos alemães não se detém. Smolensk é ocupada pela Wehrmacht.

21 de julho de 1941. "Hoje vou me dedicar à *Guerra e paz*. Pena que não tenho o texto. Terei de marcar as dúvidas que possam surgir [...]. Quanto à correção das provas, deverá ser feita por pessoa competente, do contrário – por causa dos sinais diacríticos – fervilhará de erros. Não entendo por que não hão de confiá-la a mim." Comunicando à Einaudi que começa a trabalhar em *Guerra e paz*, Ginzburg lamenta não dispor do original. Em 14 de julho, a editora lhe comunicara que, não tendo conseguido providenciar a obra em russo, o revisor teria de renunciar ao cotejo com o texto. O revisor, no seu degredo, protesta.

25 de julho de 1941. O presidente dos Estados Unidos, o democrata Franklin Delano Roosevelt, escreve ao primeiro-ministro britânico Winston Churchill uma das muitas cartas secretas que mantêm viva a comunicação entre os dois líderes do "mundo livre": "Devemos submeter a Alemanha e a Itália a um bombardeio aéreo incessante e sempre crescente".

31 de julho de 1941. As ss começam a prender e deportar os judeus para os campos de extermínio.

31 de julho de 1941. Ginzburg tenta resgatar o nome correto de um vilarejo da Morávia: "Enviei anteontem o 1 vol. revisto de *Guerra e paz*. Marquei com uma cruz as passagens que, nas provas, devem ser cotejadas com o original, e com um ponto de interrogação alguns nomes cuja ortografia vocês ou eu teremos de verificar. O nome de um vilarejo da Morávia, por exemplo, está escrito de três maneiras diferentes: Grunth, Grunt e Grünt. Evidentemente, só um é o correto".

1º de agosto de 1941. A Estônia é ocupada pelos alemães.

15 de agosto de 1941. Conquista alemã da Ucrânia.

21 de agosto de 1941. A Wehrmacht às portas de Kiev.

30 de agosto de 1941. Enésimo cartão-postal de Ginzburg à Einaudi: "Recebi ontem o texto do romance *Guerra e paz*, e nesse momento o primeiro lote de provas da tradução. Vou me ater às suas instruções quanto a essa revisão". As instruções determinavam que Ginzburg fizesse o mais rápido possível. Numa carta de 26 de agosto, Einaudi, comunicando que lhe enviara um cheque de mil liras, pedia que ele dedicasse todo o seu tempo a esse trabalho: "Queremos ter tudo aqui não depois de 15-20 de setembro, um volume por vez. Isso para evitar que a composição seja interrompida depois de iniciada e todo o plano editorial (papel, encomendas das livrarias, disputa de rapidez com outro editor) venha a sofrer danos irreparáveis". Na sua resposta de 4 de setembro, Leone duvida que conseguirá entregar o trabalho bem-feito naquele prazo. Evidentemente, a disputa dele é de outro tipo.

8 de setembro de 1941. Os *panzer* alemães estão em Neva. Começa o sítio a Leningrado. Durará 29 meses. Custará a vida de metade da população sitiada. Apesar disso, Leningrado não cairá.

19 de setembro de 1941. Kiev, a principal cidade da Ucrânia, é ocupada pela Wehrmacht.

20 de setembro de 1941. Einaudi escreve a Ginzburg uma carta zangada. Em tom áspero, confirma "categoricamente" que a entrega da revisão completa de *Guerra e paz* deverá ocorrer dentro dos prazos fixados, sob pena de desistência da publicação. Pede-lhe, além disso, o prefácio ao romance.

29 de setembro de 1941. Em Kiev, executa-se o massacre de Babij Jar: 33.771 judeus ucranianos são massacrados e atirados numa fossa pelos nazistas. No dia anterior, na cidade, um cartaz afixado nos muros declarava: "É obrigatório que todos os judeus venham com documentos, dinheiro, objetos de valor, além de roupas de inverno, roupas de baixo, etc. Os judeus que não cumprirem essas disposições e forem encontrados em outro lugar serão fuzilados". No dia 29, pela manhã, os perseguidos começam a chegar ao local requerido quando ainda está escuro. São na maioria velhos, doentes, enfermos, mulheres e crianças (os homens válidos foram alistados no Exército Vermelho e os ricos escaparam). Conforme lhes foi ordenado, vêm com trouxas, malas de papelão, bolsas em que colocaram comida para a viagem. Com efeito, os judeus ucranianos se iludem imaginando que é "apenas" a deportação que os aguarda. No final da rua Melnikov, além do cemitério judaico, abre-se um precipício com cerca de 1.500 metros de profundidade. A ravina, que desce em direção ao rio Dnieper, é chamada de Babij Jar. Em ucraniano, quer dizer garganta da avó (*babushka*).

2 de outubro de 1941. Em Pizzoli, um vilarejo remoto entre as montanhas do Abruzzo, o judeu ucraniano-russo Leone Ginzburg não recua. Escreve o centésimo postal para o seu editor: "Anexo outro trecho do vol. IV de *Guerra e paz*. Estou atrasado por culpa minha, a família toda ficou gripada, e eu mesmo não estive muito bem, mesmo não tendo interrompido um único dia o trabalho de revisão [...]. Espero, não digo recuperar o tempo perdido (que é impossível), mas reduzir ao mínimo o atraso. O fato de não ter recebido provas depois das do primeiro volume me leva a supor que a tipografia não avança com grande celeridade; mas, naturalmente, não é por essas considerações que me deixo guiar". A consideração pela qual Leone se deixa guiar é a fidelidade a si mesmo: "Faço o que posso para contentá-lo", escreve a Einaudi, "mas a minha rapidez de trabalho tem um limite intransponível, o da exatidão". Dali não passa. Antes de liberá-la, pede para rever uma última vez a obra inteira paginada em prova.

8 de outubro de 1941. O Exército alemão alcança o mar de Azov e captura Mariupol.

13 de outubro de 1941. Operação Tufão. A 3ª Divisão Blindada começa a ofensiva alemã sobre Moscou.

16 de outubro de 1941. Em Moscou começa a evacuação das pessoas "não aptas ao combate". Todos os outros, ou seja, qualquer um que seja capaz de segurar um fuzil, são enquadrados em 25 divisões de "milícia vermelha". O caixão contendo os restos de Lênin é removido do mausoléu na praça Vermelha e transportado para um local secreto. No dia 19 declara-se estado de sítio. A defesa da cidade é assumida pelo general Zukov.

24 de outubro de 1941. Einaudi repreende abertamente Ginzburg pelos atrasos na entrega de *Guerra e paz*. Acusa-o de pôr em perigo todo o plano editorial da editora.

Chega a ser sarcástico quanto à sua proverbial precisão. "Além disso, chegam-nos as provas liberadas do mesmo livro com excessivas mudanças suas: é estranho que, em vista da sua tão conhecida precisão, você ainda tenha tantos arrependimentos." O editor conclui a carta com um ultimato: "Requisita-se o envio de todo o original de *Guerra e paz*, no máximo, até 30 de outubro (caso contrário, a composição terá prosseguimento sobre outra cópia não revista por você)".

27 de outubro de 1941. Os alemães estão a um passo da conquista de Moscou. A 78ª Divisão de Infantaria, comandada pelo general Emil Markgraf, se aproxima da segunda linha defensiva externa da capital soviética. A primeira das duas linhas defensivas externas de Moscou já fora esmagada em toda a frente de batalha em meados de outubro. Menos de setenta quilômetros separam as suásticas e Moscou. No dia seguinte, porém, um violento contra-ataque soviético rechaça os alemães e os obriga a se colocarem na defensiva.

27 de outubro de 1941. "Peço-lhe para reconsiderar o que está fazendo comigo." O tom da resposta de Leone a Einaudi é dramático. Talvez seja a única passagem de uma carta de Ginzburg, desde os tempos em que, menino, escrevia à mãe distante, que se pode definir até como melodramática. O que está em jogo, para ele, é de importância capital: "Você se dispõe a imprimir sem que eu veja as provas em que há, para nomes geográficos ou termos técnicos, várias expressões pendentes; além disso, quer que eu nem mesmo releia um trabalho, certamente feito com grande conscienciosidade e consideravelmente melhorado, mas, ainda assim, sujeito a distrações (palavras omitidas, etc.) que você não poderia corrigir. Você me ameaça continuar a composição sobre um texto não revisto por mim. A ameaça você faz a si mesmo. Não pense que as suas edições vendem porque as pessoas têm simpatia pela avestruz: vendem porque são cuidadas e legíveis; quando há livros meio corretos e meio incorretos, quando falta o respeito ao leitor, o leitor o abandonará". Até o último sinal diacrítico, a última nota ortográfica, títulos, subtítulos, orelhas e imagens de capa, até o último erro de digitação, ou erro, ou lapso a ser corrigido. A dignidade de cada livro se torna para Ginzburg a dignidade da cultura; a defesa do texto se torna a defesa do homem. De sentinela entre os montes do Abruzzo, agarrado com unhas e dentes ao seu desolado bastião, Leone Ginzburg mantém a sua posição.

18 de novembro de 1941. Em Nápoles, depois dos ataques dos dias 9 e 11 que atingiram a ferrovia, o porto e as principais fábricas da cidade, em 18 de novembro os bombardeiros ingleses atingem o abrigo da piazza Concordia, que desaba. Há dezenas de mortos, os sobreviventes ficam soterrados nos escombros.

29 de novembro de 1941. Em agosto, Ginzburg pediu e obteve uma breve licença. Assim, entre o final de novembro e o início de dezembro de 1941, pode voltar por uns vinte dias a Turim. Ali descobre que agora é um homem da "geração do meio". Descobre-o espelhando-se numa outra grande inteligência, a de Giaime Pintor.

Pintor, jovem erudito de origens aristocráticas, encaminhado na carreira diplomática, ótimo tradutor embebido de cultura da direita revolucionária alemã, está entre as melhores mentes literárias da sua geração, uma geração que "não tem tempo de construir um drama interior: encontrou um drama exterior perfeitamente construído". Nascido enquanto os fascistas marchavam sobre Roma, Pintor, mesmo não sendo fascista, trabalha na comissão de armistício com a França em nome do governo fascista, é enviado pelo Grupo Universitário Fascista aos *Littoriali della Cultura e dell'Arte*, colabora com artigos antifascistas nas fascistíssimas revistas de Bottai, abre as portas do ministério à Einaudi e as da Einaudi ao ministério. Está convencido, por outro lado, de que a única saída da trincheira do presente é a superação da antítese entre fascistas e antifascistas.

Quando Leone Ginzburg, na tarde de 29 de novembro, finalmente pode voltar a participar – com Cesare Pavese, que se tornou amigo de Pintor nesse ínterim, Giulio Einaudi e Carlo Muscetta – de uma reunião do conselho diretor da editora que fundara, lá encontra Giaime Pintor, o novo inspirador. Pintor defende que se avance rumo às inquietações do presente, Ginzburg se mantém firme na grande tradição clássica europeia. Sobretudo, estão diante do espelho dez anos depois. E em meio a uma guerra mundial. Giaime Pintor, com efeito, é apenas dez anos mais novo do que Leone, mas, em tais circunstâncias, é o suficiente para determinar uma geração.

Depois do encontro, Pintor, que considera Ginzburg uma das maiores inteligências da cultura italiana, define-o no seu diário como um "moralista".

Leone, por sua vez, segue o seu caminho. Tenta retomar as rédeas da editora, cumprimenta os velhos amigos, adoece ligeiramente, aproveita os poucos dias de liberdade para desenvolver, em encontros clandestinos com os poucos antifascistas ativos ainda em liberdade, aquele que será o "Programa de Sete Pontos do Partido de Ação", do qual surgirá boa parte da Resistência. O programa prevê que a Itália se transforme em uma república livre, democrática e socialista. Feito isso, Leone volta para o degredo.

30 de novembro de 1941. Enquanto isso, ao longo do rio Moskva, os alemães desferiram o segundo ataque à capital russa. A temperatura caiu a quarenta graus abaixo de zero. Os soldados que não morrem sob o fogo morrem congelados. Até as armas engripam com o gelo. Apesar disso, unidades da 258ª Divisão de Infantaria conseguem ocupar a cidadezinha de Chimki, a apenas oito quilômetros da periferia de Moscou. Stálin, porém, não perde o ânimo. Embora os alemães estejam a vinte quilômetros da praça Vermelha, está determinado a não abandonar a cidade.

Depois de ser informado por um espião que os japoneses se preparam para a guerra contra os Estados Unidos, numa decisão considerada insana, o ditador soviético desguarneceu a fronteira oriental inteira, transferindo todas as tropas para a defesa de Moscou. Três legiões de soldados siberianos acostumados a combater em temperaturas impossíveis fazem a sua aparição na frente de batalha. Seguem-nos cavaleiros cossacos, mongóis e turquestões. Mas a cidade está sob ataque por três direções diferentes. Vindo do sul, o general Heinz Guderian consegue cortar a ferrovia entre Tula e Serpukhov. Tendo em vista a conquista de Moscou, Guderian, depois de neutralizar franceses e ingleses, transferiu o seu quartel-general para o vilarejo de Iasnaia Poliana, terra de nascimento e sepultura de Liev Tolstói.

Dezembro de 1941. Voltando ao degredo entre as montanhas do Abruzzo, no único aposento aquecido pelo cano da estufa que corre ao longo do forro, enquanto em Iasnaia Poliana combate-se sob quarenta graus abaixo de zero, Leone Ginzburg conclui o prefácio de *Guerra e paz*, a obra-prima homérica que Liev Tolstói compôs no decorrer de sete anos justamente naquele remoto vilarejo a cem quilômetros de Moscou, para onde, depois de passar a juventude jogando dados e sitiando Sebastopol, se retirara nas propriedades da família em companhia da esposa de dezessete anos, com quem se casara após uma semana de noivado, a qual, enquanto o marido compunha as suas epopeias, lhe daria treze filhos.

Para a plena compreensão de *Guerra e paz*, Ginzburg considerava fundamental a diferença entre "personagens históricos e personagens humanos". Os personagens humanos "amam, sofrem, erram, reconsideram, isto é, numa palavra, vivem". Os personagens históricos, inversamente, "são condenados a representar um papel que não é escrito por eles", mesmo que tenham a ilusão de estar sempre a improvisá-lo. Quando Pierre Bezuchov – um dos personagens principais – se apaixona, Tolstói torna o mundo inteiro partícipe do seu sentimento e o cerca de simpatia. Segundo Ginzburg, isso se dá por uma razão inexorável: "Pierre é um homem e faz parte do mundo humano". Napoleão, pelo contrário, depois de ter conquistado Moscou, tenta organizar a vida moscovita com a sua incansável energia, mas a cidade não responde a nenhuma das suas disposições precisas e oportunas, afundando-se numa sordidez de caos e saques. É óbvio, comenta Ginzburg: "Napoleão é um personagem do mundo histórico, a sua voz não chega ao mundo humano".

Então, depois de escrever essa frase, Leone lança talvez um olhar para Carlo e Andrea, que espalharam os brinquedos no chão sob a mesa onde ele trabalha; para Natalia, que corrige as últimas provas do seu primeiro romance que está saindo pela Einaudi; e, pensando em Tolstói que se retira para Iasnaia Poliana esforçando-se em ser um bom marido para uma esposa melhor do que ele, um bom pai para os seus treze filhos e um bom senhor para as suas centenas de servos, acrescenta: "O retorno à vida privada depois dessa experiência [a guerra] não é uma diminuição, mas a recuperação da única atividade espontânea e criativa: aquela que cada um realiza mantendo-se no seu posto e não faltando – até onde lhe é possível – ao seu dever [...]. Essa normalidade e naturalidade de vida estão distantes do mundo da necessidade e dos fenômenos elementares [...] tal como a paz está distante da guerra. *Guerra* é o mundo histórico, *paz* é o mundo humano". As simpatias de Tolstói – conclui Leone – iam para este último.

7 de dezembro de 1941. As forças aeronavais japonesas atacam de surpresa as instalações militares estadunidenses estacionadas na base naval de Pearl Harbor, nas ilhas do Havaí, destruindo boa parte da frota de guerra americana. A Itália, em observância do pacto tripartite que a liga ao Japão e à Alemanha, declara guerra aos Estados Unidos.

15 de dezembro de 1941. O Exército Vermelho reconquista a cidadezinha de Klin. Mesmo extenuados, os russos encontraram forças para desferir um contra-ataque vitorioso. Os alemães se retiram. Moscou está salva. As perdas são enormes.

1942

Janeiro de 1942. "Até mais, não nos esqueçam, vocês da cidade, porque o esquecimento somado à solidão seria um destino triste demais." Com essas palavras, Leone se despede do amigo Franco Antonicelli numa carta de 3 de janeiro. Ginzburg, após a breve estada em Turim, de novo está sepultado sob a neve de Pizzoli.

Em 10 de janeiro, a editora Einaudi publica o romance *La strada che va in città* [A estrada que vai para a cidade], da autora estreante Alessandra Tornimparte. É o terceiro livro da nova coleção "Narratori contemporanei" (o primeiro afora *Terras do meu país*, de Pavese). Alessandra Tornimparte é Natalia Ginzburg, obrigada a ocultar a identidade, quando o livro é publicado, por ser judia. O breve romance narra uma história familiar do ponto de vista de uma camponesa pobre de dezesseis anos de idade, a quem o mundo parece grande, terrível, insondável. O título foi escolhido por Leone, e Tornimparte é o nome de um vilarejo perto de Pizzoli onde os Ginzburg recebem e despacham os seus baús de degredados.

Em 15 de janeiro, o *Popolo d'Italia*, jornal de Mussolini, publica um artigo de Goffredo Coppola, helenista na Universidade de Roma, atacando a Einaudi, acusada de publicar livros de autores nascidos na Rússia, nação com a qual a Itália está em guerra. Coppola se enfurece com Liev Tolstói e o seu *Guerra e paz*, finalmente impresso após a longa revisão de Ginzburg. O helenista denuncia o fato de que o nome do grande romancista não esteja italianizado como Leone Tolstoi como um caso de aliança secreta com o inimigo. Acima de tudo, mesmo que o nome de Ginzburg não conste oficialmente em lugar algum, Coppola, evidentemente bem-informado, denuncia que a precisão ortográfica daquele Tolstòj era de se atribuir à "judaica escrupulosidade de forasteiro" do curador anônimo.

Num artigo em *Primato*, revista dirigida por Bottai, ministro da Cultura Popular fascista, Giaime Pintor defende Ginzburg sem o nomear em momento algum: "O que significa 'judaica escrupulosidade de forasteiro'? O nome Tolstòj é assim que se escreve, e o fato de que a Itália fascista esteja em guerra com a Rússia bolchevique não é uma boa razão para errar na ortografia dos nomes próprios". Pintor facilmente crava Coppola na sua mesquinhez intelectual. A honra do Ginzburg tradutor está salva. Mas não se emprega uma única palavra em defesa do judeu inominável. O violento ataque polêmico de Coppola aparecia num artigo intitulado "Guerra de religião".

22 de janeiro de 1942. Convocados em segredo por Göring, os mais leais burocratas e altos oficiais nazistas são informados da "Solução final da questão judaica" e instados a aplicá-la. A conferência ocorre num palacete às margens do lago Wannsee, nos arredores de Berlim, a poucos metros de distância do local onde, em 21 de novembro de 1811, Heinrich von Kleist, o maior escritor romântico alemão (traduzido na Itália justamente por Pintor), completando

34 anos de idade e já rejeitado por todos os editores, atira, com o consentimento dela, no coração da sua amiga Henriette Vogel e a seguir, apontando a pistola contra si, na própria cabeça.

Durante a conferência de Wannsee, depois de várias discussões, o alto escalão nazista decide pelo extermínio total da "raça judaica" na Europa. Heydrich propõe matar mais de 11 milhões de judeus, toda a população judaica europeia, incluída a dos países aliados como a Itália ou amigos como a Espanha. Todos aprovam.

Nesse ponto, só resta decidir o método. Com efeito, os fuzilamentos em massa, executados até o momento na frente de batalha oriental por grupos especiais das SS, no longo prazo estão causando inconvenientes psicológicos aos soldados alemães. Principalmente quando chamados a fuzilar, uma após a outra, centenas de mulheres e crianças.

Março-abril de 1942. Numa manhã de fim de inverno ou, talvez, de início de primavera, em Cusano Milanino Luigi Scurati é levado para conhecer os alemães. Temidos por todos, instalaram-se em três palacetes requisitados para o alojamento dos oficiais do corpo aéreo alemão e do corpo contra-aéreo que vão tomando posse do aeródromo de Bresso e da defesa do canteiro de obras aeronáuticas de Breda. Quem o conduz é o barbeiro da cidade, cuja loja fica ao lado da papelaria dos Scurati. O homem é um dos pouquíssimos que podem ter acesso aos palacetes do comando germânico e, às vezes, vai acompanhado por rapazinhos da cidade, curiosos e assustados. Numa dessas visitas ao antro, enquanto o homem barbeia os impecáveis oficiais germânicos, o pequeno Luigi esconde uma granada sob o casaco. Está apavorado, mas, mesmo assim, é o que faz. Trata-se da granada de mão standard, a Stielhandgranate 24, mas ele não sabe por que todos na cidade, por causa do característico cabo comprido de madeira, chamam aquele objeto terrível e sedutor de "amassa-batatas". Assim que Luigi mostra o troféu ao seu pai, Antonio, o homem, como era costume seu, não diz uma palavra, toma a granada do filho, monta na bicicleta e vai jogá-la no Seveso.

5 de abril de 1942. Adolf Hitler, que depois do insucesso de Moscou assumiu pessoalmente o comando das operações na Rússia, emite a Diretriz 41. É o plano de batalha da Operação Azul (em alemão: *Fall Blau*), codinome atribuído à nova grande ofensiva na frente de batalha oriental. Os objetivos político-estratégicos do *Fall Blau* são a invasão do Cáucaso, a ocupação das bacias do Don e do Volga, a conquista do centro industrial de Stalingrado e dos seus poços de petróleo. A concretização desses objetivos, estabelecidos pessoalmente pelo Führer, permitiria à Alemanha obter os recursos agrícolas, energéticos e petrolíferos necessários para prosseguir com êxito uma longa guerra aeronaval global contra as potências anglo-saxãs. A desastrosa obstinação de Hitler requer uma conduta tática que levará ao sacrifício de milhões de combatentes. Assim, a vitória ou a derrota do nazismo acabará por depender da conquista da cidade que traz o nome de Stálin.

Maio-junho de 1942. Em Nápoles, Ida Ferrieri está novamente grávida. A gravidez começa a se fazer notar sob as roupas primaveris. Enquanto isso, a ração básica de pão foi reduzida mais uma vez. Foi fixada em 150 gramas, 250 para os que executam trabalho simples, 350 para os de trabalho pesado e 450 para os de trabalho pesadíssimo. Peppino Ferrieri, que não tem um trabalho regular, está excluído. As marionetes não dão pão.

26 de maio de 1942. "Lema para os volumes da Universale: 'Will, und kann nicht'. Mudem-no." Com esse sarcasmo – o lema em alemão significa "quero, e não posso" –, Ginzburg conclui a carta a Einaudi em que comenta os primeiros títulos da coleção "Universale", concebida pelos novos colaboradores da editora com o objetivo de levar uma coleção de obras fundamentais a um amplo público. Leone aprova o objetivo e elogia alguns aspectos, mas inunda de críticas o desleixo do resultado geral: as capas desbotam, os erros de impressão são "realmente horripilantes", os descuidos, os equívocos e as imprecisões de algumas notas e prefácios são "penosos". Reabre-se, portanto, a polêmica à distância com a decadência da sua amada criatura. O que parece desagradar acima de tudo a Leone é o resultado editorial insatisfatório de *A sonata a Kreutzer*, outra obra de Tolstói que ele traduzira no degredo nos meses anteriores: "Em todos os volumes as provas estão mal corrigidas, mesmo em Tolstói, em que falta uma quantidade de vírgulas". O lema desse homem exilado e irredutível, se tivesse um, seria "nem uma vírgula a menos".

20 de junho de 1942. Depois de meses de sítio, Sebastopol cai. As tropas de assalto alemãs conquistam o forte Lênin. Dividindo os defensores em dois bolsões, a infantaria do Eixo alcança o mar. Deixou ao longo do caminho cerca de 200 mil cadáveres. Agora a ofensiva no Cáucaso pode começar.

Com Sebastopol cai a maior fortaleza do mundo, a mesma que Liev Tolstói, oficial de artilharia, defendera do cerco dos ingleses, franceses e turcos em 1855. Derrotado, dela extraíra, porém, a primeira narrativa de guerra realista e anti-heroica na história da literatura moderna, *Os relatos de Sebastopol*. "O meu herói é a verdade", ali se encontra escrito. "Por que se fazem guerras?" Com essa indagação encerra-se o livro.

28 de julho de 1942. Os exércitos de Hitler estão às portas de Stalingrado. Durante todo o mês anterior, 1 milhão de soldados do Reich, armados com 2.500 tanques de guerra e apoiados por 600 mil romenos, húngaros e italianos, se espalharam pela estepe ensolarada do Cáucaso, obtendo enormes vitórias sobre o Exército Vermelho.

Na África, enquanto isso, os exércitos italianos e alemães, ambos sob o comando de Rommel, a quem precedia a sua fama de general invencível, reverteram novamente a situação e agora ameaçam o Cairo. Tobruk já foi reconquistada em 30 de junho, junto com 30 mil prisioneiros ingleses.

Nesse preciso momento, enquanto no calendário astrológico tropical o zodíaco entra no signo do Leão, Adolf Hitler controla o mais vasto império de todos os tempos, do Atlântico ao Volga, da Noruega ao Egito. Se Rommel chegasse a Suez, e Friedrich Paulus, que comanda o 6º Exército alemão, entrasse em Stalingrado, as duas pontas avançadas da ofensiva nazista contra o mundo poderiam se juntar em Jerusalém.

A ordem do dia nº 227 promulgada por Stálin em 28 de julho de 1942, não contempla essa hipótese. "Nenhum passo atrás!", ordena aos seus soldados alinhados em defesa de Stalingrado.

Agosto de 1942. "Entramos na guerra pouco preparados e, mesmo assim, resistimos há dois anos. Quem diria? Quando ela tiver acabado, você terá de rever todas as suas ideias sobre a alma nacional. Não sabia que existia, e aí está ela!" Nas páginas do seu diário, apesar da terrível sequência de desastres e derrotas, Cesare Pavese vive momentos de íntimo entusiasmo pela guerra de Mussolini. A seguir, passa, comovido, à contemplação dos campos: "Que doçura rever as suas colinas num mês em que não as vira". Terminada a guerra, derrubado o fascismo, essas páginas serão arrancadas do diário que será publicado por Einaudi sob o título de *O ofício de viver*. Que se tornará um livro célebre e justamente amado. As páginas censuradas chegarão ao público no final do século, sob o título de *Caderno secreto*.

Agosto-setembro de 1942. "Stalingrado não é mais uma cidade. De dia, é uma enorme nuvem de fumaça cegante. E, quando chega a noite, os cães mergulham no Volga, porque as noites de Stalingrado os apavoram." É o que, nesses dias, um soldado soviético anota no seu diário. A fase mais dramática da batalha, do seu ponto de vista, começou em 21 de agosto, quando o 6º Exército do general Paulus conquista cabeças de ponte a leste do Don e lança as suas forças blindadas contra a área setentrional da cidade. A Luftwaffe realiza o primeiro bombardeio maciço e devastador de saturação, espalhando o morticínio entre a população civil. Stálin, para transmitir uma mensagem de tenacidade, a sacrificou proibindo a sua evacuação. A defesa antiaérea é dirigida por um grupo de moças combatentes.

Nos primeiros dias de setembro, a situação dos resistentes se precipita: o 6º Exército, sob o comando do general Paulus, ataca frontalmente a cidade. A batalha se transforma numa luta bairro a bairro, edifício a edifício, sala a sala. A grande história da guerra se esmiúça na crônica feroz de eviscerações entre o banheiro e a cozinha, ambos desventrados. A população civil, finalmente, é evacuada. Agora, porém, é entregue como repasto ao caos: os ancoradouros dos barcos estão destruídos, os barcos foram atingidos sistematicamente pelos aviões alemães. Por todo o seu entorno, a cidade, escalavrada pelos bombardeiros, é tomada pelos incêndios, as tropas soviéticas estão entrincheiradas nos edifícios em ruínas ou nas fábricas devastadas, os quartéis-generais, alojados em precários bunkers à margem do rio, os depósitos de petróleo, em chamas.

Setembro de 1942. Do diário de Cesare Pavese: "Todas essas histórias sobre as atrocidades que assustam os burgueses, no que diferem das histórias sobre a Revolução Francesa, que também teve as suas razões? Mesmo que sejam verdade, a história não usa luvas de pelica. O nosso verdadeiro defeito como italianos é que não sabemos ser atrozes".

Setembro-outubro de 1942. Em Nápoles, a guerra aérea registra uma mudança de estratégia. Passa-se do bombardeio estratégico ao bombardeio de saturação. Não se miram mais objetivos militares, infraestruturas e instalações industriais, e sim todo o conjunto da cidade, martelado em toda a sua extensão, indistintamente, por bombardeiros pesados.

Setembro de 1942. Em Cusano Milanino, o pequeno Luigi sofre aquela que lembrará como a pior injustiça da sua infância. Ficando para os exames de segunda época, estuda durante o verão com o professor Bellotti, professor muito estimado, filho de uma professora e de um diretor pedagógico, afastado da escola por ser homossexual. Quando a professora Greppi, fascistíssima, fica sabendo, reprova Luigi. Ele precisa repetir o segundo ano primário.

5 de outubro de 1942. Em Nápoles, sob os bombardeios pesados, Ida Ferrieri dá à luz uma menina. A mãe tentou por três vezes abortar por vias rudimentares, e depois, sem êxito, fez voto à Nossa Senhora do Rosário para que a fizesse nascer saudável. A menina é frágil, cianótica, mas não tem enfermidades e, principalmente, está viva. Dão-lhe o nome de Rosaria, em homenagem à sua salvadora. Agora, no baixo da via Settembrini, 110, os Ferrieri moram em oito.

14 de outubro de 1942. Em Stalingrado, os alemães estão a um passo da vitória. Graças a um enésimo grande ataque, chegaram à margem ocidental do Volga, onde tomaram a fábrica de tratores aniquilando a divisão siberiana do general Zoludev. Para escaparem ao martelamento da Aeronáutica, os soviéticos são obrigados a contra-atacar de noite em pequenas colunas de assalto que combatem com fuzis ou armas brancas.

22 de outubro de 1942. Apesar dos episódios polêmicos, em Pizzoli Ginzburg continua a desenvolver o seu assíduo trabalho para a Einaudi. Escolhe colaboradores, confia curadorias, revisa traduções, recomenda novos títulos, corrige provas, escreve prefácios. De tempos em tempos, a densíssima e pragmática correspondência editorial desacelera um pouco e deixa aflorar um fundo de melancolia: "Estou contente em poder lhe escrever esta noite, porque estou tomado de Spleen e a sua figura, que vejo cintilar a distância, me reconecta um pouco ao mundo que é mais natural para mim. Sinto vontade de falar dos poetas sicilianos com você", escreve Leone a Santore Debenedetti, mestre remoto.

24 de outubro de 1942. Oitenta e oito Lancaster ingleses, tomando a rota pela França, chegam em formação sobre Milão. Soltam bombas de 4 mil libras e, sobretudo, 30 mil bombas incendiárias. Impunes – dada a ineficácia da defesa antiaérea –, os jovens pilotos ingleses baixam de altitude a ponto de metralhar a população. São atingidas várias áreas da cidade, do Cemitério Monumental no piazzale Bacone ao Palácio da Justiça no Parco Solari. As vítimas fatais são 150, os feridos, mais de trezentos. Na noite seguinte, retornam. Os milaneses começam a perceber o que os aguarda.

31 de outubro de 1942. O que os aguarda é esclarecido pelo presidente dos Estados Unidos, Roosevelt, numa carta a Churchill: "Um programa irrenunciável nosso deve ser o de soltar uma carga sempre maior de bombas sobre a Itália e a Alemanha".

18 de novembro de 1942. Churchill não se faz de rogado. Setenta e sete aviões do Bomber Command inglês irrompem sobre Turim às 21h30 e, por duas horas, descarregam sobre a cidade 91 bombas de fragmentação e vários milhares de bombas incendiárias. Nos dias seguintes, os ataques se repetem. Em 20 de novembro, uma nova investida resulta em 42 mortos e 72 feridos. Duas noites depois, mais um ataque: uma força de 232 aviões, 86 Lancaster, 54 Wellington, 47 Halifax e 45 Stirling, devastam a cidade com 177 bombas de fragmentação e dezenas de milhares de bombas incendiárias. Saldo: 117 mortos e 120 feridos. O Bomber Command deixa registrada a sua satisfação: "Mais um ataque coroado de êxito".

19 de novembro de 1942. O inverno interrompe a ofensiva alemã a Stalingrado. Os comandos soviéticos decidem tentar uma contraofensiva desesperada. Consiste em montar uma operação de enorme envergadura para encurralar, com uma manobra convergente, os exércitos do Eixo entre o Don e o Volga. O codinome é Operação Urano.

4 de dezembro de 1942. Aviões americanos voam pela primeira vez no céu sobre Nápoles. São vinte B-24 Liberator da 9th Air Force baseados na África. Os libertadores fazem um bombardeio de saturação sobre a cidade. Atingem três cruzadores no porto, depois planam sobre o Vesúvio, voltam e devastam casas, igrejas, hospitais, escritórios em torno da via Toledo e na zona de Porta Nolana. Poucos dias depois, num novo ataque destroem completamente o Ospedale Loreto.

Segundo fontes americanas, os dois ataques semeiam a cidade com mais de mil mortes. Na praça diante do Palácio dos Correios da via Monteoliveto, uma bomba atinge o bonde nº 9, abarrotado de passageiros e preso nos trilhos contorcidos pelo fogo das bombas incendiárias. Os cadáveres permanecem sentados, como se estivessem vivos, à espera da partida.

7 de dezembro de 1942. O prefeito de Nápoles determina o fechamento das escolas de todas as ordens e graus. Poucos dias antes, Mussolini, durante um dramático discurso na Camera dei Fasci e delle Corporazioni, como então se chamava a Câmara dos Comuns no Parlamento, admitira pela primeira vez a gravidade dos bombardeios sobre Nápoles e outras cidades italianas: "É preciso evacuar das cidades as mulheres e as crianças. Nas cidades, à noite, que permaneçam apenas os combatentes", conclui o *duce* fazendo um primeiro balanço, desolador, de dois anos de guerra e de bombardeios. Às portas da cidade uma multidão de desgraçados se aglomera em busca de salvação nos campos. Também Ida Ferrieri, depois do inferno de 4 de dezembro, decide partir para pôr os cinco filhos a salvo. A última a nascer, Rosaria, naquele dia completa dois meses de vida.

12 de dezembro de 1942. Os soviéticos atacam a frente de batalha italiana no Don. Nos dias anteriores, a Operação Urano, apesar de tudo, teve sucesso. O cerco soviético está se fechando sobre o Exército alemão que vai se isolando naquela que se define como "fortaleza Stalingrado". Hitler proibiu a rendição dos seus soldados. Ordena a Paulus que todos combatam até a morte.

Na África, os alemães também se retiram: em 11 de novembro, os ingleses detiveram e venceram Rommel em El Alamein. O desembarque dos americanos na Tunísia fechou a partida naquela frente.

No Don, é impossível qualquer resistência por parte dos italianos. A unidade alpina inteira na planície de Kakitva não dispõe de uma única arma antitanque. Transtornados, sem armas para se defenderem, sem alimento para comerem e sem meios de se salvarem, expostos e indefesos aos ataques de um inimigo cuja terra invadiram, soterrados numa tempestade de neve a trinta graus abaixo de zero e a 10 mil quilômetros de casa, os 150 mil homens do 8º Exército italiano debandam. A Tridentina, a única divisão ainda firme, guia uma coluna de desesperados que se alonga numa extensão de trinta quilômetros na estepe gelada. Em poucas horas não são mais um exército, são uma legião de fantasmas vagueando no crepúsculo em busca de uma saída. Aos milhares, exaustos, ajoelhados ao longo das pistas marcadas pelos mortos, estendem as mãos congeladas como se esperassem uma esmola.

14 de dezembro de 1942. "Caro e ilustre senador, escrevo-lhe para Nápoles, embora considere que o senhor dificilmente ainda possa aí estar. Gostaria de ter notícias suas, dos seus, da sua biblioteca. Envie-me duas linhas, para me tranquilizar." Leone, ciente dos terríveis bombardeios sobre Nápoles, está preocupado com a sorte do filósofo, da sua família e dos seus livros.

Como bem supusera Ginzburg, Croce já fugiu para Sorrento, onde também conseguiu salvar parte da sua preciosa coleção de manuscritos. A carta enviada de Pizzoli não alcançará o filósofo. De todo modo, traz também boas notícias: "Nós estamos bem. Teremos um filho (abruzziano) lá pelo começo da primavera. Os outros dois estão crescendo bem".

Os livros, os filhos, as casas habitadas ou evacuadas. A vida privada, apesar de tudo, ainda se atém a essa épica primitiva. As bombas não dilaceram a trama elementar. Um nome próprio, uma data de nascimento e uma data de morte, a sequência que encontramos nos documentos civis ou nas tumbas.

Em Nápoles, em 16 de dezembro, enquanto se prepara para partir a fim de pôr os filhos a salvo, Ida Izzo recebe a visita do sobrinho. Enzo Civile, com vinte anos completados há pouco, anuncia-lhe que, apesar de tudo, decidiu se casar na primavera.

1943

18 de janeiro de 1943. Em Varsóvia, 25 mil judeus são enfileirados à espera de ser deportados do gueto. Quinze mil estão destinados à fábrica de munições de Lublin, 10 mil, aos campos de extermínio.

Desde que os nazistas, no início de 1940, começaram a concentrar mais de 3 milhões de judeus na Polônia, 500 mil deles ficaram aglomerados em Varsóvia. O número de mortes por fome ou doença logo alcançou o montante de 2 mil pessoas por mês. Depois, após a conferência de Wannsee em que foi planejada a "solução final", começaram as transferências.

Em 18 de janeiro de 1943, enquanto a coluna percorre a rua Kiska em direção à Umschlagplatz, no cruzamento com a rua Zamenhof, alguns membros da Organização Judaica de Combate, infiltrados entre os deportados e comandados por Mordechaj Anielewicz, abrem fogo contra os alemães e os guardas ucranianos. É a primeira rebelião armada desde o início da guerra.

Janeiro de 1943. Para escapar dos contínuos bombardeios sobre Nápoles, Ida Ferrieri se refugia em Cerreto Sannita com os cinco filhos, estando a menor, Rosaria, com apenas três meses de vida. Os mais velhos, Franco e Tonino, de doze e dez anos, percorrem os campos à procura de comida. Durante uma dessas saídas, um bimotor inglês baixa para metralhar os dois jovenzinhos que transportam um saco de batatas. Franco e Tonino se salvam jogando-se num fosso. Peppino Ferrieri, pai deles, ficou em Nápoles por vontade do *duce*, que proibiu que os homens adultos aptos ao combate deixassem as cidades. Assim que consegue, Peppino alcança os familiares no Sannio, levando alguns pedaços de carne escondidos sob o casaco.

23 de janeiro de 1943. "O abaixo assinado, Leone Ginzburg, degredado em Pizzoli (L'Aquila), solicita autorização para transcorrer, a expensas próprias em L'Aquila, o período, presumivelmente de quinze dias, em que sua esposa, Natalia Levi, com ele residente em Pizzoli, se dirigirá àquela cidade, para dar à luz (a expensas próprias), na Clínica de Sant'Anna." Na carta à Direção-Geral da Segurança Pública de Roma, Leone se lembra de ter pedido anteriormente autorização para acompanhar Natalia a Turim por ocasião do parto e de ter sido obrigado a modificar o pedido em função dos graves danos sofridos pela sua habitação durante os últimos bombardeios.

31 de janeiro de 1943. Com o que resta do 6º Exército, cercado já há dois meses, o general Paulus, desobedecendo às ordens de Hitler, se rende aos soviéticos. A batalha de Stalingrado terminou. A vitória sobre os nazistas custou aos russos meio milhão de mortos. Dos 320 mil soldados alemães que atacaram Stalingrado, 150 mil são cadáveres sepultos na neve. Os sobreviventes, cerca de 90 mil, são deportados para a Sibéria. Apenas 5 mil voltarão para casa. Pouco mais de um em vinte.

7 de fevereiro de 1943. Em Nápoles, uma esquadrilha de Liberator devasta a via Marina. Desde o início de janeiro, as incursões se tornaram quase cotidianas. A população regride a uma forma de vida catacumbal. Desce diariamente ao subsolo da cidade, onde centenas de cavidades entalhadas em profundidade no substrato tufáceo oferecem refúgio sob camadas de materiais vulcânicos e detritos. Na via Salvator Rosa, grande pintor de batalhas, inauguram-se os cemitérios provisórios. Onde os bombeiros não conseguem levar socorro, uma camada de cal e uma bandeira assinalam entre os escombros a presença de corpos à espera de valas.

16 de fevereiro de 1943. Luigi Scurati acompanha o pai, Antonio, a Milão, onde o homem, com insuperável paciência, continua a procurar suprimentos para a papelaria. As pessoas têm a cor dos escombros, os edifícios eviscerados se mostram em corte transversal, como nas maquetes de arquitetura para as escolas. É possível contar as vértebras. Na rua, erguendo os olhos, veem-se no interior dos apartamentos desfigurados as paredes decoradas com quadros e camas de ferro à beira de despencarem.

Enquanto Antonio e Luigi andam de bicicleta pela via Disciplini, perto da Basílica de San Lorenzo, ouvem-se gritos. A multidão acorre. Antonio para, confia a bicicleta ao filho e manda que ele o espere do outro lado da rua. Luigi observa de longe o pai cavando com as mãos nuas entre os escombros. Parece que foi localizada uma família de cadáveres. Luigi ergue de novo os olhos. Na parede em frente, uma inscrição colossal em tinta preta: "Culpa dos anglo-assassinos". As letras se alongam escorrendo na vertical.

Março de 1943. Onda de greves nas fábricas do Norte da Itália. É a primeira manifestação aberta de dissidência de massa em relação ao regime fascista.

5 de março de 1943. Em Nápoles, é bombardeada a piazza Cavour. Desabam os edifícios adjacentes, o Teatro Partenope e o San Carlino, onde Peppino Ferrieri pouco antes terminara um espetáculo dos seus paladinos da França. Peppino se salva refugiando-se na estação subterrânea do metrô. Nas paredes destaca-se a inscrição "Não corra, não grite, não se agite", bem como as normas da União Nacional de Proteção Antiaérea que preveem para os abrigos provisões de água, cloreto de cálcio, areia, pás, picaretas, faroletes, equipamentos de pronto-socorro, víveres. Mas, na estação subterrânea, não há nada disso. Tampouco há o hidrossulfito de sódio para impermeabilizar as entradas, o feltro, a graxa, a argamassa para isolá-los, as ourelas para calafetar as frestas. O refúgio é um viveiro de cogumelos repleto de gente apavorada. Enquanto as sirenes uivam soando um novo alarme aéreo, atrás de uma tela uma mulher dá à luz uma menina. Peppino entende.

13 de março de 1943. Por ordem do Sturmbannführer Willi Haase, os nazistas liquidam o gueto de Cracóvia. Oito mil judeus considerados aptos para o trabalho são deportados para o campo de concentração de Kraków-Płaszów, os outros para o campo de extermínio de Birkenau. Cerca de 2 mil pessoas, consideradas inaptas, sobretudo crianças e idosos, são fuziladas de imediato nas ruas do gueto, diante da porta das casas onde haviam vivido e brincado.

20 de março de 1943. Na clínica de Sant'Anna em L'Aquila, Natalia dá à luz uma menina. Dão-lhe o nome de Alessandra. Leone presenteia Giovanni Albano, o médico que trouxe à luz a sua primeira filha menina, com um exemplar de *A sonata a Kreutzer*, de Tolstói, na tradução feita inteiramente em Pizzoli: "Ao prof. Giovanni Albano, cordial e agradecida homenagem do tradutor – Leone Ginzburg – L'Aquila, 28 de março de 1943", diz a dedicatória escrita pela mão de Leone. É o único exemplar dessa edição em que aparece o nome de Ginzburg, ausente de todos os outros por causa das leis raciais.

Voltando a Pizzoli, Leone retoma como sempre o trabalho com os seus livros: "trabalho em condições difíceis com poucos livros e muitas crianças em volta", escreve ao amigo Franco Antonicelli, também editor, e, enquanto escreve isso, sorri (ou, pelo menos, assim gostamos de imaginá-lo).

4 de abril de 1943. Bombas sobre Nápoles. Atingidas as zonas do corso Garibaldi e da via Depretis. Apurados 221 mortos e 387 feridos.

15 de abril de 1943. Outras bombas sobre Nápoles. Atingidas as zonas da piazza Amedeo e da via Medina. Apurados cem mortos.

19 de abril de 1943. O gueto de Varsóvia se insurge. Os judeus ali combatem o exército mais poderoso do mundo armados com pistolas e algumas espingardas.

24 de abril de 1943. Mais bombas em Nápoles. Atingido o Parco Margherita e a via Morghen. Apurados cinquenta mortos.

12 de maio de 1943. Os Afrika Korps se rendem aos americanos depois de, sempre e sistematicamente, tê-los vencido em campo. A desproporção dos meios disponíveis é insuperável. A guerra no Norte da África termina. Realizando às avessas o sonho de Mussolini, os soldados italianos e alemães marcham lado a lado dirigindo-se para os campos de prisioneiros.

13 de maio de 1943. Por uma carta enviada ao ministério, ficamos sabendo que Natalia não está bem de saúde: diagnosticaram "um princípio de nefrite". Leone, que pede a transferência para um vilarejo na província de Aosta, onde Natalia seria assistida pela mãe, aponta as difíceis condições da esposa: saindo de uma doença tubercular, sem ter quem a auxilie nas tarefas domésticas, esgotada pela amamentação e com mais duas crianças em tenra idade para cuidar. Em meio a tudo isso, a sra. Ginzburg conseguiu completar o seu primeiro romance.

16 de maio de 1943. A insurreição do gueto de Varsóvia é sufocada. Depois de quatro semanas de combates, mesmo os últimos bolsões de resistência são eliminados. O Brigadeführer Stroop anuncia que "o gueto de Varsóvia deixou de existir".

30 de maio de 1943. Sexagésima incursão aérea sobre Nápoles. Enzo Civile, o sobrinho comunista de Ida Ferrieri, se vê obrigado a adiar mais uma vez a data do seu casamento.

Junho de 1943. Em Cusano Milanino, Luigi e os seus dois amiguinhos Franco-Amelia e Franco-Lina brincam na rua. O ronco do avião a sobrevoá-los nem os distrai de girar o pião, de tão acostumados que estão. De uma casa próxima, porém, um homem de peito nu sai à varanda. Está apenas com a calça do pijama, pragueja e porta uma espingarda. Aponta-a para o avião e abre fogo. O piloto vira, desce a baixa altitude e metralha o desmiolado. Os meninos, que já desenvolveram entre o baço e o fígado um radar para o perigo, se jogam a tempo entre os arbustos de amoras.

15 de junho de 1943. Leone escreve a Santorre Debenedetti: "Aqui o tempo está maravilhoso. Trabalho com paixão, as crianças crescem. Estou aqui há três anos (o aniversário foi anteontem), mas me parecem três séculos; contudo, ainda não me sinto velho aos 334 anos de idade. Não sei nem lhe dizer se estou de bom ou mau humor". Nós, pelo nosso lado, não sabemos dizer com que estado de espírito Leone estava trabalhando no terceiro aniversário do seu degredo. Na verdade, mal se consegue decifrar a palavra que consta na primeira linha depois de "trabalho" ("Trabalho com paixão"), pois está encoberta pelo carimbo com que a censura fascista marca todas as cartas nesse período. O carimbo diz "Venceremos!".

4 de julho de 1943. Em Kursk termina a maior batalha de blindados da história. A vitória soviética põe fim à terceira e última ofensiva alemã na frente de batalha oriental. A partir daí, os alemães combaterão quase apenas na sua retirada em direção à Alemanha. Começa a cavalgada que levará o Exército Vermelho a Berlim.

10 de julho de 1943. Com a Operação Husky, americanos e ingleses tomam de assalto a "fortaleza Europa". A brecha é a Sicília. O 7º Exército do general Patton desembarca entre Licata e Gela, enquanto o 8º Exército, comandado pelo general Montgomery, desembarca entre Pachino e Siracusa. Os Aliados trazem ao largo das costas sicilianas 1.375 navios, 1.112 meios de desembarque, 4 mil aviões e cerca de 160 mil homens com seiscentos tanques de guerra e oitocentos caminhões. De longe, é a maior armada que já navegou nas águas do Mediterrâneo em sua história milenar.

Nos dias anteriores, prevendo o ataque, Benito Mussolini presenteara o léxico da cultura balnear italiana com um novo vocábulo: "Vamos pregá-los na 'praia'",[2]

---

[2] Em discurso proferido antes do desembarque dos Aliados na Sicília, Mussolini utiliza o termo *bagnasciuga* para se referir a "praia".

proclamara ele. Os italianos, no entanto, demonstram que não têm mais vontade nem motivo para combater. As fortalezas de Pantelleria e de Augusta, bem municiadas e bem defendidas, entregam as baterias ao inimigo sem opor qualquer resistência. A Marinha de Guerra italiana permanece ancorada no porto de La Spezia, supostamente por falta de combustível. Irá obtê-lo poucas semanas depois, quando zarpar para Malta, onde se renderá aos ingleses.

13 de julho de 1943. Sucedem-se os bombardeios sobre Turim. Na noite entre 12 e 13 de julho, as bombas incendiárias também atingem a sede da Einaudi na via Mario Gioda. Os "einaudianos", porém, não parecem perder o ânimo. Massimo Mila, germanista, musicólogo e colega de escola de Ginzburg no D'Azeglio, escreve a Cesare Pavese que se encontra em Roma: "A organização Einaudi funcionou maravilhosamente e, em menos de oito dias após o sinistro, os vários escritórios já retomaram o trabalho nos vários locais oportunamente descentralizados e no andar térreo". Depois acrescenta: "Esses aviadores ingleses da última incursão deviam ser do Exército da Salvação, ou da Christian Science, ou sei lá o quê. O fato

Ocorre que muitos italianos se interrogaram sobre o uso da palavra e se apressaram a consultar dicionários, em que *bagnasciuga* só raramente significa praia, mas, mais precisamente, "a zona da superfície do casco entre as linhas de imersão máxima e mínima, portanto alternadamente molhada e seca, dependendo da carga". [N.E.]

é que demonstraram as mais ferozes intenções contra os locais, digamos, de prazer. O 43 ficou bem estragado, e o 42 se salvou por milagre. Infelizmente não consegui reunir detalhes sobre a desocupação e a evacuação das inquilinas, mesmo tendo, assim que pude, acorrido em devota peregrinação aos locais [...]. Sorte que existem as bicicletas, o Pó e a piscina, senão não saberíamos mais onde ver um par de pernas".

É com humor totalmente diferente que Pitigrilli escreverá pessoalmente a Mussolini, implorando, em tom lacrimejante e em nome dos seus serviços de espião, um ressarcimento para a sua residência danificada pelas bombas. Anexará fotos do imóvel avariado.

19 de julho de 1943. Quinhentos B-17 decolam dos aeroportos da África setentrional às sete da manhã e chegam sem percalços a Roma quatro horas mais tarde. Em seis ondas sucessivas, as "fortalezas voadoras" dos americanos bombardeiam a capital da cristandade e a história da humanidade. O mundo, não só o católico, prende a respiração.

Vítor Emanuel III, rei da Itália, indo visitar as vítimas do sinistro, é obrigado a fugir pela reação da multidão. O papa Pio XII, por sua vez, se põe no meio do populoso bairro de San Lorenzo dilacerado pelas bombas e abre os braços como um anjo prestes a alçar voo sobre as 3 mil vítimas civis. Reza o *De profundis* enquanto a multidão grita: "Queremos a paz".

Mussolini é alcançado pela notícia em Feltre, onde está em conversações com Hitler. Foi encontrá-lo com a intenção de deixar a aliança, mas o Führer, como de costume, falou sem parar durante duas horas ininterruptas, sem que o *duce* ousasse interrompê-lo para tomar a palavra. A única interrupção ocorre quando um assistente entra na sala de reunião para avisar que Roma está sendo bombardeada. Numa circular emitida por Mussolini poucos dias antes, lia-se: "Sobre Roma, se não quisermos, não voará sequer uma andorinha".

25 de julho de 1943. O Grande Conselho do Fascismo depõe Benito Mussolini. Quando o *duce* vai visitar a Villa Savoia no dia seguinte, o rei manda prender o homem em cujas mãos entregou o país nos últimos vinte anos. Substitui-o por Pietro Badoglio. É a queda do fascismo.

26 de julho de 1943. Retornando a Turim, Cesare Pavese escreve o seu primeiro bilhete a Fernanda Pivano, jovem amiga e colaboradora da editora: "Querida Fern, cheguei a Turim e estou ocupadíssimo na medida em que o mundo mudou completamente. A nova sede fica no corso Galileo Ferraris, 77, telefone 40810. Apareça".

28 de julho de 1943. Operação Gomorra. O Bomber Command e a Royal Air Force dão início aos bombardeios sistemáticos sobre as cidades alemãs. Começam em Hamburgo. A intensidade do ataque de 28 de julho é tamanha que produz uma tempestade de fogo ao longo das ruas da cidade, deixando dezenas de milhares de vítimas.

28 de julho de 1943. Em Bari, o Exército abre fogo contra uma manifestação pacífica de estudantes e professores antifascistas que seguem na direção do cárcere, pedindo a libertação dos presos políticos. Os fascistas também disparam das sacadas da Casa del Fascio contra os manifestantes inofensivos. Vinte mortos e cinquenta feridos. Entre as vítimas está Graziano, o filho de Tommaso Fiore, ele também à espera de ser libertado do degredo no Abruzzo.

29 de julho de 1943. Leone, de Pizzoli, escreve para a mãe: "Espero ser libertado logo".

30 de julho de 1943. Roosevelt também reaparece. Não satisfeito com os resultados obtidos, escreve a Churchill: "Bombardear, bombardear, bombardear... Não creio que os alemães gostem desse remédio, os italianos menos ainda".

Agosto de 1943. Contrariamente aos desejos de Roosevelt, os "intrusos alemães", prevendo a traição dos italianos, começam a afluir à Itália em número cada vez maior, com vistas a uma ocupação militar do país.

1º de agosto de 1943. Comentando a queda do fascismo, Ginzburg escreve a Benedetto Croce: "Caro e ilustre senador, não era, portanto, nem de papel machê, mas de papel de seda. Mas quase não há lugar para a alegria, diante da trágica situação do País. Eu tinha intenção de lhe escrever longamente depois da minha libertação, mas ela está demorando, visto que a Delegacia de L'Aquila ainda me considera estrangeiro, tendo eu perdido a cidadania devido às leis raciais [...]. Imagine o senhor, também, a melancolia e a raiva que sinto por continuar a ser considerado estrangeiro no meu país".

4 de agosto de 1943. Um enxame de quatrocentos B17 surge por detrás do Vesúvio. Seguindo aquela rota incomum, vêm atender aos desejos de Roosevelt. Soltam milhares de bombas incendiárias, depois baixam de altitude para metralhar a população em fuga. Destilam ferocidade especialmente sobre o "corpo de Nápoles", uma área do centro histórico sem qualquer interesse militar. O ataque dura uma hora e quinze minutos, mas destrói séculos de história. Rapazes de vinte anos criados no Kentucky na mais plena ignorância do mundo deitam abaixo a igreja de Santa Chiara, a maior basílica gótica da cidade, erguida por vontade de Roberto d'Anjou e da rainha Sancha de Aragão entre 1310 e 1340 em cima de um complexo termal romano do século I a.C.

7-8 de agosto de 1943. Recomeçam os bombardeios sobre Milão. Os aviões operam em grande altitude. Assim, espalham as bombas ao acaso sobre o centro da cidade. Em torno de Porta Venezia, desenha-se um círculo de fogo. No corso Buenos Aires, os fugitivos passam sob um arco de chamas criado entre os topos das laterais de dois edifícios. Os subúrbios da cidade começam a se encher de desabrigados.

O pequeno Luigi Scurati vê centenas deles dormindo ao relento entre os campos em volta de Milanino nas noites tépidas de verão. Numa dessas noites, de Cusano enxergam-se piras de incêndios se erguendo no extremo de Bresso. "É a casa dos vovôs, é a casa dos vovôs", grita o menino. "Não é mais lá", tranquiliza-o a mãe e deita-o de novo na cama. No dia seguinte, levam Luigi para ver as estrebarias incineradas da quinta onde moravam os Recalcati, os seus avós maternos. As carcaças dos poucos animais ainda utilizados no trabalho dos campos jazem carbonizadas no chão. "Agora já não servem para nada", tenta consolá-lo o pai.

Mais bombas sobre Turim. Destruída também a nova sede da Einaudi no corso Galileo Ferraris, para onde a editora havia se mudado depois da destruição da sede da via Gioda. No dia seguinte, Cesare Pavese, como faz todas as manhãs, comparece ao escritório, agora em escombros, remove os detritos da escrivaninha e se põe a revisar provas.

11 de agosto de 1943. "Querida mãe, voltei ontem a Turim. Encontrei a editora novamente destruída, e por isso mais uma mudança (essa é a casa do senador, de onde ele e o inquilino do andar térreo foram evacuados). Estou aqui trabalhando numa sala grande no térreo, que dá para o jardim. À minha direita fica a mesa de Pavese, que remexe nervosamente os cabelos. Tudo é tão normal, tão pacífico aqui, e, no entanto, há a guerra, há os bombardeios, e a situação é cheia de incógnitas."

Leone Ginzburg escreveu sua primeira carta como homem livre para a mãe, a mulher a quem nunca deixou de escrever desde quando era criança.

13-14-15 de agosto de 1943. Como uma tempestade, os Lancaster ingleses voltam sobre Milão em dezenas de ondas sucessivas por três dias seguidos. São milhares de mortos, a feição da cidade muda para sempre. No dia 13 de agosto, os bombardeiros atingem, entre outros, o Palazzo Reale e o museu Poldi Pezzoli; no dia 14, Santa Maria delle Grazie e a biblioteca Braidense; no dia 15, as bombas atravessam o telhado do teatro alla Scala, danificando o Duomo e destruindo alguns claustros do Ospedale Maggiore na via Festa del Perdono.

Construído em meados do século xv, esse era o local onde culminavam os ritos da Anunciação nos dias solenes e penitenciais dedicados à celebração litúrgica do perdão, durante a qual os fiéis sopesavam as ações realizadas, as obras, os pensamentos, as omissões, pediam indulgência àqueles que haviam ofendido e, depois de acertarem antigas contas com a vida, se abriam jubilosos a novas possibilidades.

Mas, nesse feriado de Ferragosto, os cadáveres escuros, esmagados, irreconhecíveis, se misturam aos tijolos no apressado trabalho de desentulhamento, os incêndios só se extinguem por autocombustão e, em volta dos jardins públicos de Porta Venezia, fugidos das grades destruídas do zoológico, os macacos correm atrás uns dos outros gritando nos parapeitos dos edifícios em chamas.

Façamos as somas. Na primeira semana de agosto de 1943, quando Leone Ginzburg volta a ser um homem livre, faz seis meses que completou 34 anos. Passou dois deles na prisão, dois e meio sob regime de vigilância especial, três no degredo e cinco como menino exilado da mãe. Somam mais de uma dúzia de anos que guerras, revoluções e ditaduras subtraíram da sua vida, da sua liberdade e da sua infância.

Apesar dessa subtração, Leone conseguiu adquirir uma excelente cultura, construir renome de homem integérrimo e de intelectual notável, fundar uma editora prestigiosa, combater obstinadamente o fascismo e dar vida a uma família. Tem três filhos pequenos, dois meninos e uma menina, respectivamente de cinco, quatro e dois anos, e uma esposa adorada por quem é ternamente correspondido, uma mulher admirável que cuida da família, traduz Proust e mostra sinais inequívocos de um grande talento literário.

O dilema que Ginzburg encontra diante de si enquanto vê passar aos seus pés, pela janela do trem, a Itália reduzida a escombros é o de sempre: viver entre os homens, atuar diretamente sobre a consciência deles, ou viver entre os livros, enviar cartas a amigos desconhecidos e distantes que talvez algum dia, num futuro incerto, venham a recebê-las? Entrar mais uma vez na refrega ou contemplar a imagem em transparência, como o lampejo de uma carpa observada no fundo de uma lagoa alpina? Em suma, a escrita ou a vida? Ambas, seria fácil e consolador responder. Mas os dilemas nunca são nem tão fáceis, nem consoladores. Algo se perdeu.

    Saudado como a mente literária mais brilhante da sua geração, Leone Ginzburg poderia ter sido um grande romancista, mas parou de escrever novelas antes dos vinte anos; poderia ter se tornado um historiador insigne, mas os seus estudos históricos se limitam a poucas dezenas de páginas; prometia se tornar um extraordinário estudioso de literatura, fosse russa, francesa ou italiana, mas até aqui, com a perseguição fascista, ainda está preso às promessas dos inícios. Nos dois anos de cárcere, escreveu extensamente sobre Manzoni e diversos outros assuntos, porém esses cadernos se perderam; nos três anos de degredo, escreveu ainda sobre Manzoni, sobre a tradição do Risorgimento e sobre tantas outras coisas mais, só que boa parte desses cadernos se perderá na convulsão dos tempos. Em tudo isso, certamente, Ginzburg nunca desistiu do seu amadíssimo trabalho editorial e este, sem dúvida, rendeu frutos extraordinários. Mas o que fará agora que, como escrevia Pavese à sua jovem amiga, "o mundo mudou completamente"?

    Tão logo se encontra livre, em 5 de agosto Ginzburg vai a Roma. Por indicação de Einaudi, retoma a coordenação da sede romana da editora. Desde as primeiras reuniões manifesta-se a discordância com Pintor. Nada pessoal, apenas um contraste de posições com o máximo respeito mútuo. Mas o contraste existe. Pintor pressiona para que a nova linha editorial deixe as velhas coleções, traçando um caminho de saída do fascismo e das suas contradições. Quer uma coleção voltada para a atualidade, que reúna escritos capazes de esclarecer o público sobre as reais condições da Itália e da Europa, indicando uma perspectiva de reconstrução. Quer levar a Einaudi à zona de ardente contato com o presente. Sente que deve isso à sua "geração deserdada, sem mestres e, sobretudo, sem modelos, obrigada a extrair quase por si só todos os recursos para a bancarrota herdada dos pais" (Massimo Mila). Sabe que não pode contar com outra coisa, sendo os italianos um "povo fraco, profundamente corrompido pela sua história recente".

Ginzburg, porém, russo por nascimento e italiano por opção, sempre acreditou que tinha de se fazer herdeiro daqueles pais que não eram seus, disputando o seu legado com os fascistas. Ele também, como Pintor, tem consciência de que, após vinte anos de fascismo, os italianos são um povo moralmente fraco, profundamente "corrompido pela sua história recente", mas crê ser possível remontar à corrente dos pais. A tradição, para ele, não se interrompeu. O passado ainda pode vir ao nosso socorro. Por esse motivo, Ginzburg também está propenso a engajar a editora com o que resta dos partidos políticos de inspiração liberal e socialista. Quer, portanto, refundar uma revista militante de intervenção cultural e política. É a sua linha de sempre: com a cidade em chamas às costas, Leone luta para pôr a salvo tudo aquilo de que consegue cuidar pessoalmente, o que consegue carregar nas costas. São duas respostas diferentes, ambas dignas, à mesma pergunta: o que faremos quando tudo se incendeia?

Em 10 de agosto, Leone está em Turim. Volta também para se certificar das condições de segurança e depois decidir se traz a família, que por ora permanece no Abruzzo. Justamente enquanto está em viagem, um novo bombardeio atinge a sede provisória da Einaudi no corso Galileo Ferraris, inaugurada apenas vinte dias antes.

Em 11 de agosto, Leone escreve à mãe. Além de expressar aquela ternura que nunca perdeu em relação a ela, informa-a da profunda desorientação que vaga pela cidade. "Tudo é preferível ao fascismo", conclui depois. Assim, retoma imediatamente o trabalho ao lado de Einaudi e Pavese, retoma os contatos com os velhos amigos. Alguns lembrarão que o consideraram "em plena forma: claro, lúcido, preciso e, acima de tudo, perfeitamente orientado, pressagiando o futuro, com um senso inquebrantável de realidade" (Mila). A outros, porém, na recordação daqueles dias em que se tem pressa em "trocar ideias, criar locais de ação comum, no tropel de acontecimentos que avançam, entre o barulho das explosões e o pó das ruínas, sob o céu ardente do verão", Leone lhes volta à lembrança acamado pelo sarampo, divertido e tolhido por aquela doença infantil que trouxera consigo do Abruzzo, onde deixara as suas crianças convalescentes.

Seja como for, Ginzburg está trabalhando. São dias em que o convívio diário com as bombas, a iminência da crise político-militar, a busca frenética de uma perspectiva além do nada conferem à vida, como escreve Pavese a Pintor citando Shakespeare, o som de "uma história contada por um idiota, cheia de som e fúria, sem sentido algum".

As pessoas, concorda Ginzburg, "estão desorientadas porque não sabem o que devem querer". O seu programa, porém, não muda: "Civilizar as pessoas", é o que se deve fazer.

E assim, em 27 e 28 de agosto, Ginzburg está em Milão. Com os alemães que já controlam a cidade apocalíptica, Leone participa de uma conferência clandestina na via Poerio, na casa de Mario Alberto Rollier, e lá, junto com Altiero Spinelli, Ernesto Rossi, Vittorio Foa, Eugenio Colorni e tantos outros, enquanto a Europa ainda é um campo de batalha no qual os europeus se trucidam mutuamente, dá vida ao Movimento Federalista Europeu, cujo sonho de um continente unido na paz dos povos se concretizará cinquenta anos mais tarde.

Em 2 de setembro, Ginzburg está de novo em Roma, onde assume o cargo de diretor da sede romana da Einaudi. Escreve a Giulio Einaudi aquela que será a sua última carta editorial, última de uma infinidade. É uma comunicação enxuta, precisa, cheia de propósitos e iniciativas, densa de projetos voltados para o futuro. Termina, como entre amigos, com um "tchau".

Antes da reunião de diretoria, Leone tem uma longa conversa frente a frente com Pintor. Os dois se esclarecem. Giaime sai exultante: "É um revolucionário", comenta entusiasmado. Trabalharão juntos, lado a lado. Na sua última carta a Turim, prevendo que em breve as comunicações seriam interrompidas, Giaime se despede afetuosamente do "grupo turinense", na esperança "de logo poder cumprimentá-lo no *brave new world*". Vivem todos sob o vulcão e sabem disso.

Depois vem o 8 de setembro. Uma proclamação do marechal Badoglio, divulgada pela rádio, revela o armistício selado cinco dias antes, em grande sigilo, com os americanos. O rei, toda a corte, todo o governo e todo o Estado-Maior do Exército fogem vergonhosamente de Roma, abandonando os italianos, soldados e civis, à mercê dos alemães e do destino. De fato, a Itália agora está em guerra com a Alemanha, até ontem a sua aliada. Os americanos, desembarcando em Salerno, invadem a cidade, e os alemães a ocupam como se ocupa um país inimigo.

Talvez não haja nenhum dilema. Cada um faz o que a sua liberdade lhe impõe fazer. Cesare Pavese se esconde numa casa na colina de Serralunga d'Alba, onde prolonga a "usual história de mortificação e raiva" e da qual extrairá um belo romance. Leone Ginzburg entra novamente na clandestinidade. Giaime Pintor também.

"*Caríssimo:*

Parto nesses dias para um empreendimento de resultado incerto: vou me reunir com grupos de refugiados nos arredores de Roma, levar a eles as armas e as instruções. Deixo-lhe esta carta para me despedir caso eu não volte e para lhe explicar o estado de espírito com que enfrento essa missão. Os casos específicos que a precederam são de um certo interesse biográfico, mas são complicados demais para relatar: algum dos amigos dessas bandas poderá lhe contar como, ao fugir de Roma, cheguei nos territórios controlados por Badoglio, como passei dez péssimos dias em Brindisi junto ao Comando Supremo e como, depois de ter me convencido de que nada havia mudado entre os militares, consegui numa nova fuga chegar a Nápoles.

Aqui, entre os amigos políticos e os sobreviventes da imigração, foi fácil encontrar um ambiente agradável e ajudei a constituir um Centro Italiano de Propaganda que poderia ter uma função útil e que me devolveu temporariamente às minhas atividades normais e a um ritmo de vida pacífico. Mas, em todo esse período, ficou suspensa a necessidade de participar mais de perto de uma ordem de coisas que não justifica os cômodos métodos da guerra psicológica; e o atual endurecimento da situação militar, a perspectiva de que a miséria em que vive a maioria dos italianos deve ainda piorar tornaram mais urgente a decisão. Assim, depois do fracasso, por razões independentes da nossa vontade, de outros projetos mais ambiciosos, mas não insensatos, aceitei organizar uma expedição com um grupo de amigos. É a conclusão natural dessa última aventura, mas, principalmente, o ponto de chegada de uma experiência que envolve toda a nossa juventude.

Na verdade, a guerra, última fase do fascismo triunfante, agiu sobre nós mais profundamente do que parece à primeira vista. A guerra afastou materialmente os homens dos seus hábitos, obrigou-os a constatar com as mãos e com os olhos os perigos que ameaçam os pressupostos de toda vida individual, persuadiu-os de que não há possibilidade de salvação na neutralidade e no isolamento [...].

Sem a guerra, eu teria permanecido um intelectual com interesses predominantemente literários, teria discutido os problemas de ordem política, mas, acima de tudo, teria procurado na história do homem só as razões de um profundo interesse, e o encontro com uma moça ou um impulso qualquer à imaginação teriam sido mais importantes para mim do que qualquer partido ou doutrina. Outros amigos, mais propensos a sentir imediatamente o fato político, dedicavam-se fazia anos à luta contra o fascismo. Mesmo me sentindo sempre mais próximo deles, não sei se eu teria decidido me engajar totalmente por esse caminho: havia em mim um fundo demasiado forte de gostos pessoais, de indiferença e de espírito crítico para sacrificar tudo isso a uma fé coletiva. Somente a guerra resolveu a situação, derrubando certos obstáculos, desobstruindo o terreno de muitos refúgios cômodos e pondo-me brutalmente em contato com um mundo inconciliável.

[...] Uma sociedade moderna se baseia numa grande variedade de especificações, mas só pode subsistir se mantiver a possibilidade de aboli-las num dado momento para sacrificar tudo a uma única exigência revolucionária. É esse o sentido moral, não técnico, da mobilização: uma juventude que não se mantém 'disponível', que se perde totalmente nas várias

técnicas, está comprometida. Num dado momento, os intelectuais devem ser capazes de transferir a sua experiência para o terreno da utilidade comum, cada qual deve saber ocupar o seu lugar numa organização de combate."

Assim escreve, tomado pelo pressentimento da morte, Giaime Pintor ao seu irmão mais novo, Luigi, às vésperas de partir para a sua missão de guerra. Foi-lhe confiado o comando de um pequeno grupo de voluntários italianos – serão apenas cinco a partir – que deveriam encontrar os *partigiani* no baixo Lácio além das linhas inimigas. O rio Volturno que os combatentes se preparam para atravessar, é, de fato, no momento em que Giaime escreve, o limite extremo das posições aliadas. Além dele, os alemães. Os sendeiros que levam à terra dos mortos estão semeados de minas. Mas os que estão para trilhá-los não sabem disso. Giaime, na véspera de se pôr a caminho, escreve à noite de Nápoles, no viale Calascione, 37, em Monte di Dio.

Passa por Nápoles, em setembro de 1943, a linha de frente na guerra do mundo.

Em quatro anos, a cidade sofreu centenas de bombardeios, dezenas de milhares de vítimas civis. Em fins de agosto, os B-17 soltaram a sua carga sobre as escavações arqueológicas de Pompeia. Fóruns romanos, sepultados pelo vulcão sob camadas de pedras-pomes eruptivas em 79 a.C. e trazidos à luz dezenove séculos depois, retornam ao pó sob as bombas americanas. A ruína definitiva.

A seguir, em setembro, depois do armistício, depois do desembarque dos americanos em Salerno, a cidade renova a esperança. Mas a contraofensiva alemã imobilizou os libertadores no litoral, a nação italiana se espatifou, os seus altos oficiais desertaram em roupas civis, os seus soldados debandaram. A cidade foi entregue aos nazistas. Hitler, recordando o vulcão, ordenou que a reduzissem a "barro e cinzas". Os bons soldados do Reich são autorizados a atirar na multidão em caso de aglomeração, são orientados ao roubo, ao saque, ao incêndio. Já em 12 de setembro ateiam fogo à Biblioteca Nacional e depois abatem as pessoas que correram para apagá-lo.

No mesmo dia, o coronel Walter Schöll anuncia o toque de recolher e declara o estado de sítio: "Quem agir aberta ou sorrateiramente contra as Forças Armadas germânicas será passado pelas armas. Além disso, o local da ocorrência e os arredores próximos do esconderijo do autor serão destruídos e reduzidos a ruínas. Todo soldado germânico ferido ou trucidado será vingado cem vezes. Tem-se o estado de sítio".

Dessa brutal distorção dos termos decorrem os saques, o domínio e a sabotagem. Sapadores alemães explodem bancos, edifícios públicos, depósitos de combustíveis, centrais elétricas, depósitos de alimentos, aquedutos, gasômetros, cais, trilhos ferroviários. Os soldados sôfregos saqueiam lojas, casas, igrejas, grandes magazines. Com isso vem o jugo da sujeição: em 23 de setembro, Schöll ordena o despejo de 100 mil napolitanos residentes na faixa costeira, e depois, imediatamente depois, utilizando ainda a linguagem distorcida do predador, proclama, em tom áspero, o anúncio de recrutamento obrigatório para o trabalho forçado na Alemanha a todos os homens com idade entre dezoito e 33 anos: "Os que, não se apresentando, infringirem as ordens publicadas serão sem delonga fuzilados pelas rondas. O comandante de Nápoles, Schöll".

O registro civil aponta 30 mil homens sujeitos ao alistamento. Apresentam-se 150. O povo fez a sua escolha. Já em 26 de setembro, uma multidão desarmada e vociferante irrompe contra as batidas nazistas. No dia seguinte, enquanto alguns milhares de deportados são enfileirados pelos alemães, algumas centenas de homens dão início aos combates. Os portões são trancados, os atiradores armados com mosquetes posicionados às janelas, as poucas metralhadoras nos cruzamentos. Nápoles se insurge. Em dezenas de bairros ao mesmo tempo, cidadãos armados atacam os devastadores alemães que destroem a sua cidade, disparam sobre os predadores que a saqueiam, correm descalços pelos telhados para barrar o caminho, com armas em punho, dos invasores que os deportam.

Nápoles se insurge, mas não se trata sequer de uma insurreição. Não há um plano, não há uma estratégia, nenhum objetivo preestabelecido, nenhum comando, talvez nem mesmo uma perspectiva de luta na vitória ou na derrota. É menos do que uma insurreição e é mais do que ela. É o momento na história de milenares sofrimentos mediterrâneos em que as armas disparam sozinhas. É um incêndio, um cataclismo, uma alegria meridiana. Rapazinhos de doze anos descalços se lançam contra os veículos blindados, professores trotskistas septuagenários aposentados se alçam a comandantes. Por quatro dias, ergue-se do mar uma onda ininterrupta de combate aberto que avança para a colina do Vomero.

A via Foria é um rosário contínuo de grupos armados, uma malha que se fecha sobre motocicletas, caminhões, veículos blindados e soldados. Os combatentes estão postados nas esquinas de todas as vielas, nas escadas do Orto Botanico, dentro dos jardins da piazza Cavour, atrás das metralhadoras instaladas no Mercato dei Fiori na esquina da via Duomo. Chegou-se até a erguer uma barricada na Porta San Gennaro.

Peppino Ferrieri, ele também, está nos telhados. Pôs-se no telhado bombardeado do teatro Partenope, em cujo foyer verifica os ingressos e sonha com o palco. Do seu posto de combate, ele vê um pouco mais adiante o pavimento do San Carlino, a pequena ribalta onde dá vida às marionetes. Talvez esteja ali justamente para defendê-las. Ele, homem manso, sentimental, um doce de pessoa, quase certamente não matará nenhum alemão, provavelmente não dará sequer um tiro. Enquanto isso, porém, as mãos com que habitualmente, empunhando os ferros de manobra, põe o boneco a dançar com breves torções do pulso comprimem a coronha da espingarda.

Por toda a vida, Leone Ginzburg manteve o seu posto de combate e o manteve sem jamais, em toda a vida, empunhar uma arma.

A Itália livre. Assim se intitula o instrumento de luta ao qual Leone, de novo na linha de frente depois do 8 de setembro, de novo sacrifica tudo de si mesmo, inclusive a amadíssima atividade de editor. *L'Italia Libera* é o jornal clandestino do Partido de Ação. Os dirigentes lhe confiaram a função de codiretor durante a convenção realizada em Florença nos dias anteriores, primeira convenção de um partido antifascista a ser organizada em vinte anos na Itália.

Já em 9 de setembro, enquanto alguns setores do Exército apoiados pelos populares se engajam em batalha na ponte de Magliana e na Porta San Paolo contra os alemães, embora a alta hierarquia militar tenha covardemente abandonado a cidade a si mesma, e enquanto na via Carlo Poma nasce o Comitê de Libertação Nacional marcando o início oficial da Resistência, já em 9 de setembro Leone trabalha numa edição do jornal que possa informar os italianos sobre o que está acontecendo. Sabemos da "febre" daqueles dias pelas memórias de Carlo Muscetta, codiretor do jornal junto com Ginzburg.

Enquanto os nazistas fazem pressão às portas de Roma, Leone e Carlo vagam como alucinados de tipografia em tipografia, procurando alguém disposto a imprimir. Às duas da tarde, saindo de uma pequena tipografia, encontram a cidade suspensa numas "férias angustiadas". Os soldados italianos, desencorajados com as ordens dos seus comandantes fascistas, fogem dos quartéis como desertores, os que retornam empoeirados ou feridos dos combates nas periferias trazem "nos olhos lágrimas de raiva". À tarde, as bombas dos alemães já começam a semear o pânico no bairro Prati. Leone e Carlo evitam por poucos metros a explosão de uma banca de jornal na piazza Cola di Rienzo, vagam "como fantasmas" pelas ruas do centro esvaziadas pelo pânico. Voltam para casa à noite. No papel que finalmente conseguiram imprimir, lê-se: "Os alemães estão em retirada em todas as frentes. Deverão se retirar também na frente do povo italiano".

Agora, porém, essa frase já é letra morta. Uma coluna de veículos alemães corta a passagem dos redatores a caminho de casa. Transportam tanques de guerra italianos capturados. Mesmo assim, Carlo e Leone não desanimam. O que os estimula é justamente aquele "ar nu de guerra". A impressão daquelas poucas folhas acinzentadas se tornará a razão de vida deles nos dois meses seguintes. Nunca foram tão livres quanto na Roma ocupada pelos nazistas.

Leone providencia um documento falso. Agora se chama Leonida Gianturco. Traz o nome do comandante espartano que marchou contra o exército de Xerxes no desfiladeiro das Termópilas. Nas colunas do nº 11 de *L'Italia Libera*, distribuído em 17 de outubro em milhares de exemplares também no centro da Roma ocupada pelos alemães, ele celebra a guerra popular: "A guerra do povo italiano contra a Alemanha nazista é a guerra de um povo que aspira a uma plena liberdade [...]. E é essa declaração de guerra, sem protocolos, mas assinada com o sangue de heróis diariamente imolados, que vale perante o futuro, que pesa na balança da história". Leone escreve essas palavras escondido num apartamento perto da piazza Bologna. No Piemonte, os *partigiani* se despedem das namoradas e sobem as montanhas.

Em 16 de outubro, a Gestapo revista o gueto de Roma. Dos 1.023 deportados para Auschwitz, voltarão somente dezesseis. Leone escreve a Natalia para que venha se juntar a ele e trazer os filhos. Em Pizzoli, todos os conhecem como judeus e correm muito perigo. No nº 12 de *L'Italia Libera*, datado de 30 de outubro, comentando a notícia da constituição de um corpo de voluntários que combaterá os nazistas sob o comando dos Aliados anglo-americanos, Ginzburg faz uma distinção entre alemães e nazistas, demonstrando que a doença da guerra não lhe ofuscou o discernimento intelectual nem mesmo nesse momento apocalíptico: "O nosso inimigo é, sim, alemão, mas o alemão enquanto nazista, isto é, precursor de uma ideologia e de uma política fascista, negadora de toda liberdade". Em 1º de novembro Natalia chega a Roma. Escapando das batidas e revistas, os Ginzburg conseguiram deixar Pizzoli justamente a bordo de um caminhão alemão. Pia Fabrizi, uma abruzziana do povo que dirige o hotel Vittoria, despachou-a como sua prima evacuada que perdera os documentos nos bombardeios de Nápoles. As três crianças estão bem. Leone, Natalia e os filhos se escondem no apartamento do viale XXI Aprile. Vivem juntos os dias de um breve futuro.

Em 13 de novembro, Ginzburg consegue publicar o décimo terceiro número de *L'Italia Libera*. É distribuído em dezenas de milhares de exemplares. Nele comenta-se a situação internacional após a conferência de Moscou, na qual os ministros das Relações Exteriores dos Estados Unidos, da Inglaterra e da União Soviética discutiram o futuro da Europa. A guerra de Hitler está perdida, agora isso é coisa certa. Roma respira na perspectiva da libertação. Mas os alemães, abandonando a linha defensiva no rio Volturno, formam uma segunda linha no rio Garigliano. Hitler decidiu manter a capital. O avanço dos americanos é bloqueado. O combate prossegue.

Na manhã de 20 de novembro, Leone não está de serviço no jornal. Além disso, circulou a notícia de que todas as tipografias já estão sendo vigiadas pela polícia. No dia anterior, um colaborador havia sido detido. Apesar disso, Leone sai do seu esconderijo para ir mesmo assim. Se ficar em casa, corre o risco de perder, num único dia, toda a rede de resistência construída com tanto esforço. Ele não tem escolha porque já escolheu. Foi tremendamente livre nas coisas máximas e, por isso, agora não pode mais decidir se atravessa a Villa Torlonia e depois sobe a via Arno, ou se entra na via dei Villini e depois toma a Salaria. A gráfica clandestina se encontra na via Basento, 55, num dos bairros mais ricos de Roma, cercada por pinheiros domésticos e roseirais. Prendem-no no instante em que desce o último degrau.

Em Milão, é véspera de Natal. São os dias em que matam na rua Aldo Resega, secretário de uma federação de combate do Partido Fascista, inválido de guerra, cinco vezes condecorado por bravura militar, pai de família e, no fundo, um moderado. É morto pelos Grupos de Ação Patriótica, pequenas formações de resistentes que vivem escondidos nas cidades ocupadas pelos nazistas, praticando ações de sabotagem e execuções sumárias. Resega é um sujeito metódico, faz quatro vezes por dia o percurso entre casa, trabalho e federação, sempre no mesmo horário. Vai de bonde, anda sem escolta e desarmado. Os membros do GAP disparam contra ele na soleira de casa e depois também abrem fogo contra a multidão no seu funeral.

Assim se vive na véspera do Natal de 1943 em Milão, na cidade ocupada pela 1ª Divisão de Granadeiros Blindados Leibstandarte "Adolf Hitler" das Waffen ss, na verdadeira capital da República Social italiana, o Estado-fantoche desejado pelo Führer para administrar aquela parte da Itália sob controle militar alemão.

Em Cusano Milanino, Luigi Scurati está indo para a escola. Agora tem onze anos e vai sozinho para a escola. Na avenida atravessada pela linha do bonde que liga Cusano a Milão, passando por Bresso e Niguarda, ele ouve duas pequenas explosões. São oito da manhã, há neblina, e os meninos de 1943 estão acostumados com as explosões. Luigino segue reto.

Mas há algo de errado. A professora Greppi, aquela que ainda castiga as crianças quando falam mal de Mussolini, está nervosa. Passa-se talvez uma hora, e os pais começam a chegar à escola. Pegam os filhos e os levam embora. A classe se esvazia. Luigi fica entre os últimos: a sua mãe está na loja, e o pai, naquele dia, foi a Milão de bicicleta para reabastecer a papelaria com presentes de Natal. Quando a escola já está quase deserta e se ouvem os tacões dos milicianos de camisa negra ressoando nos corredores, um homem nota a sua presença:

"Os seus pais não vêm buscá-lo?". É um senhor alto, bem-apessoado, de cabelos avermelhados e a pele clara típica dos ruivos. O pequeno Luigi o conhece. É o pai de uma colega sua e mora numa ruela secundária próxima das casas da cooperativa. É um comunista – sempre ouviu sua mãe dizer isso, embora sempre acrescentando logo a seguir "mas é uma boa pessoa" – e se chama Abele Merli.

"Ponha o casaco, vou levá-lo para casa", sussurra-lhe o comunista.

Assim que saem da escola, Abele Merli deixa a rua principal e se esgueira para as secundárias. Mantém uma das mãos no ombro da filha e a outra no de Luigi. Sem dizer uma palavra, exercendo uma leve pressão com a mão de adulto e de pai, vai conduzindo as crianças.

Na via Filippo Corridoni encontram uma aglomeração. Milicianos dos esquadrões de ação Ettore Muti com boina na cabeça, calças na altura dos joelhos e metralhadoras em punho vistoriam a rua. São os fascistas mais terríveis, até as crianças sabem disso. Há homens voltados contra a parede. Estão com as mãos levantadas. São muitos. Ficam em silêncio.

Luigi se solta da mão de Abele Merli. Os homens nas paredes o atraem como por força de um magnetismo terrestre. Luigi reconheceu o seu pai, Antonio.

O filho consegue ver o pai apenas de costas porque ele está apoiado na parede com as duas mãos espalmadas, como que tentando impedir que o edifício caísse. Mas o menino sabe reconhecer o pai mesmo com o rosto contra a parede, o pai e a sua bicicleta Bianchi, que jaz jogada no chão um pouco mais adiante, carregada de pacotes.

"Vamos embora." Abele Merli o tomou de novo. Com delicadeza, dirige-o para o outro lado. "Vou levá-lo para casa", repete fazendo-lhe um carinho na cabeça.

Cortam caminho pelos campos. Luigi discerne facilmente entre o mato alto as trilhas que percorre todas as tardes com os seus amiguinhos.

Chegando à loja da sua mãe, Angela, o menino fica aflito. Não sabe se lhe conta que viu o pai de rosto contra a parede. Deposita a confiança naquele senhor gentil que parece saber o que fazer. A mãe está agradecendo a ele, mesmo sendo um comunista. Ele decerto também percebeu, conhecem-se há anos, são vizinhos, mas Abele Merli não diz nada a Angiolina Recalcati sobre o fato de que o marido dela, Antonio Scurati, estava com metralhadoras da Muti apontadas às suas costas. Abele Merli se despede, pega a filha pela mão, dá meia-volta e sai. Luigi vai brincar nos fundos da loja. E então estoura o pandemônio.

"Me ajude a fugir, *sciura* [senhora] Scurati, me ajude a fugir!", Luigino ouve gritarem na loja. Um instante depois, a sua mãe abre caminho para um homem que se joga no cubículo e sai pela porta que dá para os campos. Luigino o reconhece: é Pedretti, mora virando a esquina, na *court dei spin*, o pátio das sarças. Mas não tomou o caminho de casa.

Luigi volta a vê-lo dali a pouco entre dois legionários da Muti que o arrastam pelos braços. Um do grupo que vai à frente do prisioneiro aborda a sua mãe:

"Diga-me, senhora, esse é Pedretti?!". O chefe do esquadrão deve ter uns vinte anos de idade, os outros até menos.

"Não, não o conheço. Esse aí não é Pedretti." Luigi, diante da mentira da mãe, abaixa os olhos para não a trair.

"Esvaziar! Esvaziar! Aqui precisa esvaziaaaar!"

Os legionários ficam desenfreados. Espalham as mercadorias, reviram tudo de ponta-cabeça, irrompem nas lojas. Um tiro de revólver explode na loja ao lado, a loja do barbeiro que levava os meninos aos palacetes dos alemães. Angela socorre o homem desmaiado de medo. Um rapazinho de boina grita desdenhoso que "ali se discute política!". Terá sido por isso que espatifaram o espelho. Luigi vê então a sua mãe gritando ao rapaz com metralhadora que ele tome vergonha. O barbeiro poderia ser o seu pai, lembra-lhe a mulher enfurecida. Depois ela manda que o rapaz ponha a metralhadora no chão e a ajude a guardar os brinquedos.

No meio da tarde, Luigi vê despontar no horizonte do pátio a figura para ele inconfundível do pai. Antonio Scurati apoia a bicicleta e começa a inventariar as poucas mercadorias que conseguiu arranjar. Algumas bonecas, algumas zarabatanas. Não diz uma palavra, como sempre.

À noite, durante o jantar, ele quebra o silêncio para informar a esposa. Naquela manhã, homens da GAP atiraram no engenheiro da Breda que morava em Milanino, no pequeno palacete atrás da balança de gado. Aquele fascista, aquele que denunciava os operários. Quanto a ele, foi liberado porque, embora antifascista, não se apressou depois de 8 de setembro em apagar o feixe litório da carteira de identidade, como haviam feito muitos que, até a véspera, se proclamavam fascistas. Um gesto teatral demais. A seriedade o salvou. A Muti pegou Pedretti e Abele Merli. Levaram-nos para o pátio da escola.

Na manhã seguinte, quando Luigino chega à escola com os colegas, a paisagem não é mais a mesma. É inverno, a grama está alta, e as marcas deixadas pelos dois cadáveres continuarão impressas no terreno até a primavera.

A terceira ala da prisão de Regina Coeli é um "cárcere alegre". As portas das celas – segundo as lembranças de Carlo Muscetta –, arrebentadas durante uma revolta que se seguiu à proclamação do armistício, nunca foram consertadas. Os detentos ali circulam livremente e os detentos são o mundo inteiro: italianos, estrangeiros, famílias inteiras, dissidentes, padres, operadores do mercado negro, mulheres, prostitutas, crianças, militares e civis, militantes de todos os partidos, rendeiros da região de Sabina que já combateram na outra guerra e são, pela segunda vez, prisioneiros dos alemães, batedores de carteira aguardando julgamento que circulam de pijama, servindo de barbeiros, e ensinam a técnica de bater carteira a futuros presidentes da república. Naqueles dias, há, inclusive, dois deles na terceira ala abarrotada de antifascistas. Os carcereiros, sentindo o fim próximo, até deixam os prisioneiros livres para se esgueirarem de uma cela à outra mesmo de noite, e certa vez um deles, ao acompanhá-los no horário do banho de sol, diz: "Vocês serão os futuros ministros". Ele não está errado.

Os homens, como sempre em todos os outros cárceres, se agrupam em bandos. No segundo andar estão alojados os liberais, no primeiro os membros do Partido de Ação e os comunistas que não se dignam a jogar pôquer com os outros. Organizam-se palestras sobre vários assuntos, nas quais os intelectuais instruem os populares. Leone dá cursos de literatura russa, sobre Manzoni e sobre o Risorgimento. Esvazia o balde, vira-o de ponta-cabeça, senta-se nele e, assim, transforma em cátedra o objeto usado para urinar e defecar. Nas celas de três dormem seis, mas não passam incômodo. A guarda avançada do 5º Exército americano enfrenta as posições de montanha da linha de inverno alemã. A primavera, agora, não há de tardar.

Numa tarde do início de dezembro, porém, os guardas italianos ficam de repente inquietos. Obrigam todos a entrarem nas celas, com proibição absoluta de sair e até mesmo de olhar pela portinhola.

Irrompem os alemães. Trazem na cabeça o capacete de aço em forma de bacia, em volta do peito cintas de metralhadoras de bronze reluzente, granadas de mão enfiadas no cinto e metralhadoras em punho. O chefe da guarda grita um nome. Um único nome. Pouco depois, Leone Ginzburg é entregue. Encaminha-se, ágil, entre os seus novos carcereiros com a puída roupa azul que se destaca entre os pesados uniformes esverdeados.

Alguém de uma cela começa a assobiar o hino do Piave. É um assobio límpido e firme. Os italianos se comovem. Uma voz grita: "Coragem!". Os alemães ignoram. Leone é levado embora.

A sexta ala é a de pior localização, pior iluminação, imunda. Nada de lençóis, pouca água, pouco ar, colchão de palha, percevejos. Saída para o pátio, só duas vezes por semana.

A verdadeira identidade de Leone Ginzburg foi descoberta comparando os documentos de Leonida Gianturco com a ficha de identificação que remontava ao encarceramento de nove anos antes. Os alemães o submetem a interrogatórios contínuos. É um chefe, querem nomes, delações. Surram-no até sangrar. Repetidamente. Ele contrapõe o seu último "não".

Um dos amigos que o encontram naqueles dias dá testemunho de um coração enfraquecido, de um corpo desgastado. Leone lhe confessa o medo de ter de morrer, um firme e sincero medo de acabar. Um outro, um dos últimos a vê-lo enquanto os carcereiros nazistas o arrastam pelos braços depois de lhe terem quebrado o maxilar, declara tê-lo ouvido murmurar: "Ai de nós se, no futuro, não conseguirmos não odiar todo o povo alemão". É incrível, quase sobre-humano, mas devemos acreditar nele porque a testemunha é Sandro Pertini.[3]

No começo de janeiro, Leone é novamente transferido. Para um lugar ainda mais tétrico. Encarniçam-se sobre o judeu.

No início de fevereiro, os companheiros conseguem a sua transferência para a enfermaria. Esperam que, dali, consigam fazê-lo fugir. Os americanos desembarcaram em Anzio, no litoral romano, mas, ali onde se encontra, Leone não consegue ouvi-los.

Em 4 de fevereiro, passa mal o dia todo. À noite, um enfermeiro lhe aplica uma injeção de cânfora. Parece lhe ser de proveito. Leone pede papel e caneta, e escreve. Escreve para Natalia, a esposa. Depois morre durante a noite.

---

3 Sandro Pertini foi o sétimo presidente da Itália, de 8 de julho de 1978 a 29 de junho de 1985. Faleceu em 24 de fevereiro de 1990, aos 93 anos. [N.E.]

Natalia querida, meu amor

Toda vez espero que não seja a última carta que lhe escrevo, antes da partida ou em geral; e hoje é assim também. Continua em mim, depois de transcorrido quase um dia inteiro, o alegre excitamento gerado pelas suas notícias e pela prova tangível de que gosta tanto de mim [...]. Os presságios, portanto, não são alegres; mas paciência. Em todo caso, se me fizerem partir, não venha de maneira alguma atrás de mim. Você é muito mais necessária para as crianças, principalmente para a pequena. E eu não teria uma hora de paz se soubesse que você está exposta sabe-se lá por quanto tempo a perigos que logo deveriam cessar para você, e não aumentarem desmedidamente. Sei do conforto que me privo dessa maneira; mas seria um conforto envenenado pelo receio por você e pelo remorso para com as crianças. De resto, é preciso manter a esperança de que acabaremos por nos reencontrar, e muitas emoções se somarão e se atenuarão na lembrança, formando um todo que se torna suportável e coerente.

Mas falemos de outras coisas. Uma das coisas que mais me entristecem é a facilidade com que as pessoas ao meu redor (e algumas vezes eu próprio) perdem a percepção dos problemas gerais diante do perigo pessoal. Assim, tentarei lhe falar não de mim, mas de você. A minha aspiração é que você normalize a sua existência tão logo seja possível; que você trabalhe e escreva e seja útil aos outros. Esses conselhos vão lhe parecer fáceis e irritantes; no entanto, são o melhor fruto da minha ternura e do meu senso de responsabilidade. Por meio da criação artística, você vai se libertar das muitas lágrimas engasgadas dentro de você; por meio da atividade social, qualquer que seja, *você se manterá próxima do mundo das outras pessoas, para o qual tantas vezes eu era para você a única ponte de passagem. De todo modo, ter as crianças significará para você ter uma grande reserva de força à sua disposição. Gostaria que mesmo Andrea se lembre de mim, caso não volte a me ver. Penso neles continuamente, mas tento nunca me demorar pensando neles, para não me enfraquecer na melancolia. O pensamento em você, porém, não afasto, e quase sempre tem um efeito revigorante sobre mim. Rever rostos amigos, nesses dias, me empolgou muito de início, como você bem pode imaginar. Agora a existência está se normalizando de novo, à espera de que mude mais radicalmente.*

Preciso parar, pois comecei a escrever muito tarde confiando na luz da minha lâmpada, mas que nesta noite está especialmente fraca, além de ficar muito alta. Vou continuar a lhe escrever às cegas, sem a esperança de reler. Com todo o Tommaseo que tenho em mãos, parece espontânea a comparação com a página do diário dele em que se torna cego. Eu, por sorte, estou cego só até amanhã cedo. Tchau, meu amor, minha ternura. Daqui a poucos dias será o sexto aniversário do nosso casamento. Como e onde eu estarei nesse dia? Com que humor você estará então?

Tenho repensado, nesses últimos tempos, na nossa vida em comum. O nosso único inimigo (concluí) era o meu medo. Nas vezes que eu, por alguma razão, era assediado pelo medo, concentrava tanto todas as minhas faculdades para vencê-lo e não faltar com o meu dever que não sobrava nenhuma outra forma de vitalidade em mim. Não é assim? Se e quando nos reencontrarmos, estarei livre do medo, e nem mesmo es-

sas zonas opacas existirão na nossa vida em comum. Como eu gosto de você, querida. Se eu a perdesse, morreria de bom grado. (Também essa é uma conclusão a que cheguei nos últimos tempos.)

Mas não quero perdê-la e não quero que você se perca nem mesmo se, por acaso, eu me perder. Cumprimente e agradeça por mim todos os que são bons e afetuosos com você: devem ser muitos. Peça desculpas à sua mãe e à sua família em geral por todo o incômodo que traz essa nossa família numerosa demais. Beije as crianças. Abençoo vocês quatro e lhes agradeço por estarem no mundo. Amo você, beijo você, meu amor. Amo você com todas as fibras do meu ser. Não se preocupe demais comigo. Imagine que sou um prisioneiro de guerra; há tantos, sobretudo nesta guerra; e na imensa maioria retornarão. Esperemos estar nessa maioria, não é verdade, Natalia?

Mais e mais beijos. Tenha coragem.

Leone

"Tchau, meu amor, minha ternura. Daqui a poucos dias será o sexto aniversário do nosso casamento. Como e onde eu estarei nesse dia? Com que humor você estará então?"

Agora sabemos: Leone Ginzburg nunca viu aquele dia. Casara-se com Natalia Levi em 12 de fevereiro de 1938, mas morreria na enfermaria do cárcere de Regina Coeli na noite de 4 de fevereiro de 1944, poucas horas depois de ter escrito aquelas palavras à esposa. E morreria sozinho.

A minha reevocação desse pungente e íntimo adeus precisa de uma justificativa. Ela se encontra, creio eu, nisto: a nobre tragicidade da sua morte impede que Leone Ginzburg possa estar apenas e definitivamente morto. Leone Ginzburg, enquanto escreve aquelas palavras, para nós sempre estará já morto e, ao mesmo tempo, a ponto de morrer. Isto é, será eterno viajante naquela terra do meio entre o mundo dos vivos e o dos mortos que, como a seguir nos ensinará o seu próprio filho Carlo, é, para todos os povos e em todas as épocas, a validação do "narrador", no significado mais alto do termo: "Narrar significa falar aqui e agora com uma autoridade que deriva de ter estado (literal ou metaforicamente) lá e então". Poder habitar a terra do meio entre a clareira dos vivos e a selva dos mortos, a esfera visível e a invisível, é isso o que nos torna humanos. Tornamo-nos assim graças a testemunhos como o que Leone Ginzburg confiou à sua última carta. Sermos capazes de narrar mutuamente a nossa própria história e a história dos outros. Do além a quem ainda está aqui. Quem foi a quem fica.

A herança desse adeus vai além da emoção. Com esse libérrimo testamento involuntário, extorquido pelo destino e, no entanto, plenamente soberano, Ginzburg ensina as razões profundas do seu morrer e nos reconcilia com o nosso. São palavras últimas, escritas na iminência do fim, graças às quais o fim não extingue, mas realiza. São palavras últimas nas quais as razões primeiras de uma existência e de uma militância são recapituladas num olhar retrospectivo, equânime e oniabrangente, voltado para trás, por cima das costas, um instante antes de partir. Na carta de Leone a Natalia está presente não só a afeição de um marido pela esposa, de um pai pelos filhos, mas também a reafirmação dos valores pelos quais se viveu, dos direitos fundamentais pelos quais se combateu, a satisfação por uma vida bem vivida.

Mesmo nessa conjuntura, aproximando-se da borda abissal, Ginzburg recusa se entregar ao intimismo entendido como um dobramento sobre si mesmo, como uma privatização da vida sob a pressão da tragédia. Depois de ter iniciado em nome do pressentimento da morte ("Natalia querida, meu amor, toda vez espero que não seja a última carta que lhe escrevo, antes da partida ou em geral") – e ter dedicado apenas poucas e breves alusões à sua própria situação e sofrimento, Leone se retira, sai em fuga: "Mas falemos de outras coisas. Uma das coisas que mais me entristecem é a facilidade com que as pessoas ao meu redor (e algumas vezes eu próprio) perdem a percepção dos problemas gerais diante do perigo pessoal". Com essas poucas palavras, graças ao salto delas, Leone, embora encarcerado, se liberta. Aquilo de que ele se desprende é o eu, eu mínimo, aquilo para o qual avança é a vastidão do "você" ("Assim, tentarei lhe falar não de mim, mas de você"), e depois aquela vastidão ainda maior do "vocês" ("ter as crianças significará para você ter uma grande reserva de força à sua disposição. Gostaria que mesmo Andrea se lembre de mim, caso não volte a me ver"), e por fim é o "nós", é o local do retorno: "Se e quando nos reencontrarmos, estarei livre do medo, e nem mesmo essas zonas opacas existirão na nossa vida em comum".

Assim, relançando-se ao largo, na consciência de ter cumprido a sua tarefa, o futuro finado pode atribui-la a quem fica ("A minha aspiração é que você normalize a sua existência tão logo seja possível; que você trabalhe e escreva e seja útil aos outros"); na iminência da sua morte, pode dirigir o pensamento ao futuro invocando a felicidade para os entes queridos sobreviventes ("Beije as crianças. Abençoo vocês quatro e lhes agradeço por estarem no mundo"); por fim, Leone, cada vez mais liberto – a liberdade está na gaiola, não fora dela –, pode até se despedir, agradecer e pedir perdão por meio de terceiros ("Cumprimente e agradeça por mim todos os que são bons e afetuosos com você: devem ser muitos. Peça desculpas à sua mãe e à sua família em geral por todo o incômodo que traz essa nossa família numerosa demais"). Abraçando os entes queridos, em virtude dessas poucas palavras, Leone Ginzburg está, muito simplesmente e de modo totalmente radical, despedindo-se do mundo e, despedindo-se do mundo, está se reconciliando com ele. O gesto tem a "gravidade e a simplicidade de um rito ancestral". Não se pode imaginar gesto literário mais elevado, mais potente. Aqui, de fato, a palavra se eleva à sua máxima potência. Aplica-se a ela aquilo que antigamente se costumava dizer sobre a figura paterna: ergue-se entre a vida indefesa e a morte.

"Leone morreu sem dizer a sua última palavra, sem se despedir de ninguém, sem concluir a sua obra, sem nos deixar uma mensagem. Por isso não podemos nos resignar, nem perdoar." Assim escreveu, muitos anos depois, um companheiro de juventude de Leone, Norberto Bobbio, quando já se tornara célebre filósofo e grande autoridade moral. Mas não é verdade. O filósofo está enganado. Mesmo a autoridade moral aqui está enganada. A última palavra de Leone Ginzburg é esse adeus que o morto não cessa de enviar a nós, vivos. Essa sublime, extremada, fervorosa última carta à esposa e, por meio dela, aos filhos, essa é a obra de Leone. Não há outra mensagem além dessa.

UM FUTURO FÁCIL E ALEGRE

NATALIA GINZBURG

"Era o pós-guerra, uma época em que todos pensávamos ser poetas."

Natalia se salvou. Os filhos, Carlo, Andrea, Alessandra, se salvaram. Segurando-os pela mão, Natalia ingressa no pós-guerra. Faz a sua entrada num mundo que lhe aparece "enorme, incognoscível e sem limites". Assume o dever de "habitá-lo com alegria", de "olhar sem lágrimas o esfacelamento do passado". Mas é ao esfacelamento do passado que dedica o seu primeiro poema público. É uma lembrança de Leone: "Os homens vão e vêm pelas ruas da cidade./ Compram comida e jornais, vão para diversas atividades [...]/ Não é tua a cidade iluminada: a cidade iluminada é dos outros,/ dos homens que vão e vêm, comprando comida e jornais. [...]/ Mas o portão que à noite se abria, ficará fechado para sempre;/ e deserta é a tua juventude, apagado o fogo, vazia a casa". Esse poema é também o primeiro texto que Natalia assinará com o seu nome verdadeiro, não mais obrigada pelas leis raciais a se esconder sob pseudônimo. O sobrenome que escolhe para si é o de Leone: assina Natalia Ginzburg e assim continuará durante toda a sua longa carreira de escritora.

Natalia não é a única, nesse imenso pós-guerra, a ficar consternada com o fim de Leone. "Para mim é impossível pensar na morte de Ginzburg com a paz com que um homem sábio sempre deve considerar a morte", escreverá, entre tantos, Pietro Pancrazi. Mas a vindima dos vivos é alegre, geral, e, nesses primeiros tempos, para os vivos é imperioso participarem dela. Os mais jovens em particular, mesmo tendo vivido a guerra como vencidos – escrevia Italo Calvino –, não se sentem esmagados e sim vencedores, "movidos pela carga propulsora da batalha recém-concluída, depositários exclusivos de uma herança sua". Para todos, jovens e velhos, vencedores e vencidos, a vida e o anseio de contá-la se tornam uma só coisa. Nos trens que recomeçam a funcionar, lotados de farinha e tonéis de azeite, "cada passageiro conta a desconhecidos as vicissitudes pelas quais passou, e o mesmo faz cada freguês nas mesas dos 'refeitórios do povo', cada mulher nas filas das lojas". Coroa-se tudo com uma "audaciosa alegria". A desolação da vida cotidiana parece "coisa de outras épocas". "O sentido da vida como algo que pode recomeçar do zero", essa é a herança que a guerra deixa à imensidão do pós-guerra.

Depois de uma breve estada em Roma, já em 1945 Natalia se muda para a casa dos pais em Turim, que lhe cedem alguns aposentos do seu apartamento. Giulio Einaudi lhe oferece um emprego na editora e ela começa, como Leone fizera por uma década, a avaliar livros para publicação, corrigir as provas, estabelecer contato com os seus autores, traduzi-los para os leitores italianos. Trabalha "com fúria e vertigem, mergulhada num total isolamento", sente-se "como os elefantes que se escondem para morrer". Em torno dela, porém, estão os amigos que haviam conhecido e amado o seu marido. Na mesa ao seu lado, sempre remexendo nervosamente os cabelos, trabalha Cesare Pavese, que se tornou diretor editorial. De vez em quando, para relaxar, Cesarito ainda declama em voz alta versos da *Ilíada*, tal como nos tempos em que se sentava ao lado de Leone.

Natalia acorda antes do amanhecer para aproveitar o silêncio e poder se dedicar também aos seus contos e romances breves. Todos eles tratam de mulheres jovens que, extenuadas pela dor, se matam por amor ou, corrompidas pelo amante, matam o marido por desamor. Einaudi também publica a sua tradução de *Em busca do tempo perdido*, de Marcel Proust. Quando os filhos lhe perguntam sobre o que fala aquele livro longuíssimo que tanto a absorve, Natalia responde: "Fala de um menino pequeno que não conseguia dormir enquanto a mãe não chegasse para lhe dar um beijo de boa-noite".

Além das janelas da editora, a Itália está nos extremos: os italianos que sobreviveram à guerra consomem apenas quatro quilos de carne bovina por ano, a produção agrícola diminuiu 60%, de cada quatro animais que lhes serviam de alimento antes da guerra, três foram destruídos pelas bombas. Em Pontedera, contudo, a empresa Piaggio registra uma patente para uma "motocicleta de estrutura racional das peças com carroceria conjugada com para-lamas e capota recobrindo toda a parte mecânica". Nasceu a Vespa.

Em 2 de junho de 1946, realizam-se as primeiras eleições livres depois de 25 anos. Vota-se para escolher entre república ou monarquia e para a assembleia constituinte. O comparecimento é excepcional. Pela primeira vez na história da Itália, as mulheres também votam. A república vence.

Por poucos e formidáveis meses, democratas-cristãos, comunistas e socialistas governam o país juntos. Mas logo o vento muda. Muitos fascistas acusados de crimes até graves são libertados depois de uma anistia geral, forma-se o primeiro governo monopartidário democrata-cristão do qual se excluem os comunistas, e as eleições políticas de 1948 transcorrem num clima de inimizade entre os italianos que combateram o fascismo sonhando com a revolução e os que agora têm pesadelos com ela.

Natalia, como muitos outros escritores e intelectuais, inscreve-se no Partido Comunista e, timidamente, fala em público em seu apoio. Mas o Fronte Popolare perde as eleições, a democracia-cristã se prepara para governar a Itália pelos próximos quarenta anos, os americanos lhe dão apoio disponibilizando um programa de auxílio financeiro e alimentar aos países anticomunistas da Europa Ocidental, o Santo Ofício excomunga os comunistas, a Itália entra na Otan, o economista liberal Luigi Einaudi – pai de Giulio – é eleito presidente da república, o Ente Nazionale Idrocarburi descobre uma enorme jazida de metano em Cortemaggiore, na província de Piacenza, em 1º de agosto termina o racionamento de macarrão e pão. Em suma, não se fará mais a revolução.

Em setembro de 1949, num congresso do Pen-Club em Veneza, Natalia reencontra Gabriele Baldini, um estudioso de literatura inglesa, apaixonado por cinema e ópera lírica, que já havia conhecido em Roma em 1944. Casa-se com ele em Turim na primavera do ano seguinte. Mas decide manter o sobrenome do primeiro marido.

Dois meses depois, no começo do verão de 1950, Cesare Pavese é agraciado com o prêmio Strega pelo romance *O belo verão*. O Strega, concedido depois de intrigas, maquinações, acordos por baixo dos panos e trocas de votos entre as várias facções da sociedade literária italiana, já é o mais representativo e importante reconhecimento do nosso país. Quando Giulio Einaudi, baseado em indiscrições, antecipa a Pavese a notícia da sua vitória, ele se limita a dizer: "Faz cinco anos que eu já sabia".

Na noite da premiação, Pavese, embora saído da enésima desilusão amorosa, mesmo assim se mostra sorridente. Passam-se dois meses e, na noite de 27 de agosto, num quarto do hotel Roma da piazza Carlo Felice de uma Turim ainda deserta, ingerindo dez envelopes de sonífero, Cesare Pavese se rende e tira voluntariamente a vida. Alcança, como suicida, o amigo Leone, deixando uma breve frase de despedida anotada a lápis na folha de guarda de uma cópia dos *Diálogos com Leucó*, o livro com que dera voz à comoção dos deuses imortais, pesarosos por não poderem morrer como os homens.

Em 1952, Natalia se muda com as crianças para Roma, onde Gabriele Baldini obteve uma cátedra de literatura inglesa. Vão morar num apartamento em Parioli, não distante da casa onde Leone passara os últimos dias de vida como clandestino em companhia da família. Natalia continua a colaborar com a Einaudi da sede romana. Ao longo do ano, publica um novo romance, chamado *Todos os nossos ontens*, que narra sem reticências, sempre do ponto de vista de uma moça órfã, angustiada e perdida, e sempre por meio de uma saga familiar, a Itália fascista, a guerra, as perseguições, a Resistência. Por outro lado, em favor da reticência pronuncia-se Giulio Andreotti, que será, sempre sob a insígnia da omissão e da reticência, o mais poderoso e longevo político italiano dos quarenta anos seguintes. No momento, Andreotti é um jovem subsecretário na presidência do conselho e, num artigo publicado em *Il Popolo*, acusa o cinema neorrealista de difamar a Itália narrando as suas misérias. Em 8 de abril, nas telas de toda a Itália, é projetado *Totò a cores*. A época do preto e branco se encaminha para o seu ocaso. Fausto Coppi vence o Tour de France.

A família Ginzburg-Baldini se muda para Trastevere. Os filhos mais velhos já estão no colegial. Em 4 de setembro, Natalia dá à luz uma menina, Susanna, gravemente enferma. Os pais a levam para a Dinamarca para ser operada. Sobreviverá. Pouco depois, Natalia lê em francês o *Diário de Anne Frank* e recomenda a sua publicação à Einaudi, convencida da necessidade de tornar conhecida a perseguição sofrida pelos judeus da Europa. Anne, segundo o retrato feito por Ginzburg, é "a única que, de algum modo, se dispõe a morrer: a única que procura no pensamento da morte algo que não seja puramente horror e pena". Nos meses seguintes, Stálin morre na Rússia; a democracia cristã de Giulio Andreotti vence de novo as eleições na Itália; a RAI inicia o serviço televisivo público; em Roma é inaugurada a primeira linha de metrô; o Fiat 600, primeiro automóvel a preço popular, é apresentado em Genebra; chega a Milão o primeiro jukebox. Depois de um ano, já serão quinhentos.

Em 1957 Natalia publica *Sagitário*, um novo romance breve. Narra, sempre do ponto de vista de uma mulher jovem, a história de uma viúva que se muda para a cidade para abrir uma galeria de arte e ali será enganada por uma trapaceira. O livro conquista o prêmio Viareggio. Em outubro, Lidia Levi, a mãe de Natalia, morre aos 79 anos. A filha, talvez também para elaborar esse luto, publica um ensaio sobre Cesare Pavese, "Retrato de um amigo", provavelmente o texto mais bonito já dedicado à memória do grande escritor de Santo Stefano Belbo. A RAI transmite *Carosello*, primeiro anúncio de promoção publicitária; em Los Angeles, Fellini vence o Oscar com *A estrada da vida*; em Milão, no viale Regina Giovanna, é aberto o primeiro supermercado italiano. No decorrer do ano, o número dos empregados na indústria supera pela primeira vez o número dos trabalhadores no setor agrícola. Renato Carosone canta "Tu vuo' fa' l'americano".

Em janeiro de 1959 nasce o segundo filho de Natalia e Gabriele Baldini. Dão-lhe o nome de Antonio. Infelizmente, também esse menino tem graves malformações, às quais não sobreviverá. O crescimento do país, enquanto isso, entrou na sua fase explosiva. O jornal *Daily Mail* de Londres cunha a expressão "milagre italiano" para definir o nosso extraordinário desenvolvimento econômico.

Em julho é inaugurado o primeiro trecho da Autostrada del Sole; ainda em julho é criado o Ministério do Turismo e do Espetáculo; em setembro, com *A grande guerra*, de Mario Monicelli, recebendo o Leão de Ouro no Festival de Veneza, consagra-se oficialmente a efervescência da comédia à italiana; em dezembro, em Estocolmo, Emilio Segrè, aluno de Enrico Fermi, que imigrou para os Estados Unidos após a implantação das leis raciais fascistas, vence o prêmio Nobel de Física, e Salvatore Quasimodo o de Literatura. O ano de 1960 se abre com a atribuição do "Oscar das Moedas" à lira – definida como uma das moedas mais fortes do mundo. Nesse mesmo ano, o filme campeão de bilheteria é *A doce vida*, de Federico Fellini. Em segundo aparece *Rocco e seus irmãos*, de Luchino Visconti. Milhões de italianos cantarolam "Nel blu dipinto di blu", esmagador sucesso planetário de Domenico Modugno: "*Penso che un sogno così non ritorni mai più:/ mi dipingevo le mani e la faccia di blu,/ poi d'improvviso venivo dal vento rapito/ e incominciavo a volare nel cielo infinto...*" [Penso que um sonho assim não volta nunca mais:/ eu pintava as mãos e o rosto de azul,/ depois de repente era pelo vento arrebatado/ e começava a voar no céu infinito...].

Natalia, enquanto isso, acompanhou o marido a Londres, onde Baldini foi nomeado diretor do Instituto Italiano de Cultura. Ali, a distância, depois de um longo silêncio, Natalia Ginzburg recupera a vontade de escrever. Renasce nela com a recordação dos lugares e pessoas da sua infância. Entregar-se à memória sem mais hesitações nem filtros lhe proporciona uma alegria límpida, cristalina, uma "alegria louca". Daí nasce o romance *As vozes da noite*, mais uma prova do seu talento para o entrelaçamento de histórias familiares. Debruçando-se sobre a sua infância, a mulher adulta a preserva pondo-a por escrito. Prossegue na sua obra de preservação mesmo quando, regressando a Roma, o ninho materno se esvazia de filhos.

Em fevereiro de 1962, efetivamente, Natalia se torna avó. Nasce Silvia, a primogênita do filho Carlo que se casara com Anna Rossi Doria, filha de Manlio, companheiro de cárcere de Leone e portador da notícia da sua morte. Andrea, segundo filho de Leone e Natalia, vive há tempos fora de casa e ele também se casará com uma filha de Manlio Rossi Doria, Marina, irmã de Anna, sua cunhada. Em outubro, por fim, Alessandra, terceira filha dos Ginzburg, se casa, e Natalia e Gabriele ficam sozinhos na casa romana da piazza Campo Marzio.

No dia seguinte ao casamento da filha, em 16 de outubro, Natalia começa a escrever um texto em que se propõe a reevocar o ambiente familiar da sua infância por meio de palavras e expressões costumeiras. A sua intenção era fazer um breve ensaio, mas o livro fala mais alto, e sai "um monte de coisas"; ela se sente "como que possuída pelo demônio" e, temendo que lhe ocorra algo que a obrigue a parar de escrever, trabalha dia e noite. Antes do Natal o livro está pronto. Escreveu a história da sua família.

Ali estão todos, pai, mãe, irmãos, amigos, parentes e conhecidos, com os seus nomes e sobrenomes. Ali estão as tragédias da Itália durante o fascismo, a guerra, a Resistência, expressas de uma maneira memorável precisamente por meio "da reserva que os cala". "Um livro único, portanto, reunido como um grupo fotográfico", define-o Italo Calvino na orelha. Leone é lembrado assim – com aquela extrema reserva que é o estilo de todo o livro – como um entre os outros, na multidão do grupo fotográfico.

Ou, talvez, pode ser que Leone seja – como sustentou um crítico literário – justamente a verdadeira voz desse romance que faz os mortos falarem, uma voz que se irradia sobre todo o universo familiar repercutindo de um centro vazio, cavado pelo seu desaparecimento.

O livro se chama *Léxico familiar* e fará enorme sucesso. Venderá nas décadas seguintes centenas de milhares de exemplares, aproximará Natalia Ginzburg de milhões de leitores e será lido por duas gerações de italianos nas carteiras das escolas. Em junho de 1963, o livro também recebe o prêmio Strega. As fotos da cerimônia de premiação, realizada em 4 de julho no Ninfeo de Villa Giulia e que na Itália do boom econômico se tornou um grande evento mundano, retratam Natalia sorridente na sua perpétua tristeza ao lado de estrelas do cinema.

Passam-se os anos. Em 1964, Natalia interpreta o papel de Maria Madalena em *Evangelho segundo Mateus,* de Pier Paolo Pasolini; começa a escrever comédias teatrais em 1965, ano em que também perde o pai, o professor Giuseppe Levi, aos 91 anos de idade, depois de ter previsto com exatidão o dia da sua morte ("daqui a quinze dias estarei morto", dissera a Rita Levi Montalcini, sua aluna e futura vencedora do prêmio Nobel, que o visitara no hospital), os filhos dão a Natalia Ginzburg outros netos, e, em 1967, ela viaja para os Estados Unidos junto com o marido para ver um deles, Simone, filho de Andrea, nascido na América.

Em 1968, Ginzburg começa a colaborar com *La Stampa*, o jornal de Turim de propriedade da família Agnelli. O seu primeiro artigo traz o título de "Nós e os nossos filhos". Quando o escreve, Natalia está com 52 anos e sente que entrou na velhice. No artigo, traça um balanço da existência mais do que da história: "Agora estamos nos tornando o que jamais quisemos nos tornar, isto é, velhos [...]. O mundo que gira e se transforma ao nosso redor conserva apenas alguns pálidos traços daquele que foi o nosso mundo [...]. O mundo que temos diante de nós e que nos parece inabitável será, contudo, habitado e talvez amado por algumas das criaturas que amamos [...]. E uma coisa ainda nos surpreende, nós que agora somos cada vez mais raramente tomados de espanto: ver como os nossos filhos conseguem habitar e decifrar o presente".

Os anos, enquanto isso, passam também para a Itália. O país também se encaminha para o envelhecimento. Já em 1964 o boom começa a arrefecer. Em poucos anos, a Ferrero lança no mercado a Nutella; morre Palmiro Togliatti, o líder dos comunistas que tratava Stálin por "você"; pela primeira vez, livros são vendidos em bancas de jornal; 30 mil ávidos espectadores recebem os Beatles em Milão; na Universidade de Roma, o jovem militante socialista Paolo Rossi é assassinado por criminosos neofascistas; Adriano Celentano canta "Il ragazzo della via Gluck", e Francesco Guccini, "Dio è morto"; em toda a

Itália, estudantes ocupam as universidades; o PCI condena a invasão da Tchecoslováquia por tanques soviéticos; em Milão é aberto o Clube dos Sempre em Forma, primeira academia de *body building*.

Natalia, comentando com o filho Carlo as notícias da revolta estudantil que provocou confrontos com centenas de feridos em Valle Giulia nos arredores da faculdade de Arquitetura de Roma, se mostra cética: "Você também não acha estranho que todos eles são filhos de ricos?". Pouco antes, Carlo havia publicado *Os andarilhos do bem*, uma pesquisa sobre os cultos pagão-xamânicos difundidos entre os camponeses friulanos entre os séculos XVI e XVII. É um estudo originalíssimo que consegue penetrar em profundidade a história humana debruçando-se sobre fatos miúdos, sobre experiências cotidianas de pequenos personagens nascidos, crescidos e mortos em comunidades pequenas, distantes e jamais visitadas pelos "grandes eventos". Com a publicação desse livro, Carlo Ginzburg começa a se tornar aquele historiador insigne que, quarenta anos antes, muitos juraram que seu pai, Leone, um dia seria.

LUIGI SCURATI

"Segunda-feira que vem, você começa a trabalhar", disse-lhe o pai sem preâmbulos, pondo na sua mão um bilhete com um endereço: Messagerie Italiane, via Broletto, 22, Milão.

"E como faço com a escola? Ainda me falta um ano", responde o rapaz. Mas não é uma objeção.

"Disseram-me que também dá para ir à noite. Você vai estudar de noite." O homem se levanta esfregando as mãos enormes para tirar a graxa da bicicleta. A conversa está encerrada.

É final de agosto de 1950 quando seu pai, Antonio, voltando de Milão, o chama de lado porque "precisa falar com ele". Luigi Scurati tem dezessete anos e, para ele, o pós-guerra acaba naquele momento. Naquele instante começam a se desvanecer as marcas deixadas pelos cadáveres ensanguentados de Merli e Pedretti no mato crescido do pátio atrás da escola e, com elas, a lembrança do único filho homem de Abele Merli arrastado pelos *partigiani* em abril de 1945, com doze anos de idade, para aquele mesmo pátio para que disparasse, com uma espingardinha que lhe tremia nas mãos, o primeiro tiro da execução sumária do fascista que, em dezembro de 1943, havia assassinado seu pai em outra execução sumária.

No momento em que é informado que começará a trabalhar, o pós-guerra se evapora da testa do Luigi de dezessete anos, como que por exsudação, junto com as filas de racionamento de pão e com a impressão causada por *Ladrões de bicicleta*, o filme de Vittorio De Sica visto no ano anterior no cinema do Clubinho. Começa uma outra coisa, à qual ainda não sabe nomear.

As Messagerie Italiane distribuem livros. Procuram office boys. Poucas horas antes de informar o filho, Antonio Scurati, que se abastece nas Messagerie com alguns títulos populares para a sua papelaria, foi abordado pelo dr. Tonelli, diretor da sucursal da via Broletto, que perguntou à queima-roupa: "Ma lu ga minga un fieu?" [Mas não teria por acaso um filho?]. Recebendo a confirmação, concluiu: "Mande-o na segunda-feira". E assim Luigi obteve o seu primeiro emprego. Na Milão de 1950, não são necessárias as entrevistas de emprego. Trabalho há, e a seriedade do pai basta para garantir a do filho.

Assim, desde a segunda-feira seguinte, Luigi começa a desempacotar, arrumar os livros nas estantes, entregá-los aos vendedores. É preciso ser ligeiro, lembrar os títulos e editoras, abastecer os livreiros batendo a concorrência, as pessoas começam a ter dois tostões para gastar, o número dos que aprendem a ler aumenta. As Messagerie têm exclusividade de algumas editoras do momento, a Bompiani e, principalmente, a Einaudi. Quando Luigi aprende o ofício no início de 1950, são os livros de Cesare Pavese, um autor piemontês que conta histórias da sua terra, a pobre Langa camponesa e *partigiana* entre os vales de Tanaro e de Bormida, que fazem grande sucesso. Naquele ano, a Einaudi publicou *A lua e as fogueiras*; depois, em junho, *O belo verão*, título publicado no ano anterior, recebeu o prêmio Strega; e, posteriormente, em agosto, Pavese se matou. Há uma grande procura.

Luigi aprende rápido, sempre gostou do comércio. Bastam alguns meses e começa a fazer os pedidos, a rodar as livrarias do centro. O pessoal da Einaudi lhe propõe que vá trabalhar com eles, mas Luigi recusa. Começa, no entanto, a recomendar alguns títulos ao seu pai para a papelaria. Novos romances americanos – Steinbeck, Cronin, Faulkner –, não os habituais romances açucarados da Sonzogno. O pai se mostra cético, mas depois pega as obras e elas vendem bem.

Às sete da manhã, Luigi já está no bonde que desce da baixa Brianza para Milão. Às seis da tarde, terminado o dia de trabalho, vai para a escola no instituto técnico de contabilidade, que fica no edifício do Liceu Parini na via Goito. Volta para casa às dez. Tem pouco tempo para estudar, mas, ainda assim, ele se forma e obtém o adiamento do serviço militar porque está, o primeiro na família, matriculado na universidade. Mas lá permanece por menos de um ano e então decide ir servir o Exército. Trabalha já há bastante tempo e não lhe parece sensato adiar. Mandam-no para o centro de treinamento de recrutas (CAR) de Avellino e, a seguir, para um curso de radiotelegrafista em San Giorgio a Cremano, um vilarejo vesuviano na província de Nápoles. Assim ele estabelece facilmente um outro recorde: é o primeiro da família a descer ao sul do Pó.

Quando o filho parte, a mãe chora de emoção. Para os Recalcati, para os Scurati, para aqueles camponeses que vivem há séculos presos à terra da baixa Brianza, Nápoles significa ser atropelado por uma invasão africana. E não há nenhum desprezo, nenhum racismo, não ainda. É só uma questão da vida que se leva. Muitos deles, afora talvez os que partiram para a guerra, muitos dos Recalcati, dos Scurati dessa geração de meados do século xx, nascidos e crescidos no meio da grande planície, morrerão sem nunca ter visto o mar.

No dia em que Luigi parte, o pai, Antonio, não pode acompanhá-lo à estação porque cumpre o seu turno na fábrica. É uma manhã de novembro de 1953, talvez de 1954. Luigi parte de Milão com neblina, adormece, mas já em Fondi o aroma das tangerinas o surpreende. Na estação de Nápoles, um espetáculo de *femminiell*[4] num palco improvisado deslumbra os rapazes vindos do Norte. Ali, sob o vulcão, o pós-guerra ainda não terminou. Alguns dirão que nunca pode terminar.

O encontro de Luigi com o Sul é breve. Depois do CAR, despacham-no para o Regimento Genova Cavalleria, destacado em Palmanova no Friuli. Dispensado, retorna a Milão e "mãos à obra". Procura trabalho e encontra. Imediatamente. Emprega-se na Assicurazioni Italiane, ramo de liquidações e sinistros. Então um dia lê no jornal comentários alarmantes a respeito do primeiro concurso de rock and roll realizado na noite anterior no Palazzo del Ghiaccio. Dois batalhões da polícia motorizada tiveram de dispersar a multidão que se amontoava para entrar. Os

---

4 Termo usado para se referir a homens gays com expressão de gênero marcadamente feminina na cultura tradicional napolitana. [N.T.]

comentaristas temem os efeitos perversos da "droga em 33 rotações". Ele, Luigi, também estava lá na via Piranesi, com calça de brim azul e camisa xadrez, como todos. Na página seguinte, aparece um anúncio enorme: a loja de departamento Rinascente procura "OITENTA FUTUROS GERENTES".

Luigi se apresenta junto com outras centenas de jovens, tal como diante do Palaghiaccio. Na Rinascente procuram oitenta, mas contratam noventa. Todos têm menos de trinta anos. Luigi é um deles. É 1957 ou, talvez, 1958, e em Milão as pessoas se tornam gerentes aos 25 anos respondendo a um anúncio. Em Roma, enquanto isso, o consistório dos bispos elege Angelo Roncalli, o "papa bom", para o trono papal, massas de camponeses migram do Sul para o Norte para procurar pão nas fábricas, a moça Carla passa todos os domingos e dias santos dormindo para se recuperar da estafa daquele trabalho sempre igual, e Domenico Modugno vende 22 milhões de discos contando a todos que se pode voar.

A Rinascente é a loja de departamento mais renomada e cintilante da Itália. Foi batizada por Gabriele D'Annunzio em 1919 e agora, em 1958, as suas prateleiras abarrotadas de roupas, eletrodomésticos, cosméticos e brinquedos são o epicentro do boom econômico. Dos pórticos da piazza del Duomo, coração geométrico da cidade plantada no meio da grande planície, as mercadorias explodem como granadas.

Todas as manhãs Luigi desce a Milão de bonde vindo de Cusano Milanino, já atraído para a órbita da metrópole nascente. Com ele movem-se centenas de milhares de novos habitantes, urbanizados em poucos meses, imigrados do Sul da Itália, do Vêneto miserável, de vilarejos despovoados de montanha e de colina. Movem-se em uníssono na direção do adro do Duomo, como limalha de ferro atraída por um imã, libertados depois de séculos de submissões arcaicas, de sujeições intoleráveis, à noite constroem as suas casas nas periferias norte, depois, de manhã, enfileiram-se num exército operário. Todas as manhãs, no bonde que aponta para o grande guarda-chuva da Torre Velasca, surgida numa zona devastada pelos bombardeios para consolar a cidade do seu estranhamento e protegê-la do seu futuro, ali onde o curso torrencial do rio Seveso é canalizado em tubulações para correr subterrâneo por Milão, Luigi sente em torno de si o consenso de todo um povo que marcha compacto.

O aprendizado do jovem dirigente prevê o conhecimento de toda a cadeia: o processo produtivo têxtil nas fábricas de viscose, um período na administração, um nas vendas em contato com a clientela do departamento de equipamentos esportivos na época do Natal. Luigi logo se torna aprendiz do chefe do andar.

Depois, um dia, o responsável pela comunicação o convoca para uma conversa. O dr. Bordoli é uma pessoa importante, foi prisioneiro na Índia junto com o cavaleiro Borletti, o dono. Pouco tempo depois, o dr. Longodente comunica a Scurati que decidiram nomeá-lo vice-diretor de filial. Ganhará 220 mil liras por mês. É 1959, talvez 1960. Luigi tem 26 ou 27 anos. É enviado a Nápoles a fim de cuidar da primeira e única filial do Sul da Itália. Lá, para dizer a verdade, os irmãos Mele, imitando a França, já no final do século XIX haviam inaugurado as primeiras lojas de departamento da história da Itália. Eram suntuosas, dizem. Lá faziam propaganda usando até carros puxados por elefantes. Mas agora, depois da guerra, parece não ter sobrado mais nada daquela história.

Enquanto milhões de camponeses sobem a península em direção às fábricas do Norte, Luigi toma novamente o trem em direção ao Sul. Agora, porém, a ferrovia segue ao lado dos canteiros da Autostrada del Sole. Logo, ao longo dos acostamentos asfaltados, irá se desdobrar uma única cidade com oitocentos quilômetros de extensão, com motéis, estacionamentos, restaurantes.

Em junho, em Cannes, Georges Simenon, presidente do júri, concederá a Palma de Ouro para *A doce vida*, de Federico Fellini. Em setembro, em Veneza, a projeção de *Rocco e seus irmãos*, de Luchino Visconti, causa escândalo e alvoroço. Na cena final, os operários de macacão azul afluem aos portões da Alfa Romeo em Portello, a fábrica onde o pai de Luigi, Antonio, agora já perto da aposentadoria, trabalhou durante trinta anos.

Na Nápoles do início dos anos 1960, cuja lembrança acalentará por toda a vida, Luigi vive um período de entusiasmo. A loja da Rinascente fica na via Toledo e, de início, ele se instala numa casa nas vielas escuras, cheias de vida, dos Quartieri Spagnoli que sobem na direção da San Martino. Depois se muda para a colina, no piazzale Michelangelo, e dali, todas as manhãs, desce a pé na direção da via Toledo, passando pela subida Cacciotoli e pelas rampas da Pedamentina. São bairros ainda parcialmente rurais, salpicados de cocheiras e sítios devorados, dia após dia, pela ferocidade da especulação imobiliária. Todas as manhãs, Luigi vê a cidade mutante avançar desde o mar até se perder de vista, erguida por um turbilhão de beleza convulsa, numa paisagem de dilaceração e esperança, violência e doçura. Depois de poucos dias, acostumados com a sua presença, o pessoal paupérrimo dos Cacciotoli sai das espeluncas para lhe oferecer café.

Luigi fica seis anos na Rinascente. Enquanto isso, entram e saem três diretores. Ele recebe o apelido de "preparador" porque toda vez precisa treiná-los naquela cidade maravilhosa e em ruínas.

A política empresarial desaprova as relações entre dirigentes e subalternos, mas Luigi é jovem, solteiro, forasteiro. Ele e Susi, uma moça bonita do departamento de discos, se encontram às escondidas. Até que um dia se abre uma vaga de encarregado. Umas duas candidatas são testadas, mas não estão à altura. A sra. Ferrari, a encarregada que está de saída, lhe recomenda uma mulher jovem e brilhante. É magra, morena, tem cabelo curto e usa roupas de corte masculino. É a moça da Max Factor, a empresa que inventou o make-up e maquiou Marlene Dietrich. Contratam-na e a mandam a Milão para estagiar. Quando a recém-contratada retorna, Luigi, sempre que desce pela escada rolante dos escritórios da direção até o saguão do andar térreo, percebe os olhos dela apontados para ele.

Durante um evento de promoção da base para maquiagem, cai um folheto do balcão da moça Max Factor.

O vice-diretor o apanha e estende a ela. Mas, estranhamente, a moça o devolve a ele. Ela anotou um número de telefone com um lápis de olho.

ROSARIA FERRIERI

Rosaria Ferrieri nasceu em outubro de 1942 num andar de subsolo sem água corrente, sem aquecimento nem janelas, sob as bombas dos americanos. Poucos meses depois, é também bombardeado pelos Junkers com a suástica na fuselagem. Ela deu os primeiros passos no mundo naqueles dias que Curzio Malaparte definiu como os dias da "peste" de Nápoles, quando, depois de três anos de fome, epidemias e bombardeios ferozes, os napolitanos, os primeiros entre todos os povos da Europa a serem "libertados", aceitaram "representar o papel de um povo vencido, de cantar, bater palmas, pular de alegria entre as ruínas das suas casas". No entanto, o pós-guerra de Rosaria Ferrieri é uma lembrança alegre. Ela também, como os napolitanos de Malaparte, não se arrogava o direito de se sentir parte de um povo vencido.

Rosaria lembra que, em 1946, em Nápoles, à noite dançavam na casa das primas mais velhas. Dançavam com os soldados americanos na casa de Anna Crescenti, a prima bonita. A atmosfera era alegre, e ninguém parecia querer lembrar que aqueles "rapazotes" vindos do Kansas ou do Missouri, até pouco tempo atrás, desciam em mergulho para metralhar na rua as mulheres que agora cozinham espaguete para eles. Eles, os americanos, "prodigalizavam": distribuíam chocolate para as crianças, rolos de toucinho para as donas de casa, meias de náilon para as primas mais velhas e todos os entretinham, todos eram jovens e todos queriam se divertir. As moças cochichavam e começavam a passar batom nos lábios. As meninas eram pequenas e entendiam mesmo aquilo que não deviam entender.

 Depois, porém, num dia de 1947 a mãe Ida chama de lado a pequena Rosaria e lhe comunica que está para partir para uma terra da qual nunca ouviu falar. A tia veio buscá-la da Sicília e vai levá-la consigo. Não para sempre, só por um tempinho, até que as coisas se ajeitem, depois Rosaria poderá voltar. A menina sabe que o seu pai, Peppino, não tem trabalho, que o seu irmão Franco está morrendo numa cama de hospital porque um companheiro o esfaqueou sete vezes nas costas durante um jogo de futebol, que o seu irmão Salvatore está numa outra cama do mesmo hospital atropelado por um caminhão americano, e entende que a mãe a tira do colo para pô-la a salvo. Rosaria diz: "Está bem, mamãe", e segura as lágrimas.

 Ela é acompanhada à estação da piazza Garibaldi por Enzo Civile, o sobrinho comunista da sua mãe. Rosaria é muito apegada àquele homem jovem e gentil. No caminho, Enzo Civile dá uma parada para lhe comprar um pacotinho daquelas balas vermelhas que tingem os lábios. Sabe que as meninas gostam especialmente delas porque, depois de chupá-las por bastante tempo, podem imaginar que passaram batom como as irmãs mais velhas. Mais de uma vez, e já nos trilhos, Enzo se curva sobre a menina, sorri para ela e pergunta: "Tem certeza, nenne? Se mudou de ideia, pode me dizer e levo você de volta".

Rosaria sabe que, três anos antes, aquele homem gentil havia perdido toda a família num refúgio atrás da rua dos Tribunais. Enzo tinha uma namorada, Angela, com quem vinha adiando o casamento havia anos por causa da guerra. Em março de 1944, quando tudo já parecia terminado, marcaram a data, e Enzo fizera Angela vir dos campos com a família. Um avião com a suástica, com a guerra perdida, surpreendera a todos em suas roupas de festa, sentados um ao lado do outro no mesmo banco: Adele Rossi Civile, de 44 anos; Giovanni Civile, de dezenove anos; Eugenio Civile, de onze anos; Angela Ciardello, de vinte anos; Giuseppe Civile, de dois anos. Enzo e o seu pai, Pasquale, internados em hospitais diferentes, sem saberem um do outro, depois da chacina passaram dias e dias cada qual temendo ser o único sobrevivente da família inteira. Rosaria, que tem apenas cinco anos, mas já sabe tudo isso, cerra o punho no saquinho de balas e, para não desiludir Enzo e todos os seus mortos, diz: "Está bem, tio, eu vou".

Os parentes sicilianos, abastados, a cercam de atenções e afeto: compram-lhe um cachorrinho, compram-lhe uma bicicleta, coisas que em Nápoles jamais poderia ter. No fundo, são felizes os dois anos que a menina passou na Sicília longe da mãe, do pai, do irmão mais velho, Franco, que jaz moribundo num leito de hospital com a pleura lesionada por sete facadas nas costas, e Rosaria conservará para sempre a lembrança fascinante dos grandes eucaliptos na praia de Messina como um jardim africano. Só algumas vezes é tomada por uma saudade avassaladora da mãe, do pai, dos irmãos. Então, para não ofender os seus hospedeiros, se fecha por alguns minutos no banheiro para chorar. Outra herança da infância que levará consigo por toda a vida.

A Nápoles para a qual Rosaria volta no final dos anos 1940 é uma cidade explosiva e já explodida, violentada e violenta, irredimível e para sempre redimida. Uma cidade ávida e esfaimada, onde se vende carne na rua, embrulhada em papéis ensanguentados, de animais abatidos em porões para escapar à fiscalização, às taxas, aos impostos, aos carimbos de racionamento. A miséria é faraônica, a promiscuidade no andar do subsolo, cotidiana. Rosaria vagueia por ela sem amarras. A mãe, muitas vezes, precisa ir buscá-la nas quebradas onde brinca de pega-pega com os moleques de rua. E então vêm as bordoadas. Muitas vezes a mocinha foge ao controle de Ida, sempre severa e inimiga intransigente de qualquer teatro, mesmo para se esconder na escuridão imaginativa do San Carlino e admirar os feitos de Orlando e Rinaldo aos quais é devota como o seu pai, Peppino, que, cúmplice e bondoso, encobre as suas fugas no mito.

Peppino Ferrieri, com efeito, voltou a fazer as suas marionetes guerrearem. Apesar da difusão do cinematógrafo, o final da guerra trouxe um novo público para as intermináveis epopeias dos paladinos da França: os soldados americanos parecem interessados em tudo o que é "napolitano autêntico". Mas é o último estágio da agonia de uma cultura popular, chama-se folclore. Peppino, sem perceber que se tornou uma marionete de si mesmo, todas as noites, durante 340 apresentações por ano, continua generosamente a manter vivos os poemas cavaleirescos no seu pequeno teatro para os soldados americanos que se divertem observando os costumes exóticos dos napolitanos. Orlando e Rinaldo continuam a realizar os seus feitos épicos e a pelejar pela bela Angelica. Carlos Magno – que fizeram nascer, sabe-se lá por qual motivo, em 1014 – continua a viver em cena até a idade de 104 anos, os valentões continuam a atirar à queima-roupa na marionete do infame Ganelão. Agora, porém, enquanto abrem fogo de verdade com revólveres autênticos, recitam, conscientemente ou não, o papel do valentão aos olhos dos soldados americanos que vêm observar os ritos ancestrais dos indígenas vesuvianos.

Mas Peppino não sabe ou, talvez, prefere não saber de nada disso. O que ele quer, como sempre e desde sempre, é o teatro, quer cantar, recitar, declamar versos comoventes de pedreiros que morrem caindo do andaime e de amantes inocentes e incestuosos. Não se resigna a passar a vida amolando facas e pesando fatias de carne na balança.

Em 1954, a história da sua vida de artista fracassado vem reencontrá-lo. Totò, o grande Totò, volta ao rione Sanità, onde cresceu na miséria junto com Peppino, para rodar o episódio do *pazzariello* do filme *O ouro de Nápoles*. Todos na família incentivam Peppino a ir cumprimentá-lo. Ele resiste. Totò já é um astro, uma celebridade nacional, talvez o homem mais popular da Itália. Além disso, desde que o marquês De Curtis, o seu pai natural, o reconheceu e um outro marquês o adotou, o filho de Annina Clemente se tornou um príncipe.

No fim, Peppino se decide. Sai do baixo da via Settembrini, atravessa a via Foria, sobe a via Vergini e está no set. Ao todo, dez minutos de viagem. Tão logo o reconhece, Totò suspende as gravações e manda o chofer levá-los para passear pela cidade. Depois de cerca uma hora, os dois amigos descem do carro. Totò volta ao set, e Peppino, à sua vida.

Nos meses seguintes, Peppino se renderá a ser açougueiro por necessidade. À noite, continuará a apresentar o espetáculo no San Carlino, continuará a correr para qualquer ribalta de periferia que ofereça um papel de comédia, continuará a saltar numa cadeira durante um batizado ou um banquete de casamento para cantar, com voz trêmula e uma expressão lacrimosa no rosto, votos de amor desesperado à Madonna della Neve [Virgem da Neve], mas também começará aos poucos a manusear, com frequência crescente, os ferros do ofício dos comerciantes de carne de onde provém. A família Avolio, velhos comerciantes, desde sempre em negócios com os Ferrieri, abriu um novo açougue justamente na via Foria, perto do Distrito Militar, e Peppino, com quase cinquenta anos, recomeça a trabalhar na área. Assinará a sua rendição em 1958. O cavalier Ruggero, proprietário do local, baixou o preço da entrada para cinquenta liras, mas, apesar disso, contam-se nos dedos os espectadores. Em 11 de setembro de 1958, Peppino Ferrieri abaixa as grades do San Carlino, último teatro de marionetes em Nápoles.

Precisamente naquele mesmo ano, Eduardo De Filippo pede que Peppino represente a si mesmo num filme melodramático centrado na história de um menino abandonado e ambientado no mundo dos teatros de marionete. Peppino acompanha o figurinista da produção ao depósito onde jazem abandonadas as marionetes que, até poucas semanas antes, tinham pisado as tábuas do palco. Os cenógrafos pedem também para usar a estátua de uma Nossa Senhora das Dores que Ida mantém sob uma campânula de vidro na penteadeira. Ela ainda pode ser vista, com o coração cravejado de punhais, no fundo de alguma cena menor. O filme, com o título de *L'uomo dai calzoni corti*, talvez seja a única coisa medíocre realizada pelo grande dramaturgo e ator napolitano. Apesar da presença de Eduardo De Filippo, o filme não faz sucesso.

A carreira profissional de Rosaria nos anos 1950 é marcada pelas mesmas etapas das do seu pai. Em 1954, enquanto Peppino se resigna, pouco a pouco, a servir nos açougues, a sua filha mais nova vai trabalhar como aprendiz numa alfaiataria atrás da via Toledo. Rosaria está com doze anos e só completou a escola primária.

A loja fica no vico Gelso, na frente de um dos últimos bordéis da cidade. De manhã, quando a madame abre as janelas para arejar os quartos, as costureirinhas espiam as camas desarrumadas, as tapeçarias vermelhas, as carnes esgarçadas das mulheres que se vendem pelas vielas. O cheiro de fritura, de urinóis, de peixe estragado se mistura à maresia, aos eflúvios das flores murchas, amontoadas aos milhares aos pés das Virgens nos tabernáculos, às gorduras animais da carne cozida pelo sol ou pelo sexo, em que se fareja – como notou Sartre passeando por Toledo – o parentesco imundo entre o amor e a nutrição terrestre. Para Rosaria, ainda no final da infância, é uma escola de vida. Dura dois ou três anos.

Por volta de 1958, enquanto o San Carlino fecha as portas, Rosaria se emprega como balconista numa loja de instrumentos musicais, depois trabalha como temporária no supermercado Upim e, finalmente, passa na seleção para um cargo de demonstradora de beleza na empresa de cosméticos americanos Max Factor. Ainda não tem vinte anos, mas é muito apreciada. Tem ótimos resultados, em especial com as "dramatizações". São demonstrações em que a vendedora, para ilustrar os produtos, se maquia em público descrevendo por um microfone as etapas do make-up. Uma sombra, talvez, daquele teatro tão amado pelo seu pai e repudiado pela sua mãe.

A família Ferrieri, enquanto isso, também graças à ajuda econômica de Franco, o filho mais velho, não vive mais no baixo da via Setembrini. Mudou-se para um pouco mais adiante – e um pouco mais acima –, para um apartamento no mezanino de um edifício sob o arco da Porta San Gennaro. As coisas vão um pouco melhor. Franco, que sobreviveu às facadas do pós-guerra, é operador cinematográfico, o mesmo ofício de Tonino, o segundo filho, que já se casou. Salvatore emigrou para a Alemanha em busca de sorte. Maria, a irmã mais velha de Rosaria, terminando a escola normal do magistério, começou a trabalhar como secretária num escritório de advocacia. Ida continua, intrépida, a trabalhar como enfermeira clandestina, e Peppino tenta trabalhar por conta própria abrindo um açougue na via Posillipo. É ainda a miséria, mas agora menos feroz.

Apesar dos apertos, a casa dos Ferrieri permanece, como sempre, um lugar onde não se nega um prato de espaguete a ninguém. Muitos se beneficiam. Tio Ciccillo, por exemplo, um irmão excêntrico de Peppino, sempre está "casualmente" passando por ali antes do almoço. Ida e Peppino, sem pestanejarem, põem mais um prato na mesa. "Onde comem três, comem quatro", tal é o lema de Peppino. Que se aplica também à casa Ferrieri, onde, se contarmos direito, já são oito de partida. A moral, em todo caso, não muda. Tampouco quando, aos domingos, Ciccillo se apresenta com esposa e filhos. E tampouco quando vem de charrete e, da rua, ele grita chamando o irmão porque não tem dinheiro para pagar o cocheiro. "Mas por que não vem a pé?", limita-se a perguntar Peppino, mais por espanto do que por incômodo.

Em 1963, uma amiga mais velha, Anna Ferrari, conta para Rosaria que está prestes a deixar o seu lugar de encarregada na Rinascente da via Toledo e lhe sugere que se candidate. A perspectiva é animadora, mas há um obstáculo: é preciso apresentar um diploma de ensino médio. Nos últimos dez anos, o número de matriculados nas escolas superiores na Itália dobrou, mas Rosaria não pôde ir além do quinto ano primário. Justamente naquele ano, o quarto governo Fanfani aprova a reforma do ensino médio, que aumenta o ensino obrigatório até os catorze anos, mas a última filha de Peppino e Ida Ferrieri, ainda que agora aprenda de cor os poemas de Leopardi e Foscolo que os seus amigos universitários lhe recitam, aos doze anos aprendia o ofício de costureira espiando do outro lado da rua as prostitutas do bordel do vico Gelso. Em Nápoles, porém, graças a Deus, esses obstáculos são contornáveis: Rosaria passa na seleção na Rinascente apresentando o diploma de magistério da sua irmã Maria. Ainda não alcançou a maioridade quando é contratada com um salário de 130 mil liras por mês. E, acima de tudo, Rosaria deixa pela primeira vez o bairro onde nascera vinte anos antes sob as bombas dos americanos. Saindo do arco da Porta San Gennaro, pega o trem para Milão.

Para uma moça que vem da plebe urbana de Nápoles, o centro de Milão no início dos anos 1960 é, pura e simplesmente, um local repleto de maravilhas. O maravilhamento começa na saída da estação Central, diante dos 127 metros de altura, subdivididos em 32 andares, do arranha-céu Pirelli, que era então, e por muitos anos assim se manteve, o edifício mais alto da Europa. Os quatro pilares de concreto armado, que sobem aos pares por toda a altura das fachadas, revelando-se à vista dos passantes por vontade dos arquitetos racionalistas, formulam a sua promessa afunilando-se em direção ao céu.

O maravilhamento continua quando Rosaria, numa das primeiras noites, vai ao Piccolo Teatro da via Rovello onde está em cartaz uma comédia de De Filippo. Inaugurado já depois de dois anos do fim da guerra e dirigido por Paolo Grassi e Giorgio Strehler, é o primeiro na Itália com gestão comunal: "Este teatro nosso e de vocês é o primeiro teatro comunal da Itália [...]. Não cremos que o teatro seja uma decorosa sobrevivência de hábitos mundanos ou uma homenagem abstrata à cultura. O teatro continua a ser o local onde a comunidade, reunindo-se livremente para assistir e reviver, revela a si mesma", haviam declarado os diretores no ato da sua fundação.

Rosaria vai com uma nova amiga, convidada por Isa Danieli, então jovem atriz da companhia de Eduardo e ex-namorada do seu irmão Franco. À saída, no táxi para voltar para a pensão, Rosaria depara com a neblina. Apavorada com aquele carro que dispara no invisível, pede ao motorista para ir mais devagar.

Não é esse o seu único medo. Criada desde pequena num aposento onde dormia a família inteira, Rosaria se descobre incapaz de morar num quarto de hotel. Com efeito, sempre tem pesadelos noturnos. Por isso deixa o hotel e vai se hospedar numa pensão numa casa da via Copernico, onde uma aristocrata idosa decaída, uma Sforza, aluga por necessidade quartos da sua ampla casa de família. Mesmo levando em conta os pesadelos e a neblina, Milão encanta aquela moça da Porta San Gennaro.

A recém-contratada faz um curso de formação nos escritórios da piazza Carlo Erba e depois começa o estágio na grande, maravilhosa loja da Rinascente, na piazza Duomo. No almoço, come no clube empresarial da via Durini; à noite, quando o clube já está fechado, se satisfaz com um sanduíche no bar Commercio ou no Motta. Ali servem a bom preço outra maravilha: há um balcão no qual, em poucos segundos, a água quente se transforma numa saborosa e revigorante xícara de caldo simplesmente mergulhando nela um cubo de concentrado de carne. Chama-se caldo Star, e Rosaria o leva aos lábios sonhadora.

De certa forma, a poção miraculosa também a faz lembrar sua Nápoles, onde os ambulantes nas esquinas ainda vendem, por duas liras, xícaras de caldo de polvo e, por mais duas liras, pescam ainda um tentáculo do caldeirão que fervilha por horas. Bebericando o caldo Star instantâneo no Motta – pelas vidraças despontam os pináculos do Duomo –, a moça das vielas, já maior de idade, olha para trás e olha para frente. A saudade mede as distâncias, irredutível como a bolinha de mercúrio que salta para fora do termômetro quebrado. Agora, porém, Rosaria não vai mais chorar no banheiro.

Voltando a Nápoles, começando a trabalhar na Rinascente da via Toledo, Rosaria põe os olhos no vice-diretor. Talvez por ele ser de Milão, ou talvez por causa da covinha no queixo, mas o fato é que ela se apaixonou por ele. Ele é rígido, severo, quase rude, e todos sabem que a diretoria não aprova relacionamentos entre funcionários, mas Rosaria também sabe que o milanês, apesar de tudo, sai com Susi Valentino, do departamento de discos. Assim a jovem chefe de seção inicia um trabalho de sedução por pequenos sinais, da mesma forma como, quando menina, desobedecia à mãe, Ida, e ia brincar com os moleques nos cortiços ou assistir aos duelos entre Orlando e Rinaldo manipulados pelo pai, Peppino. Então, um dia, Rosaria decidiu dar a sua estocada.

Durante uma demonstração de lançamento de base para maquiagem, enquanto o milanês passa pela sua bancada, ela deixa cair intencionalmente um folheto. Quando ele, gentilmente, o recolhe para ela, ela rapidamente pega um lápis de olho de longa duração e anota no folheto o número do telefone de uma casa térrea sob o arco da Porta San Gennaro.

ROSARIA E LUIGI SCURATI

O milanês liga para aquele número.

Rosaria e Luigi começam a se encontrar longe do horário e do local de trabalho. Saem juntos da cidade em longos passeios de automóvel nas novas estradas asfaltadas do boom econômico. Percorrem-nas com o Fiat 500 vermelho de Maria Ferrieri, e é sempre Rosaria que vai dirigindo. Quase sempre vão para o mar, para Sorrento, a costa de Amalfi, o cabo Miseno. Luigi, mesmo tendo nascido no meio da grande planície, a centenas de quilômetros por todos os lados da Riviera, gosta de nadar e é bom nadador. Aprendeu ainda criança nos canais do Seveso onde, com os seus companheiros, detonava as granadas roubadas dos depósitos de munição danificados pela guerra fascista. Rosaria, nascida num grande porto do Mediterrâneo, à beira de uma das baías mais belas do mundo, é uma nadadora mais insegura, mas ganha coragem e habilidade nadando logo atrás de Luigi. Passam horas deitados numa encosta, um ao lado do outro, em banhos vespertinos de sol. São clandestinos, mas na Rinascente as amigas íntimas zombam de Rosaria por aquele lado esquerdo desmedidamente bronzeado. Ela sorri. Passam-se os meses.

Luigi, que não é de cultivar amizades íntimas, vive emparedado no seu segredo. Rompeu tempos antes qualquer relação com Susi Valentino, a moça da seção de discos. Mas, como sempre, não dá confiança a ninguém e se atém à sua linha dura e solitária. No trabalho, trata Rosaria Ferrieri como uma estranha e, entre um passeio e outro, desaparece por longos períodos. Não dá sinais de querer se ligar a ponto de, depois, precisar contrair matrimônio. Rosaria, evidentemente, sofre com isso. Começa a duvidar daquele homem por quem se apaixonou. Coisas demais – conta ela a amigas – os separam. A Autostrada del Sole havia sido concluída pouco tempo antes, mas Nápoles e Milão ainda lhe parecem distantes demais.

Depois, um dia, na praia de Maiori, sob as torres cilíndricas com agulha em cone do bizarro Castello Miramare, agora convertido num nightclub frequentado por Peppino di Capri e outros astros da época, Luigi vê Rosaria chorar e percebe que não quer perdê-la.

Quando ela falta ao encontro clandestino seguinte por estar gripada e envia a irmã Maria ao local combinado para avisá-lo, Luigi pede a Maria para acompanhá-la à sua casa para visitar a doente. Surpreendida com a aparição repentina do diretor milanês, a mãe Ida não perde a compostura: "Aceita um chá?", pergunta-lhe fazendo-o se acomodar e se preparando para enviar alguém ao armazém debaixo de casa para providenciar aquela bebida exótica. Por sorte, Luigi também toma café como todos os napolitanos.

Tão logo Rosaria retorna ao trabalho, Luigi a surpreende novamente. Enquanto espera o bonde rodeada pelos colegas, o vice-diretor atravessa a rua e, sob os olhos de todos, lhe oferece um presente encimado por um laço cor-de-rosa. Estamos na véspera do Natal de 1966.

Luigi Scurati é convidado para o almoço num domingo na Porta San Gennaro para conhecer a família Ferrieri. Peppino, radiante com aquele evento, ao ver Ida servir como primeiro prato arroz com tomate, que em Nápoles só é oferecido aos enfermos ou aos convalescentes, se aproxima do ouvido da esposa e, num sussurro, lhe pergunta: "Mas o diretor está doente?".

Passam-se mais alguns meses, Rosaria continua a alimentar dúvidas. Depois, em agosto, o marido de uma amiga violinista, Aurora Lamagna, recebe em homenagem dois quartos para uma noite num luxuoso hotel de Capri e oferece um a Rosaria e Luigi. O programa prevê que as duas mulheres durmam num dos quadros e os dois homens no outro. Luigi, porém, chegando a Capri, bate o pé. Insiste em que não quer dormir com um estranho. Ameaça ir embora. Rosaria cede à forçação de barra. É a primeira noite que passam juntos. No fim de setembro, Rosaria sabe que está grávida.

Quando informa o atraso a Luigi, ele fala em casamento. De casamento e de demissão. A sua rigorosa mentalidade considera inconcebível dirigir uma empresa que emprega a sua própria esposa. Os dirigentes em Milão não entenderiam. E, além do mais, quando se tem filhos, fica-se em casa para cuidar deles.

Rosaria se vê numa encruzilhada. Consulta as amigas mais próximas, confidencia com o seu irmão Franco, toma informações, confia o seu dilema a um bilhete postal. Ela quer continuar a trabalhar, a se manifestar nas praças pelos direitos dos trabalhadores e das mulheres, a se vestir como Juliette Gréco e a trilhar, em suma, o seu caminho no mundo. Não sobreviveu, ainda de fraldas, às bombas dos alemães e dos americanos só para se tornar esposa de um diretor. Não chegou até ali, libertando-se do subsolo das vielas atrás da Porta San Gennaro, só para recuar ao destino da sua mãe e da sua avó, mesmo que numa casa com geladeira e água corrente.

O que decide, como sempre, são as coisas derradeiras: resta a Peppino pouco tempo de vida. Ficou doente, já foi operado uma primeira vez, não tem escapatória. A filha escolhe a graça de uma última alegria para o pai moribundo.

Rosaria Ferrieri e Luigi Scurati se casam em 10 de novembro de 1967. Angela e Antonio Scurati descem de Milão para a ocasião. Aurora Lamagna e os outros amigos da orquestra do San Carlo tocam na igreja durante a cerimônia. A demissão já está na via Toledo, na mesa do diretor da Rinascente.

A empresa pede a Rosaria que fique. Diante da recusa, desejada pelo marido, pedem a ela que continue pelo menos para treinar os funcionários que irão substituí-la e fazer os pedidos para a estação seguinte. Rosaria, já no sexto mês de gravidez, faz uma última viagem a trabalho a Milão. Então, em fevereiro, cessa a sua relação com a Rinascente. Nem pediu o auxílio-maternidade pelo qual se batera nas praças de Nápoles junto com as mulheres e homens da sua geração.

Peppino, porém, está felicíssimo. A sua filha mais nova, aquela mais frágil, que grita no sono, que nasceu sob as bombas, se casou com um alto executivo, terá filhos privilegiados e uma família abastada com ele. A pedido do pai, Tonino Ferrieri grava um filminho em super-8 das núpcias da irmã e projeta na parede da cozinha em prol de quem passe pela casa. Finalmente, com vinte anos de atraso, no outono de 1967 o pós-guerra terminou também para ele.

Em 16 de maio, nasce o primeiro filho de Rosaria e Luigi. É um menino, é sadio, batizam-no com o nome de Marco. Peppino Ferrieri por pouco não o conheceu: morreu no leito de um hospital em 19 de abril, quatro semanas antes.

Em novembro de 1968, enquanto os seus coetâneos se entrincheiram nas salas de aula das universidades, quando ainda amamenta o primeiro filho, Rosaria sabe que está novamente grávida. Agora mora em Roma, onde acompanhou a carreira do marido. Está sozinha, sem o conforto de amigos e parentes. Passa os dias cuidando do recém-nascido e as noites insones. Luigi, recém-promovido a diretor de primeiro nível, está envolvido num novo projeto de expansão da empresa.

Rosaria, enquanto leva a passeio o filhinho num jardim de Roma – talvez o mesmo em que cinquenta anos antes a sua mãe Ida, então menina, passou ao relento a última noite da sua vida em companhia daquele seu pai infeliz –, Rosaria naquele jardim pensa novamente em abortar. Até marca uma consulta. Depois, das profundezas do seu ventre, percebe a voz do seu filho, esta voz. Rosaria não vai à consulta e nasço eu.

EU

Nasci em 25 de junho de 1969, em Nápoles, na colina de Posillipo, sob o signo de câncer, e tive uma infância normal, uma juventude normal, uma vida normal.

Fui uma daquelas crianças bonitas, loiras, com dois grandes olhos azuis, crianças amadas pelos pais, pelos tios, pelos avós. É verdade que, por volta dos cinco anos, comecei a sofrer de angústias noturnas – gritava em altos brados no sono: "Fechem os portões, Drácula está chegando!" –, perambulava sonâmbulo e, com pavor do escuro como a minha mãe, mesmo não tendo nascido como ela sob as bombas, incendiava as coisas para fazer luz. Mas também é verdade que nunca houve absolutamente nada na minha vida – a vida "real", quero dizer – que pudesse justificar aquele *pavor nocturnus*. Em meados dos anos 1970, aventaram um acesso de epilepsia, mas depois um célebre neuropsiquiatra deu um prognóstico benigno: "Passará com a puberdade", disse ele. E de fato passou.

A roda da fortuna parou para mim numa casa de sorte. Nascido no próspero e pacificado Ocidente na segunda geração depois do final da Segunda Guerra, fiz parte do pedacinho de humanidade mais abastado, bem nutrido, longevo, saudável, protegido e mais bem-vestido que já existiu na face da Terra. Apesar disso, paradoxalmente, quando criança brinquei com a imagem do cogumelo atômico que decorava os cenários da Guerra Fria.

Lembro que, uma noite, jantávamos na cozinha e eu derretia o queijo Tigre na sopa, lançava um olhar ao ventre dilatado dos meus coetâneos africanos sob o título "a fome no mundo" e às fotos de fichamento dos terroristas negros ou vermelhos que nos visitavam pela tela da TV. Depois, junto com as mulheres e os homens da minha geração privilegiada, me apresentei à vida adulta nos anos 1980. Como todos eles, tive uma educação sentimental baseada na pornografia de massa, uma economia que iria passar de bolha especulativa em bolha especulativa, uma política reduzida a comunicação publicitária, uma sociedade dividida entre país real e país midiático, uma nação desdobrada entre riscos reais e sentidos. Ao longo desse caminho, o aprendizado da vida foi para mim um treinamento para a irrealidade, a guerra, uma noitada transcorrida na frente da TV bebericando cerveja gelada – lembram-se das luzinhas brancas no fundo verde-noite da primeira Guerra do Golfo? –, e a história um gracejo entre um drinque e outro. Quando o muro de Berlim caiu, eu estava numa festa. Com o meu amigo Franco Rado estávamos na cozinha preparando jarras de spritz. Os olhos de Franco miraram um televisor esquecido entre o lava-louças e o micro-ondas: "Olhe aquele tonto com a picareta", me disse ele levantando a cabeça por um instante. Depois voltou a dosar o bitter.

Atendo-me aos fatos notáveis, sobre a minha existência posso dizer que, depois dos primeiros anos percorrendo a Itália a reboque da carreira do meu pai, a minha família se estabeleceu em Veneza. Ali frequentei todas as escolas. Naqueles vinte anos, a cidade reduziu pela metade a população residente, fechou quase todos os seus cinemas, livrarias, teatros, transformou-se num cenário para casamentos de turistas famosos. Eu, porém, não me dei conta de nada disso. Fui jovem e feliz naquela antiga cidade moribunda.

Terminando o colégio, matriculei-me na Universidade de Milão, faculdade de filosofia, na via Festa del Perdono. Ali tive tempo de participar da última ocupação estudantil de uma longa e exaustiva série histórica, de ver restaurantes de luxo fecharem após um grande escândalo de corrupção pública, o primeiro de uma nova, longa e vigorosa série histórica que dura até hoje, formei-me com uma dissertação de seiscentas páginas sobre teoria literária que nunca ninguém leu, nem mesmo os professores, fui fazer aperfeiçoamento em Paris numa universidade renomada com um filósofo famoso, depois deixei Paris na segunda metade da década de 1990 para participar, como cobaia e paciente, de um programa experimental do Ospedale San Raffaele para o diagnóstico diferencial e o tratamento de uma síndrome aguda de ataques de pânico da qual, por fim, estou, digamos, curado dela também.

Nos anos zero, depois de ter esperado em vão, junto com as mulheres e homens da minha geração, o fim do mundo na virada do milênio – espera que se prolongou pela década toda –, ganhei num concurso público primeiramente uma bolsa de doutorado, depois um lugar de professor de história e filosofia numa escola pública, e daí um lugar de pesquisador em cinema, fotografia e televisão numa universidade pública. Em junho de 2009, exatamente no quadragésimo verão desde o meu nascimento na colina de Posillipo, atendi num hospital de Milão à minha companheira nos trabalhos de parto para o nascimento da nossa filha. E este continua a ser o único evento autêntico da minha vida. É isso.

Seis anos antes, em 2002, eu realizara o meu sonho de rapaz tornando-me escritor. Quero dizer que um grande editor publicara o meu romance de estreia – ainda um volume de seiscentas páginas –, chamado *Il rumore sordo della battaglia* [O som surdo da batalha]. Seguiram-se outros, que tiveram algum sucesso, até que, numa manhã de novembro de 2011, enquanto o presidente do Conselho do meu país era inquirido sob acusação de favorecimento da prostituição de menores de idade, o país estava à beira da bancarrota e eu projetava o meu sexto romance, deparei por acaso – como se diz – com a notícia da descoberta da carta de demissão com que, em 8 de janeiro de 1934, Leone Ginzburg dissera o seu "não" ao fascismo. Decidi imediatamente que iria contar a sua história. Comecei a estudá-la procurando nela um antídoto para a nossa. Depois a deixei de lado para escrever um romance que contava a minha (que não exigia de mim nenhum estudo preparatório). Terminando rapidamente o romance sobre a minha família, voltei a Ginzburg e à sua. Nesse ir e vir, me dei conta de que eu tivera avós.

OS AVÓS

Nunca, evidentemente, conheci Leone Ginzburg. Mas, para ser franco, tampouco tenho alguma lembrança nítida de Antonio Scurati, o avô de quem trago o nome. Esse nome, aliás, trago por causa de uma reconsideração. De uma reconsideração e porque a vida é, toda ela, um imenso equívoco.

O meu avô paterno morreu, de fato, em março de 1973, quando eu ainda não tinha quatro anos. Às vésperas do meu nascimento em junho de 1969, a minha mãe fez ao meu pai a mesma pergunta que já lhe fizera um ano antes, logo depois de dar à luz o meu irmão, o primogênito, ainda criatura inominada: "Luigi, você acha que o seu pai ficaria contente se lhe déssemos o seu nome?". Meu pai, com toda a sinceridade, excluíra categoricamente essa hipótese, e depois os dois riram por não terem sequer aventado que aquele homem de mármore pudesse se comover com tal tipo de sentimentalismo.

E assim, como a minha mãe – talvez em polêmica contra a preservação de costumes antigos, talvez por superstição – se recusava a batizar o filho com o nome de Peppino, o pai moribundo, o meu irmão, em vez de se chamar Antonio ou Giuseppe, recebeu o nome de Marco, primeiro e único tanto entre os Scurati quanto entre os Ferrieri.

Como parte da desculpa dos meus pais, pode-se dizer apenas que o meu avô Antonio parece ter sido aquele tipo de homem tão austero que beira a afasia. Dizem que ele só fazia uso da palavra em frases como "me passe o açúcar" ou "lembre-se de apagar as luzes quando sair".

Seja como for, um ano mais tarde, quando nasci, o meu avô também já tinha sido diagnosticado com a mesma doença que levara o meu avô Peppino à sepultura. Quando a minha mãe, dali a doze meses, fez de novo aquela mesma pergunta, "Luigi, você acha que o seu pai ficaria contente se lhe déssemos o seu nome?", o meu pai foi tomado pela dúvida. E, na dúvida, chamo-me Antonio.

Chamo-me Antonio e guardo uma estranha lembrança de um homem alto, com os cabelos brancos lustrosos de brilhantina, que pega a minha mãozinha na sua mão gigantesca, sobrevivente a quarenta anos de fresa e torno, e me guia pelo jardim atrás da casa que construiu sozinho para si na via Unione em Cusano Milanino, no ponto entre a macieira e a videira, onde ele rompe o cerco de um mutismo que remonta ao início do século só para me perguntar pela centésima vez: "E você, como se chama?". E quando eu, numa cantilena, lhe respondo pela centésima vez com o seu nome e sobrenome, "Antonio Scurati", ele se alegra, acaricia a minha cabeça e me pergunta de novo.

Mas talvez se trate apenas de uma falsa lembrança. O meu pai e a minha mãe que, atônitos e divertidos, olhavam essa cena pela janelinha do banheiro me contaram o episódio tantas e tantas vezes que o imprimiram à força na minha memória.

Afora essa anedota, a existência de Antonio Scurati – o nascido em 1900 – não deixou na minha existência quase nenhum outro traço visível, a não ser, claro, a compleição física. De lembrança dele, só os macacões azuis de metalúrgico que ainda se encontravam no porão quando eu era criança, uma caixa de cadernos com a capa preta de couro sintético sobreviventes da sua papelaria e uma maravilhosa moto Guzzi vermelha que permaneceu estacionada, intacta e ainda funcionando, desde o dia em que ele desceu dela até aquele em que, muitos anos depois, ela acabou se perdendo em alguma mudança. Nada mais, nem fotos. Por muito tempo, para mim, a sua única imagem foi aquela emoldurada no seu túmulo.

Também nunca encontrei Natalia Ginzburg, embora a grande escritora tenha morrido em 1991, ou seja, quando já fazia dois anos que eu estava na universidade. Não aconteceu, e, por outro lado, na época eu estudava filosofia e pensava em coisas bem diferentes. A maior proximidade existencial que alguma vez alcancei com algum dos Ginzburg foi um projeto de trabalho fracassado e um jantar lotado.

Cerca de uma década atrás, um produtor de cinema então emergente concebeu a ideia – que ainda me parece brilhante – de extrair um filme dos estudos de Carlo Ginzburg sobre os ritos de feitiçaria friulanos do século XVI. Perguntou-me se eu queria trabalhar nele. Eu conhecia e admirava aqueles livros. Fiquei entusiasmado com a ideia de que alguém, chegando ao sucesso com as comédias sentimentais de Gabriele Muccino, se propusesse a arriscar dinheiro para levá-los às telas. Assim, passei alguns dias de alegria criativa. Lembro que, contrariamente aos meus hábitos, eu ia todas as manhãs escrever nos escritórios da produtora (onde provavelmente o roteiro ainda jaz em alguma gaveta, se também não tiver se perdido em alguma mudança). Quando terminei, o produtor partiu para Bolonha com uma colaboradora. Ia encontrar o professor Ginzburg, que retornara pouco tempo antes da sua longa permanência nos Estados Unidos. Na verdade, não era uma viagem necessária. Teria sido possível realizar um filme sobre a feitiçaria sem obter a cessão dos direitos por parte do autor daqueles estudos históricos específicos. Mas todos nós, de maneiras diversas, éramos devotos seus. Consideramos também se era o caso de que eu acompanhasse o produtor a Bolonha. No fim, entendemos que não. Fomos clarividentes. Carlo Ginzburg se mostrou cético em relação ao projeto. No final da conversa, o produtor pronunciou o meu nome. Como era previsível, caiu no vazio. Ginzburg não o conhecia. Nomeou, legitimamente, um escritor da sua geração. O filme não foi feito.

Depois de ter faltado ao encontro com um dos filhos, mais ou menos no mesmo período, uma noite me encontrei sentado ao lado de uma sobrinha de Leone e Natalia. Mas, como disse, o salão do restaurante estava lotado, barulhento, muitos comensais ao redor da mesa. Talvez ela estivesse de mau humor, talvez eu já estivesse um pouco embriagado, além do meu ar já um tanto antipático. Em suma, temo que troquei apenas algumas poucas palavras com ela.

Das minhas avós, Ida e Angela, por outro lado, tenho muitas lembranças. São basicamente lembranças alimentares, como muitas vezes ocorre quando recuamos com a memória à voracidade da infância.

Quando recebia as nossas visitas em Cusano Milanino, a vó Angela ficava regularmente indo e vindo entre a casa e o jardim. Ali, plantado na terra, tinha todo o necessário para preparar o seu minestrone, dos feijões às batatas e às ervas aromáticas. Desenterrava as hortaliças uma a uma, nas quantidades devidas, e punha para cozinhar em tachos de cobre ou alumínio que remontavam ao começo do século XX. O sabor era inesquecível, mesmo para crianças que normalmente detestam minestrone. A horta de Angela Recalcati, mesmo depois de mais de trinta anos desde o fim do conflito, era ainda e sempre uma horta de guerra. Não havia uma única planta ornamental no jardim da casa dos meus avós, nada que não desse frutos comestíveis.

Às vezes, para nos oferecer uma iguaria, a minha avó descascava as batatas, cortava em cubinhos e fritava. Fritava na manteiga, desconsiderando completamente qualquer preocupação dietética. Para pessoas como ela, que passaram grande parte da vida na Itália quando a Itália era um país miserável, a relação com a comida oscilava entre os dois extremos da pura subsistência e do puro prazer. Se a avó nos visse engolir um bocado de qualquer prato não acompanhado por um pedaço de pão, logo admoestava piedosa: "Trasel no!" (Não desperdice!). Por outro lado, porém, para a vó Angela o maior deleite nesta Terra era uma fatia de gorgonzola. Mesmo quando, velha e doente, veio morar na nossa casa, nada conseguia fazê-la resistir ao chamado daquele queijo apodrecido. Uma vez, a minha mãe a encontrou tarde da noite, já com mais de oitenta anos, com a cabeça enfiada na geladeira. À inevitável reprimenda – os velhos atraem as reprimendas, e nisso, sobretudo, se parecem com as crianças –, a vó opôs uma resposta memorável com uma máxima latina: "Nunc andem, el zola resta" (Nós partimos, o gorgonzola fica).

Digo que o gorgonzola representava para a minha avó o maior prazer sobre a Terra porque Angela Recalcati, casada com Scurati, acreditava em Deus. Sim, acreditava sem qualquer sombra de dúvida. E não acreditava num vago princípio espiritual qualquer ou num deus ao acaso. Não, a minha avó Angela tinha na existência do Deus da Igreja católica, aquela do papa de Roma e do bispo Ambrósio, uma fé categórica. Sem hesitações, sem moralismos e tampouco sem tanta doutrina social da igreja. Lamentava um pouco, com simpatia, a corrupção dos costumes – quando via as bailarinas com as pernas de fora na televisão, liquidava-as com soberana displicência dizendo: "Eri più bela mi" [Eu era mais bonita] –, mas a sua fé religiosa certamente não se reduzia a isso. Era pura metafísica. Exatamente como a sua paixão pelo gorgonzola era puro prazer carnal. Quando algum gênio do progressismo iluminista liquida a religião como uma grande impostura eclesiástica, eu rio por baixo dos bigodes e penso na fé da minha avó.

Angela Recalcati tinha olhos azul-celeste, quando jovem e também quando velha. Uma massa infinita de cabelos. Eram compridos, batiam pelas costas, e até o final ela os usava presos num coque atrás da nuca. Quando a minha avó já estava quase doente, a minha mãe, depois de lhe dar banho na banheira, penteava-os com um pente de osso. Soltavam-se da cabeça em tufos inteiros, mas sempre sobrava uma maçaroca densa. Lembro que nos últimos tempos, antes que fosse internada, quando eu ia visitá-la na casa de Cusano Milanino, de noite, na neblina da arteriosclerose, ela me confundia com o meu pai quando jovem. Pedia-me notícias de Rosaria, da minha mulher, da minha mãe, pedia-me notícias minhas de quando criança. Nesses instantes crepusculares tudo se confundia e tudo se mantinha. Puro terror.

Agora Angela Recalcati jaz há trinta anos no cemitério de Cusano, sepultada ao lado do marido. E há muito tempo ninguém mais coloca flores na sua tumba. Nem eu, que estou aqui a relembrá-la neste livro.

A vó Ida era um tipo diferente de mulher. Mais severa do que Angela, mais dura, mais frágil. Embora tenha morrido no mesmo período da minha outra avó, lembro-me dela não como uma velha inócua, já deslizando para além do limiar, mas como uma indiscutível autoridade moral, um juízo sobre o bem e sobre o mal superior até ao do meu pai e minha mãe. Mesmo assim, a vó Ida também cozinhava para mim. E ela também, antes de cozinhar, tinha de obter o alimento. Mas não descia ao jardim, saía para a rua. Vestia uns daqueles agora inencontráveis vestidos de algodão estampados com desenhos geométricos, colocava a bolsa de couro sintético preto a tiracolo para resistir caso passasse uma moto correndo tentando roubá-la (uma vez a arrastaram por dezenas de metros quebrando o seu quadril), me pegava pela mão, e, juntos, entrávamos no trópico da via Vergini.

Na época em que eu era criança, a minha avó morava com a tia Maria, que se manteve solteira, numa casa dos Ospedali Riuniti na via Maria Longo. Aquele apartamento digno, no segundo andar de um edifício moderno construído sobre os escombros da guerra, ficava a menos de duzentos metros do subsolo sem água corrente, sem cozinha e sem janelas da via Setembrini, 110, onde, durante a guerra, criara os cinco filhos. Em toda a sua vida, Ida Izzo, casada com Ferrieri, nunca se mudara dali.

E dali, juntos saíamos. Deixávamos à esquerda o tufo calcário milenar, erodido, dos Incurabili, desfilávamos sob o arco da Porta San Gennaro, atravessávamos a via Foria olhando bem à direita e à esquerda, e chegávamos ao mercado popular da via Vergini. Nem dez minutos a pé, porém uma autêntica viagem.

Descrever o mercado de Vergini é impossível. Seria como descrever o caos, o primeiro instante da criação, como conseguir reviver a infância, uma outra idade do mundo. Por isso nem tento. Vou me limitar a dizer que as minhas maravilhas prediletas eram as bacias de plástico nas quais saracoteavam as enguias – eu virava a cabeça de lado quando o peixeiro baixava o cutelo e o peixe eviscerado ainda se debatia –, a velha que vendia amoras em folha de amoreira e os bacalhaus secos que, cadavéricos, pendiam às dezenas dos ganchos da barraca.

Quanto mais a vovó e eu avançávamos no bairro entre as bancas dos ambulantes, os prédios de estilo espanhol em ruínas e o calor do verão mediterrâneo, mais aquela mulher sempre alerta, sempre em guarda, apertava a minha mão na dela. Perder-se naquela multidão napolitana, para aquele menininho loiro crescido numa família burguesa residente em Veneza, seria equivalente a perder-se no bosque ou na selva.

Em volta, eu ouvia os moleques de rua que em parte zombavam de mim, em parte me admiravam: "Schnellingér! Schnellingér!", gritavam pondo a tônica no final do nome de um jogador de futebol alemão, loiríssimo, o tenaz lateral do time do Milan. Para eles, como para a minha mãe na idade deles, o Norte era Milão. Eu e a minha avó seguíamos destemidos em meio à algazarra dos moleques de rua até os vendedores escolhidos pelo seu crivo severo. Deixávamos à direita a galeria Lopez, onde o meu avô Peppino morava quando era criança, e entrávamos na Sanità, onde nascera Totò.

Aquela densidade de vida, a sua maravilha, reencontrei-a adulto apenas no Extremo Oriente, em certos mercados fervilhantes ao longo das margens do Mekong. Junto com a vó Ida fui à descoberta do mundo, junto com ela, que em toda a sua vida nunca saiu do bairro, eu viajei. E só agora estou me dando conta disso. Retornando da viagem, a vó cozinhava para mim o bacalhau com azeitonas verdes e batatas.

Gostaria de poder lembrar assim a minha avó, ainda nos trilhos, ainda na sela. Mas me obrigaram a vê-la no leito de morte. Foi um erro, sem dúvida, um tributo de sangue pago à ferocidade das culturas que ainda conservam o sentido do trágico. E do teatro.

Foi assim. Com dezessete anos, fui para os Estados Unidos. Ficaria um ano inteiro graças a um daqueles programas de intercâmbio intercultural que alimentam no

Ocidente abastado a ilusão oitocentista dos povos fraternos. Parti em agosto de 1986 de Ravello, um lindo vilarejo de meia altitude que dá para o mar da costa amalfitana, onde passei todos os verões da minha vida.

Quando desci as escadas de pedra, a vó Ida estava na sacada. Usava um dos seus vestidos de algodão estampados com desenhos geométricos, cumprimentava-me com a mão esquerda e, com a direita, mais do que se apoiar, parecia se agarrar no balaústre como se estivesse no convés de um mar em borrasca. Lembro que ela baixava os olhos para mim – para esse adolescente excitado e assustado com o início de uma aventura – e depois os erguia para o mar, para a linha do horizonte. Nesse momento já estava condenada, embora não me tivessem dito nada a esse respeito.

Segundo a ciência médica, nunca mais eu veria a vó Ida. Assim, poderia guardar aquela imagem de uma velha que cumprimenta o neto e olha o mar apoiando-se numa balaustrada, opondo à morte o último orgulho da vida.

Tal era, pelo menos, o plano da minha mãe. A vó Ida, porém, viveu mais um ano inteiro. Quando voltei da minha primeira aventura, encontrei a sua agonia a me aguardar.

Aconteceu numa casa de Santa Teresa degli Scalzi, para onde a vó se mudara com a minha tia Maria, saindo finalmente e *in extremis* do seu bairro. Como é o costume entre os povos que vivem às margens do Mediterrâneo, a casa da moribunda estava cheia de gente. Amigos, parentes até o quinto ou sexto grau, vizinhos e conhecidos. Todos traziam comida e todos comiam. A vigília fúnebre que começa antes do falecimento.

Quando cheguei, fui cercado. Não só porque era o neto do Norte ("d'a parte di n'coppa", lá de cima), mas porque eu era o centro de uma lenda. Os moradores locais, cultores dos mistérios da vida e da morte eram unânimes em considerar que a minha avó havia desafiado os prognósticos dos médicos e resistido ao câncer que a devorava só para me ver voltar da América. "Ela o esperou", sentenciavam os esoteristas indicando-me com um aceno de cabeça. Todos me ofereciam um café ou um bolinho.

A minha mãe era contrária, é preciso reconhecer. Mas as pressões dos parentes, os influxos culturais e assim por diante foram fortes demais. Sempre são, aliás.

Levaram-me, então, para ver a minha avó. Ou, talvez, para que ela me visse.

A vó Ida já não falava, já não se mexia. Não sei se as suas pupilas refletiam a luz deste mundo, mas estava com os olhos abertos, isso eu sei com certeza. E como estavam abertos... Eram os olhos de uma criatura espantada, deitada na sua cama, que, no entanto, já não era mais sua, na sua casa que não era mais a sua casa, rodeada por gente barulhenta, mulheres e homens que até meia hora antes tinham sido os seus filhos, os seus vizinhos, os seus netos, e comiam, conversavam e bebiam, pela simplicíssima razão de que ainda estavam vivos enquanto a ela só restava desaparecer no nada. Eram, em suma, os olhos de um cadáver consciente.

Chegando a esse ponto do relato, sinto um enorme impulso de mentir. De inventar, de omitir, de calar. Justamente como a minha mãe, com razão, preferiria que se fizesse comigo quanto à doença da minha avó e, a seguir, à sua agonia. Mas estamos no fim, e no fim não se pode mentir.

Aquilo que vi no rosto da minha avó nunca se deveria mostrar, a não ser que seja mesmo inevitável. Não há nenhum ensinamento, nenhuma escola de vida naquela máscara de repulsa e pavor. Não ajuda a ficar no mundo, nem prepara para deixá-lo. E essas coisas eu escrevo só porque me parece que devo isso a ela, à vó Ida: é assim, exatamente assim que você morreu, vó, assim a vi morrer. Por esse motivo, toda vez que na minha cama noturna sou acometido pelo horror sem nome, é em você que eu penso. Você é o meu pensamento da morte. Nesses momentos, você me faz companhia. E, talvez, eu a faça a você.

Talvez seja também por isso que a vó Ida é a única dos meus mortos que me visita em sonhos. De tempos em tempos, ela me aparece no seu vestido de algodão estampado com desenhos geométricos. Ela fala comigo da outra margem.

O vô Peppino, como eu já disse, nunca conheci. Gostaria muito de tê-lo ouvido cantar, ouvi-lo declamar os seus versos, beber um copo com ele. Mas nunca o conheci.

"Vi siete spartut 'o suonno" [Vocês dividiram o mesmo sonho]. É com esse argumento que todos o incentivam a ir. Peppino Ferrieri resiste. Esquiva-se.

Estamos em 1954, e é a história da sua vida de artista fracassado que o vem encontrar. Totò, o grande Totò, voltou ao rione Sanità, onde cresceu na miséria junto com Peppino. Agora está aqui de novo, poucas centenas de metros mais adiante, além da via Foria e da via Vergini, para rodar o episódio do *pazzariello* do filme *O ouro de Nápoles*.

Todos na família incentivam Peppino a ir cumprimentá-lo. Ele resiste. Esquiva-se. Totò agora já é um astro, uma celebridade nacional, talvez o homem mais popular da Itália. Peppino está acostumado a vê-lo gigantesco na tela do cinema, gigantesco e até a cores. Além disso, desde que o marquês De Curtis, o seu pai natural, o reconheceu e um outro marquês o adotou, o filho de Annina Clemente se tornou um príncipe, o "príncipe da risada".

No fim Peppino se decide. O que o convence é o receio da grosseria: a um velho amigo que volta para casa cabe, no mínimo, uma saudação de boas-vindas. Então Peppino Ferrieri tira do armário o seu belo terno, engraxa os sapatos e coloca um lenço no bolsinho. Sai do baixo da via Setembrini, passa sob o arco da Porta San Gennaro, atravessa a via Foria, sobe a via Vergini e está no set. Dez minutos de caminho para cobrir trinta anos de vida.

O set está cercado por uma multidão em festa, delimitado por um cordão de isolamento. Peppino se faz anunciar. Totò está na maquiagem. O assistente de produção fica relutante. "Sou um velho amigo", acrescenta timidamente Peppino. "Ah, sim, vocês todos são velhos amigos", rebate o outro.

Assim que o grande ator é informado da visita, ele suspende a sessão de maquiagem e o manda chamar. Peppino é conduzido até um carro de grande cilindrada com as janelas escurecidas. O príncipe De Curtis o está esperando no banco de trás. Quando o amigo entra, ele o observa por um instante. Passaram-se mais de vinte anos desde a última vez que se encontraram. Depois Antonio Clemente abraça afetuosamente Peppino e manda o chofer levá-los a passear pela cidade.

"Para onde quer que eu me dirija, príncipe?", pergunta o motorista.

"Para o mar, vá para o mar, Gaetano."

Totò pega as mãos de Peppino entre as suas. Está visivelmente comovido. Ambos estão. Peppino, subjugado pela emoção, ainda não conseguiu dizer uma única palavra.

"Então, Peppino, me diga, como vai você?", incentiva-o Totò.

"Vou bem, príncipe, vou bem", consegue dizer Peppino.

"Peppi', mas que príncipe! Faça-me o favor!", Totò zomba dele, bem-humorado, com um famoso bordão seu. É a primeira vez que o velho amigo pede a Peppino que não se dirija a ele com aquele título honorífico. Não será a última.

Enquanto o carro atravessa a piazza Dante, desce de Toledo em direção ao mar, os dois homens recordam os tempos idos. Antes de mais nada vem a miséria. Relembram quando, depois da Primeira Guerra Mundial, Totò percorria a pé a cidade com os sapatos esburacados para chegar às salas dos subúrbios onde encenava a caricatura do "Bel Ciccillo", e Peppino, ainda rapazinho, o seguia passo a passo. Almoçavam, quando conseguiam, pão rústico e ricota fresca que os ambulantes vendiam de colher em cestinhos de vime.

"Bons tempos, príncipe, bons tempos", suspira Peppino. O outro precisa convidá-lo de novo a deixar o epíteto de lado.

O motorista entra na Caracciolo e faz a volta da Villa Comunale. Totò abaixa o vidro da janela. O azul-ofuscante do golfo o atinge como uma bofetada. Diante deles, a massa normanda do Castel dell'Ovo fecha um horizonte do contrário ilimitado e insustentável. Atrás deles, na colina de Posillipo, entreveem-se os perfis dos guindastes que a desventram.

"Você se casou, tem filhos?" Totò faz sinal para o motorista diminuir a velocidade e pede a Peppino que lhe conte a sua vida. Peppino a resume na distância de uma praia. Conta o encontro com Ida, o casamento, o banimento da família de origem, a criação da nova, os filhos, a guerra, as dificuldades, as bombas, os homens com armas nos telhados, as facadas nas costas, os caminhões americanos.

"E o teatro, Peppi', o teatro?", Totò quer saber.

"O teatro continua sendo a minha grande paixão, príncipe."

A beira-mar terminou, o carro sobe de volta do porto em direção às vielas do centro. Peppino se ilumina, por um instante, mostrando ao amigo, célebre também pela sua imitação de uma marionete, como se manuseiam os títeres. Totò, o príncipe da risada, sorri.

Menos de uma hora depois, o automóvel voltou ao ponto de partida.

Totò tem um momento de hesitação, de silêncio. Um instante de suspensão sacral, como quando uma procissão do santo patrono se detém antes de se pôr novamente em marcha. Depois pega outra vez as mãos do amigo e lhe diz: "Agora preciso voltar para o set. Diga-me, Peppi', precisa de alguma coisa?".

Peppino estremece. É um estremecimento de consternação, não de ofensa. Peppino sabe que Totò tem fama de ser generoso e discreto em sua generosidade com a gente pobre do bairro em que cresceu, e sabe também que faz parte dessa gente pobre. Apesar disso, apesar de qualquer miséria, a ideia de ir encontrar o velho amigo para lhe pedir dinheiro nunca lhe passaria pela cabeça. Ele explica isso ao amigo, humildemente.

"Você está enganado, príncipe..."

E aqui a lenda da família diz que o gênio de Totò, ouvindo a profissão de digna humildade do amigo, quis conferir um final feliz, uma esperança cômica, também a essa cena distante das cenas. Parece que Totò pegou por uma última vez as mãos de Peppino Ferrieri entre as suas e lhe disse:

"Mas qual príncipe e príncipe... Peppi', aqui o verdadeiro príncipe é você."

O chofer abre a porta. Um homem desce. O automóvel volta a partir levando embora o príncipe De Curtis que Peppino Ferrieri nunca mais verá, a não ser na tela gigantesca do cinema.

De pé, na esquina entre a via Foria e a Porta San Gennaro, sozinho entre os escombros dos edifícios arruinados desse eterno pós-guerra, Peppino Ferrieri é tomado por um pressentimento. Entra em sintonia com um outro tempo, um tempo mais vasto. Agora sabe que tem uma herança, algo para contar a quem fica. Pressente que narrará esse episódio com Totò aos seus filhos, e estes aos filhos dos filhos. Alguém, algum dia, talvez, até o escreverá num livro.

Depois Peppino tira duas liras do bolso e compra de um ambulante uma xícara de caldo de polvo. Pede para colocarem também um tentáculo. A vertigem se consuma. O tempo se reapruma. É hora do almoço. Um meio-dia qualquer num final de primavera numa cidade e numa nação a serem reconstruídas. Peppino ruma para o açougue. Aguarda-o a vida que lhe resta viver.

O LIVRO TERMINA

Onde estou eu nessa corrente?

Eis a pergunta. Simples, radical, violenta. Isso nos perguntamos – se é que realmente nos perguntamos alguma coisa – a cada vez que do fundo das nossas existências pacíficas e tediosas pensamos nas grandes epopeias e tragédias da história. O que eu teria feito no lugar deles? Eis o dilema. Nenhum outro tem sentido quando damos início a uma correspondência amorosa com uma humanidade distante, desconhecida, uma vida estrangeira, quando entramos em sintonia com um tempo em que homens solitários precisaram e puderam dizer "não" ao século enquanto a Europa estava em chamas e milhões de pessoas eram enviadas aos campos de extermínio.

Uma certa prepotência, uma certa arrogância – dou-me conta –, sempre acompanha essas interrogações com as quais tentamos dar um sentido às nossas vidas usurpando a autoridade das tragédias e epopeias dos outros. Mas, fora delas, não há perdição nem salvação. Só um tipo pior de prepotência, de soberba. Só academia.

Em 1944, poucas semanas depois da trágica morte de Leone, Natalia Ginzburg escreveu uma narrativa chamada *Inverno no Abruzzo*. Ali ela evoca – com estilo sóbrio, o tom aparentemente resignado de quem viveu, a contragosto, numa época compassada por proclamações altissonantes, marcada por ênfases delirantes – os anos do degredo nas montanhas de Pizzoli junto com o marido e os filhos. E termina a narrativa com estas palavras: "O meu marido morreu em Roma nos cárceres de Regina Coeli, poucos meses depois de termos deixado o vilarejo. Diante do horror da sua morte solitária, diante das angústias alternativas que precederam a sua morte, eu me pergunto se isso ocorreu a nós, a nós que comprávamos as laranjas com Girò e íamos passear na neve. Eu acreditava então num futuro fácil e alegre, cheio de desejos satisfeitos, de experiências e realizações comuns. Mas aquela foi a melhor época da minha vida e só agora me dou conta disso". Depois do fim atroz de Leone, nessa narrativa magnífica Natalia sente saudades da época com ele, dos dias do degredo, da opressão, das perseguições, das privações contínuas que foram, porém, os dias de luta, orgulho, solidariedade humana e afetos familiares voltados para o futuro. As suas palavras põem um selo amoroso no suplício da sua terrível morte, o pesar arde como uma vela votiva sobre a tumba onde jaz o amado.

    Para quem hoje lê *Inverno no Abruzzo* desde o início, esse fim pode, porém, chegar como uma vertigem de nostalgia. Pode acontecer de o leitor ser arrebatado pelo enganoso anseio por aquilo que nunca viveu e nunca viverá, por aquilo que recebeu a graça de não poder nem dever jamais viver.

    É esse mesmo absurdo anseio que se apodera de nós – reconheçamos – quando pensamos na Resistência. Nós, nascidos e crescidos após o fim da Segunda Guerra Mundial, no período mais pacífico e próspero que a Europa ocidental já conheceu, nós filhos do pedacinho de humanidade mais protegido, abastado e longevo que jamais pisou na face da Terra, justamente nós chegamos a sentir nostalgia por aquela estação trágica, aquela luta tremenda, mas terrível que não vivemos. É, sem dúvida, um pensamento frívolo, talvez até mesmo uma falta de respeito pela dor dos outros, mas é o pensamento de quem viveu existências ociosas, é o ofuscamento que nos representa, em que se espelha o nosso pérfido suposto bem-estar e temos de acertar as contas com isso. Nas nossas noites tristes, na esteira de vidas cinza-pérola, largados no sofá da sala na frente de uma televisão ligada num canal morto, com um último suspiro antes de ir dormir, nós que não temos nenhuma vítima a prantear e nenhuma experiência da guerra, concebemos o despropósito de que aquele tempo – aquele das perseguições, das rebeliões, dos milhões de mortos e da luta contra um inimigo mortal – poderia ter sido a melhor época da nossa vida.

É o despropósito de quem nunca teve outra coisa senão a paz. Lamentar o tempo da história, este é o destino irônico de quem não tem destino porque vive na época da crônica, da mera sucessão dos fatos. A crônica, com efeito, se tornou o critério geral do nosso sentimento do tempo. Medimos com ele, exclusivamente com ele, as nossas existências. E é um medidor curto. Daí aquele sentido, de outro modo injustificável, de opressão, aquela furiosa sensação de piora que é a condenação especial que coube à humanidade privilegiada sob todos os outros aspectos. A vida, se vivida no horizonte estreito da crônica, se croniciza numa prolongada doença incurável. Trai-se assim o sentido trágico da luta dos outros e se perde qualquer sentido da nossa própria luta. Não há nazistas no tempo da crônica, somente delinquentes comuns e *serial killers*.

No entanto, nós que vivemos aqui nesse tempo, justamente nós somos o futuro fácil e alegre em que Natalia Ginzburg acreditara e que a iludira amargamente. Por mais decepcionantes, indignos que sejamos, somos nós esse futuro.

E, então, a minha resposta pessoal à pergunta simples do início é óbvia e desconcertante: eu estava naquela corrente porque havia o avô de quem trago o nome. A sua vida de homem comum, anônimo, insignificante diante da grande história, pode, e talvez deva, ser narrada ao lado da vida gloriosa de Leone Ginzburg. Porque se iluminavam mutuamente, a grandeza de um na modéstia do outro e vice-versa. E também porque a distinção entre fatos memoráveis e negligenciáveis não é, afinal, tão grande. Para todos eles, homens ilustres e não ilustres, a memória conservada num relato é a única forma de sobrevivência. Que sejam, pois, narradas lado a lado, numa espécie de evangelho sinóptico profano, as vicissitudes trágicas do herói intelectual, da sua linhagem e da sua descendência e as da minha gente, gente comum, que sejam narradas até o ponto em que essa linha gera a mim, o escrevente. O mais insignificante.

Certamente, são vidas que não se encontram, passam para a eternidade em paralelo, assim como realmente jamais se encontram a crônica e a história, o "mundo da guerra" e o da paz. E, certamente, as fraturas são muitas, as falhas gigantescas, as disparidades de valor enormes, os cruzamentos não ocorridos mais numerosos do que os ocorridos, as linhas de descendência rompidas. As fraturas entre nós e "eles": entre a gente comum (como os meus parentes) e os heróis da Resistência, entre a nossa geração e a geração da guerra.

Se você pensar, descobre que os seus avós são mais parecidos com Leone Ginzburg do que você com eles. Embora descendamos deles, nós homens da crônica estamos numa corrente rompida pela nossa ausência de biografia, pelas nossas vidas sem destino. A geração deles, como escreveu Pintor, não teve tempo de construir o drama interior porque encontrou o drama exterior perfeitamente construído; a nossa geração passa todo santo dia construindo um drama interior, não tendo outro senão ele. Eles chegaram à política "quase de má vontade, pelo dever dos tempos", nós nunca chegamos à política por causa da deterioração dos tempos. E isso explica em parte aquela nossa constante, congênita relutância, à qual por muito tempo não soubemos dar um nome. Acima de tudo, eles primeiro tiveram o momento em que se é chamado a testemunhar – o "ponto alto" – e depois o sentimento da vida como algo que pode recomeçar do zero. Nós, nem um nem o outro.

A lista das diferenças intransponíveis poderia continuar, mas sou retomado pelo anseio pela "melhor época", pelo pensamento ocioso, obsceno que – gestado pela vacuidade das nossas existências – nos leva a desejar que tivéssemos vivido as tragédias da Resistência. E é um engano, eu sei, porque a épica só é desejável sob a condição de não se fazer parte dela.

O passado que relatamos é precisamente o nosso passado e, justamente por isso, não se repete em nós. Evocá-lo não trará nenhum resgate, tampouco despertará algum espectro maligno, algum tormento real. Não, nenhum fantasma do pai insepulto virá nos perseguir. O progenitor glorioso não é o nosso, o antepassado ilustre é sempre antepassado de outro alguém. Desses tempos não há nenhum mundo a herdar, nenhum trem a tomar ou imortalizar. Nenhuma Sibéria a se dirigir em viagem com a prece, atendida, de que algo ocorra, mesmo que seja um acontecimento monstruoso. Estamos no ponto morto da história, no qual se organiza um "evento" por dia e, no entanto, nunca acontece nada. Tudo isso é verdade, plena verdade, todos sabemos disso, mas, no fim das contas, é melhor assim. E sabemos disso também.

Ademais, se você olhar a coisa por um outro lado, descobre que o fundo é comum. A história de Leone Ginzburg que acabei de relatar é, sem dúvida, a de um homem excepcional, cuja extraordinária virtude foi por si só capaz, em certo sentido, de salvar todos os outros. Mas a sua extraordinária grandeza pode ser plenamente medida no terreno arado pelas vidas ordinárias de todos aqueles outros. Não num trovejante e tumultuado campo de batalha, mas na horta atrás de casa. É ali que se encontram.

A grande virtude de Leone Ginzburg o fez merecer uma página toda sua no registro da história, mas no registro da vida o seu nome aparece na letra "G" da lista de uma humanidade infinita e miúda. Embora o gênero da narrativa se mostre muito diferente, para os Ginzburg, assim como para os meus avós, tratava-se também e sempre das preocupações cotidianas, dos trabalhos e dos dias. Ao titanismo nazista, na linha de frente ou na retaguarda, todos eles opuseram igualmente as pequenas virtudes de gente que trabalha e cria os filhos, a obstinação pelo cuidado editorial, a filetagem dos metais, os bifes e as marionetes. De todo modo, as nossas são sempre artes menores, artes industriais. E, além do mais, a única épica que nos restou é a épica primitiva na qual a vida privada ainda se baseia. E, além do mais, a única história que realmente conta, a única realmente traumática, tanto para nós quanto para eles, é aquela à qual devemos o nosso nascimento. E, além do mais, para todos se trata sempre de viver com o amigo extinto, e o amigo extinto conosco, quer se chame Leone, Natalia, Antonio, Ida, Angela ou Peppino.

No seu célebre prefácio a *Guerra e paz*, escrito no degredo de Pizzoli enquanto os nazistas sitiavam Moscou, Ginzburg – vimos – fazia uma distinção em Tolstói entre personagens históricos e personagens humanos. Os primeiros vivem sempre, em qualquer época, em tempos de guerra; já os últimos, sempre em tempos de paz. A paz, sem dúvida, também apresenta os seus riscos – vimos isso também –, a felicidade também tem as suas armadilhas: "A felicidade pode até fazer com que o justo desvie o olhar de um homem morto injustamente". Apesar disso, segundo Ginzburg, Tolstói, mesmo tendo combatido quando jovem no memorável cerco de Sebastopol e depois narrado a guerra de modo lendário, reservava as suas simpatias para o mundo humano, para a paz. Tolstói tomava partido pela sua "felicidade explicitamente terrena". É o mesmo partido de Leone Ginzburg, sem dúvida.

Mantenhamos próximo de nós, portanto, o nosso futuro fácil e alegre. Cuidemos dele. Não desviemos o olhar de um homem morto injustamente.

E é isso. Quando a felicidade dos protagonistas é alcançada, o livro, grande ou pequeno que seja, termina.

AGRADECIMENTOS E RECONHECIMENTOS

Embora discorra sobre pessoas e fatos que realmente existiram ou ocorreram, este livro é uma obra literária não historiográfica. Apesar disso, proibi-me, até onde me foi possível, qualquer liberdade inventiva na reconstrução daqueles fatos e qualquer introspecção quanto aos sentimentos, sensações e pensamentos daquelas pessoas, a não ser quando atestados nos seus escritos ou declarados nos seus testemunhos.

No que se refere a Leone Ginzburg, escolhi manter a distância requerida por um grande personagem histórico, distância de respeito. Assim, narrei a sua vida extraordinária exclusivamente com base nas fontes escritas e documentais que consegui obter. Muitas delas pertencem ao gênero literário das memórias de quem o conhecera em vida, mas, em todo caso, optei por não abordar as mulheres e os homens hoje vivos que guardam uma lembrança pessoal dele. Não quis encurtar aquela distância que me separa, no tempo e no valor, da grandeza do protagonista desta história. Para reconstruir a história das vidas comuns dos Scurati e dos Ferrieri, meus ascendentes, baseei-me, inversamente, apenas no que sobreviveu dessas histórias na lembrança. Portanto, somente fontes orais e relações pessoais. Além disso, optei por não submeter essas "sobrevivências" à verificação histórica. Assim é possível que, como sempre ocorre com a existência, muitas vezes estejam erradas.

As obras dos Ginzburg a que recorri – em especial os *Escritos* e as *Cartas do degredo* quanto a Leone; *Léxico familiar*, os contos de *As pequenas virtudes* e os artigos de *Não me pergunte jamais* quanto a Natalia – estão todas publicadas nas edições Einaudi,[5] assim como os escritos de Giaime Pintor (embora hoje, infelizmente, fora de catálogo). Agradeço à editora Einaudi na pessoa de Ernesto Franco e, por meio da Einaudi, aos herdeiros pela autorização para republicar as últimas cartas de Leone Ginzburg e de Giaime Pintor. As frases que cito de Italo Calvino se encontram no prefácio que ele escreveu para a edição de 1956 do seu *A trilha dos ninhos de aranha* (Mondadori); as de Curzio Malaparte, em *A pele* (agora nas edições Adelphi); as palavras de Carlo Ginzburg sobre o ato de narrar, na conclusão de *História noturna* (Einaudi). A lembrança de Norberto Bobbio que comento, aparece agora como introdução aos *Escritos*, de Leone Ginzburg, e a de Carlo Muscetta ocupa dois capítulos do seu *A espera*, editado pela Sellerio. Obviamente utilizei inúmeros outros textos, de diversos autores, às vezes citados entre aspas, mas a sua enumeração aqui me pareceria inutilmente pedante.

---

5   A Companhia das Letras publicou, no Brasil, *Léxico familiar*, *As pequenas virtudes* e *Todos os nossos ontens*, de Natalia Ginzburg; *A trilha dos ninhos de aranha*, de Italo Calvino; e *História noturna*, de Carlo Ginzburg. *A pele*, de Curzio Malaparte, foi publicado no país pela Autêntica, enquanto *Não me pergunte jamais*, de Natalia Ginzburg, foi publicado pela Âyiné. [N.E.]

Expresso os meus agradecimentos também a muitas pessoas que me ajudaram nas pesquisas ou verificaram os seus resultados. Antes de mais nada, agradeço a Andrea Torre e Andrea Via, dos arquivos e da biblioteca do Instituto Nacional para a História do Movimento de Libertação na Itália "Ferruccio Parri", de Milão. Sem a sua preciosa ajuda e sem essa valiosíssima instituição, não só este livro nunca existiria, como também, o que é bem mais importante, a nossa vida civil, intelectual, moral e a nossa própria existência no tempo sofreriam uma grave mutilação. Sou grato também a Maurizio Assalto, Manuela Ceretta, Alessandra Coppola, Silvano Nigro e Domenico Scarpa, que me guiaram ou me ajudaram nas pesquisas de várias maneiras. Agradeço também a Marco Vigevani que, como sempre, leu, corrigiu e deu bons conselhos. Um agradecimento especial vai para David Bidussa, Mirco Dondi e Giovanni Scirocco, que tiveram a paciência de submeter o texto à revisão com base nos seus amplos e profundos conhecimentos históricos, apontando-me imprecisões ou erros (os restantes são da minha exclusiva responsabilidade). Obrigado, por fim, a Delia Civile, que me ajudou a reconstruir a tragédia que atingiu a sua família, ao meu pai Luigi, à minha mãe Rosaria e à minha tia Maria, que aceitaram relembrar a sua infância, a sua existência e a dos seus pais.

FONTE Guyot
PAPEL Pólen Natural 70 g/m²
IMPRESSÃO Gráfica Loyola

São Paulo, fevereiro de 2025